삶, 그리고 집행유예

삶, 그리고 집행유예

초판인쇄 ㅣ 2025년 7월 20일
초판발행 ㅣ 2025년 7월 25일

저　자 ㅣ 신의종
펴낸곳 ㅣ 담북담은
펴낸이 ㅣ 강남주
편집·디자인 ㅣ 이주영
교정·교열인 ㅣ 서이화
출판등록 ㅣ 제2017-000006호
　　　　　　대구광역시 달서구 문화회관길 165, 대구출판산업지원센터 408호
　　　　　　전화_ 053-423-1912　팩스_ 053-639-1912
　　　　　　이메일_ bookaa@hanmail.net
　　　　　　홈페이지_ bookaa-n.com

ⓒ ISBN 979-11-7419-026-0

- 이 책에 수록된 내용은 저작권법의 보호를 받는 저작물이므로 무단전재와 복제를 금합니다.
- 잘못 만들어진 책은 구입처에서 바꿔 드립니다.

자전에세이

삶, 그리고 집행유예

신의종

담북담은

머리말

길!!
　세상에는 여러 갈래의 길이 있다.
　나그네 인생길에서 양심이란 명찰을 가슴에 달고 어떤 길이든지 우리는 가야만 한다.
　가슴에 달린 명찰을 의식하면서 때로는 좁은 길을 선택하여 걷기도 한다. 양심이란 명찰을 달고 신나게 걷다 보면 때로는 명찰이 귀찮아질 때가 있다.
　어떤 이는 앞주머니에 넣고 걷고, 어떤 이는 바지 뒷주머니에 넣어두고 걷기도 한다. 어떤 이는 그것도 불편해서 양말 속에 감추어 넣고, 어떤 이는 가는 길에 슬그머니 길바닥에 놓아버린다. 어떤 이는 길 한가운데 던져버리기도 하는 모습을 우리는 가끔씩 목격하기도 한다.
　길을 가다 보면 버림받은 명찰들이 생각보다 많다는 것을 느끼는 순간 내 명찰은 제자리에 잘 붙어있나 살피게 된다. 불편하다고 앞주머니에, 바지 뒷춤에, 아니면 양말 속에 감추어 둔 적은 없는가, 지나온 길을 되돌아본다.

1

 2020년 9월 23일, 이른 아침에 눈을 떴을 때 기분이 너무 좋았다. 지난밤 꿈의 내용 때문이었다.
 꿈속에서 TV 뉴스가 진행 중이었는데 앵커가 "어제 미국 대통령과 중국 주석이 골프 회동을 하고 즐거운 만찬을 즐기면서 세계 인류의 평화에 대해 논의했다."고 한다.
 이어서 진행되는 뉴스에 "서울시 공무원 채용 시험문제가 유출됐는데 집권 여당에서는 해당 부서 장관 이하 실무자들을 모두 파면시켜야 한다고 주장하고 야당 측 국회의원들은 사람으로서 실수할 수도 있으니 경고 정도로 끝내자고 하면서 다음에 우리가 집권하면 각 부분의 지도자를 더욱더 엄선해서 뽑을 것이라고 덧붙였다."고 한다.
 마지막으로 금강산, 백두산 관광객을 모집하는 여행사들의 열띤 안내 광고가 등장했다. '아! 이제부터 우리 대한민국은 세계 절대 강국이 되겠구나.' 라는 생각을 하면서 꿈에서 깨났다.
 수려한 국토를 가진 나의 조국, 무한한 잠재력을 소유한 나의 민족, 대한민국이니까 가능하다고 생각을 했다.
 비록 꿈이었지만 너무 행복했고 그런 행복한 하루를 시작해 보려고 생각했지만 일어나서 실제로 TV를 켜고 난 뒤의 현실은 너무 가슴이 아프다.
 끝날 기미가 보이지 않는다.

양당 구조인 대한민국, 어느 한쪽이 집권하면 태극기와 성조기를 들고 모이고 다른 한쪽이 집권하면 촛불을 들고 모인다.

하나의 사건도 바라보는 진영에 따라 완전히 다른 모습으로 해석하고 자신들이 생각하는 것만 진실인 것처럼 우기고 목숨을 걸고 사수하고 있다.

그리고 진영이 바뀌면 또 정반대되는 모습을 진실이라고 외치는 것을 보면 이분들은 진영이 바뀌면 자신들의 정치뿐만 아니라 인생철학도 완전히 바뀌는 것 같다.

과거에 유행하던 미국 서부 영화처럼 총을 먼저 뽑고 정확하게 쏘는 사람이 살아남는 세상이 된 것 같다. 그렇지만 서부 영화에 등장하는 총잡이들은 상대방이 비무장일 경우에는 총을 뽑지 않고 등 뒤에서는 총을 쏘지 않는다. 그런데 우리의 정치권에는 그런 예의는 일체 없다.

목사가 목사다워지고 장로가 장로다워지고 성도가 성도다워지는 그날, 즉 주님이 다스리시는 그날이 올 때까지는 끝나지 않을 것이라는 생각이 든다. 하루속히 그날이 오기를 기대하며 하나님께서 생각나게 해 주시는 지난 일들을 겪은 그대로 적어 보고 싶다.

정치에 관심이 전혀 없었던 나의 개인적인 입장은 계속해서 보수 측 정당이 집권했으면 좋겠다고 생각한다. 그나마 촛불집회는 대체로 욕설도 없고 조금은 더 조용하고 뒷마무리가 깨끗해서 좋다는 것이 유일한 이유다.

우리 대한민국의 대다수 국민은 누가 더 잘 이끌어나가는지 관심을 가지고 바라볼 뿐 누가 더 잘 파괴하는지는 별로 관심을 가지지 않는다.

지난밤의 꿈이 현실이 되었으면 좋겠다는 마음이 간절해졌다. 이제부터는 고민하는 삶을 끝내고 행동하는 삶으로 바꿔보고 싶은 마음이 들었다.

2

내 이름은 "탕"이다. "진 돌 탕!"

1957년 부산에서 6남매 중 네 번째로 태어났다. 위로 누나 둘에 형이 한 명 있고 남동생, 여동생이 한 명씩 있다.

태어날 때부터 아버지의 기질을 닮아 좀 다혈질적이며 과격한 성격을 가지고 태어났다.

남자라면 남자답게 살아야 한다. 죽는 것을 겁내지 말아야 한다. 설령 죽는 한이 있더라도 풍운아 같이 살자. 굵고 짧게 남자답게 멋지게 살자. 주색잡기에 능통하면 영웅호걸이다.

기본적으로는 그런 성격을 가지고 태어났다.

어찌 보면 남자다운 멋진 삶을 살아가는 사람 같지만, 사실은 모든 사람이 손가락질하는 천하의 깡패다. 그러나 본질이 아무리 깡패 기질이라고 해도 하나님께서 힘을 빼버리시면 순한 양처럼 살게 될 수밖에 없다.

　아버지는 나보다 훨씬 더 과격한 성격의 소유자였다. 기골이 장대했다. 젊었을 때 당수를 잘했고 미 해병대 흑인 상사와 1대 1로 격투해서 이긴 분이다.
　그런 분이었기에 우리 6남매는 아버지의 말씀은 거역할 수가 없었다. 말을 안 들으면 맞는다. 그리고 흔히 말하는 술 한잔하시면 다 퍼주고 다 벗어주는 스타일이다. 어렵고 힘든 사람들, 특히 불의를 보면 그냥 지나치지 못했다.
　길을 가다가 누가 싸우면 가운데 가로막아 양쪽의 이야기를 들어보고 약자 편에 서서 그 싸움을 해결해야 돌아오는 성격이었다.
　현재 87세인 외삼촌이 스무 살, 젊은 시절에 외할아버지가 며칠 전에 특별히 사주신 고급 외투를 아버지께서 빌려 입고 나가셨다가 집 앞에서 모르는 두 사람이 싸우는 모습을 보고 가로막아 싸우던 중 외투를 벗어 바로 옆 엿장수 리어카에 올려놓고 싸움이 끝나고 보니 엿장수와 함께 고급 외투가 바람과 함께 사라지고 없었다고 한 적도 있었다고 한다.
　얼마 전 돌아가신 이모의 장례식장에서 외삼촌에게 들은 이야기다. 그런 성격이니 집안 형편이 넉넉할 리 없었다. 많이 가난했다.
　1960년대 초반, 내가 국민학교 1학년 때 당시 얹혀살던 처가를 담보로 부산 송도 해수욕장에서 최근에 유행했던 발로 저어 나가는 오리 모형의 유람선 사업을 시작해서 실패하여 처가까지 날려버리고 길거리에서 전 가족이 하룻밤 잔 적도 있었다.

  당시 법은 인정사정 봐주는 것은 없었다. 법원 경매 처분과에서 들이닥쳐 바로 가구들을 끄집어냈다. 그 사업은 2~30년 정도만 늦게 시작했어도 성공했을 것이라는 생각도 든다.

  모든 일에는 때가 있다는 말이 맞다. 그런 형편 때문에 가끔 끼니까지 걸러야 하는 환경이라 그해는 학교를 1년 동안 다니지 못했다. 때문에 중학교 1학년까지 상당히 소심한 아이였다.

  풍운아 기질도 먹을 것이 없으면 나약해진다. 반대로 온순한 사람이라도 혹독하게 시달리면 깡다구가 생기게 된다. 모든 것이 하나님의 주권이다.

  내가 중학교 입학하자 아버지는 종종 책을 가져와서 나에게 주시며 "탕, 이 책을 3일 내로 읽어라."고 했다.

  첫 번째 가져오신 책이 톨스토이의 『부활』이었다. 3일 내로 읽으라 했는데 하루 만에 읽었다. 재미있게 읽은 것이 아니라 책을 읽으라는 명령을 거역하면 맞기 때문에 맞기 싫어서 건성으로 읽었다.

  대충 읽고 모른 체 하고 있는데 3일 후 아버지가 물었다.

"다 읽었냐?"

"예"

씩씩하게 대답했다.

"줄거리를 이야기해 봐라."

청천벽력 같은 소리다. 주인공 이름도 잘 모른다. 조금 심한 얼차려로 대체한 후 다시 한번 더 읽었다.

그다음은 앙드레 지드의 『좁은 문』이었다. 그다음은 헤밍웨이 『노인과 바다』였다. 이 책은 줄거리가 별로 없어서 대답하기 조금은 쉬웠다.

며칠 후 세계 지도를 한 장을 주셨다.

"오늘 하루 동안 이것을 세심히 봐라."

세계 지도에 볼 게 뭐가 있나 하고 대충 보고 말았다. 아버지가 저녁에 "열심히 봤냐?"라고 물어서 "예"라고 다시 한번 씩씩하게 대답했다.

"구라파 지도를 생각나는 대로 그려봐라."

구라파는 유럽을 말하는 당시의 일본식 발음이다. 나는 구라파라는 단어 자체를 몰랐다. 그냥 잘 모른다고 했으면 간단히 넘어갔을 것인데 열심히 본 척하고 싶어서 "구라파가 어느 나라 수도더라?" 했다가 그날 곱빼기로 맞았다.

점점 분량이 늘어났다. 어느 날, 6권으로 된 소설 삼국지를 가져왔다. 전반부 5권 삼국지는 대충 읽었지만, 부록같이 붙어있는 후반부 1권 초한지는 너무 재미있게 읽었다. 개인적으로는 남자다운 항우가 멋지다고 생각했는데 좀 비겁해 보이는 유방이 마지막에 승리했다.

그다음은 장장 10권으로 된 일본 역사소설 『대망』이었다. 다른 소설은 그나마 읽기가 조금 쉬웠다. 한국, 중국 소설은 등장인물 이름이 보통 두 글자 혹은 세 글자, 길어야 네 글자다. 그런데 일본 소설의 사람 이름은 짧아야 여섯 자였다. 누가 누군지 많이 헷갈린다.

『대망』 역시 10권 중에 마지막 한 권은 재미있게 읽었다. 닌자들의 활약상 특히 마지막 부분 미야모토 무사시와 사사키 코지로의 해변 대결은 아직도 눈에 선하다. 사사키 코지로인지 사사키 겐지로인지 지금도 조금 헷갈린다.

어느 날부터 요즘의 A3 용지 크기의 당시 돌가루 종이라고 불리던 종이 위에 한자를 16자~20자 정도를 적어놓고 그 위에 "20번씩 읽으면서 덮어서 쓰라."고 했다. 20번씩 덮어쓰면 두꺼운 돌가루 종이가 거의 걸레처럼 된다. 시간도 엄청 많이 걸린다.

거기서도 꾀를 내서 한 획씩 20번 덮어썼다. 꼼꼼하게 한자씩 쓰는 것보다 시간이 절반 이상 줄어들었다. 한번은 나라 국(國) 자에 우측 상단에 점을 찍는 것을 놓쳤다. 들켰다. 그날 최고로 많이 맞았다. 많이 섭섭했던 모양이다.

아버지의 그런 극성 덕분에 한자는 내 또래 그 누구보다 더 많이 알고 어디에 가도 상식적인 대화는 되는 편이었다. 요즘은 그렇게 키우면 뭐라고 할까? 아동 학대?

당시는 국민학교 4학년 때부터 국어 교과서에 등재되던 한문이 폐지되었고 우리가 고등학교 졸업 시점에 부활하였기에 우리 또래는 자기 이름 정도만 겨우 한문으로 쓸 수 있었다. 나에게는 아버지의 그 방법이 지금은 큰 도움이 되고 있다.

중학교 2학년 때 별난 짝꿍에게 시달림을 받다가 담임선생님에게 하소연하러 갔었다. "내가 볼 때는 네가 걔보다 더 잘 싸울 것 같은데…." 라는 담임선생님의 말씀에 힘입어 그 짝꿍에게 1대1의 결투를 신청하여 내가 압승을 거두었다. 완전히 KO 시켜 버렸다. 그때부터 소위 말하는 못 말리는 아이가 되었다.

싸움 잘하는 사람은 맞는 것을 두려워하지 않는 사람이라는 것을 그때 깨닫고 맞는 것을 두려워하지 않는 아이가 되었다. 그때부터 공부와 담을 쌓고 부랑아처럼 살았다. 그나마 어머니의 지극정성으로 졸업장을 받기 위해 고등학교로 진학했고 전교에서 꼴등 수준으로 졸업했다.

당시에 삼촌 세 분이 일본에서 엄청난 부자로 살고 있었다. 큰삼촌이 젊었을 때 일본 야쿠자 중간 보스급의 딸과 결혼했다고 한다. 삼촌이 하는 사업이 지금의 고물상쯤 되는 일인데 돈을 받고 폐기물을 인수하고 그 대부분을 닦아서 중고로 팔았다고 하니 얼마나 돈벌이가 잘 되었겠는가?

자신의 재산이 어느 정도 되는지도 모를 정도라고 했다. 장인 어른 덕분이었다. 그 여파로 다른 삼촌들도 부자로 살고 있었다.

삼촌은 한일 간 국교 정상화가 되고 처음으로 입국한 재일교

포 중의 한 사람이었다. 아버지의 적극성 때문에 이루어졌다고 했다. 그때부터 우리 집의 형편이 좀 나아졌다. 삼촌들이 한번 한국에 오시면 돈을 많이 썼다. 특히 사주팔자, 그해 운세, 푸닥거리 등에 엄청나게 큰돈을 들이는 것을 어릴 적에 여러 번 봤다.

1970년대 초반에 부적 한 장 받고 당시 돈으로 십만 원 이상 지불하는 것을 본 적도 있다. 십만 원이면 당시 우리 가족이 살고 있던 시영주택 2채 이상을 살 수 있는 금액이다.

친할머니가 절의 보살이었기 때문에 우리 집안은 더욱더 극심한 불교 집안이 되어버렸다. 해마다 연초에는 모두가 모여서 점을 보는 것이 연례행사처럼 되었다.

대한민국 전국에 용하다는 점쟁이들을 찾아다니면서 점을 치고 굿을 했다. 거제도 생식 도사, 충청도 처녀 도사는 지금까지 기억나는 이름이다.

점을 칠 때마다 어머니는 특히 나의 사주팔자를 봤다. 생년월일과 태어난 시간과 이름을 적어 넣으면 점괘가 나온다. 그때마다 나의 점괘는 이렇게 나왔다.

"이 아이는 60세가 넘으면 큰 부자가 된다."

어마어마한 부자가 된다고 말한 곳도 있었다고 한다. 신기하게도 가는 곳마다 나의 점괘는 그렇게 똑같이 나왔다. 기분 나쁘지는 않았다. 하지만 학창 시절을 싸움질하고 별 의미 없이 그렇게 세월만 보내고 있었다.

1974년 어느 날, 아버지가 고혈압으로 쓰러지셨다. 그 당시에는 의사가 왕진을 왔다. 혈압이 400이 넘었다고 했다. 의사의 말로는 한 번도 보지 못한 수치라고 했다. 코, 입 그리고 눈에서도 피가 났다.

가정 형편상 집중적으로 치료할 수 없었을뿐더러 그 당시 의술로는 별다른 치료 방법이 없고 안정을 취하는 것이 최선이라고 했다. 아버지는 안정을 찾기 위해 여러 곳을 다녔다. 절, 원불교, 천리교, 무당도 찾아다녔다. 그러나 어디에서도 안정을 찾지 못하고 점점 더 고통스러워지기만 했다.

어느 날 집 뒤에 있는 교회로 갔다. 부산 남부민 교회였다. 당시 나는 동네에서 최악의 불량배로 인식된 사람이었다. 우리 가족은 예수 믿는 사람들을 "예수쟁이"라고 부르며 이해할 수 없는 사람들이라고 하며 비웃기까지 했다.

교회에 갖다 바칠 돈이 있으면 불쌍한 이웃이나 돕지, 그 돈으로 매달 적금을 넣으면 훨씬 낫지, 교회 다니는 사람들은 좀 바보스러운 사람들이라고 생각했다.

그런데 아버지는 그 교회에 들어서는 순간 너무나 마음이 편해지고 신기하게 모든 통증이 사라졌다고 했다. 집으로 온 아버지가 말했다.

"다음 주 일요일부터 아들들은 나를 따라 교회에 가야 된다."

"탕, 특히 너는 무조건 나를 따라 교회에 가야 된다."

특히 나에게 강하게 말했다. 의논이 아니라 일방적인 명령이었다. 큰일 났다. 정신없이 놀기 바쁜 고 2인데.

당시는 대학 진학은 여러 가지 이유로 아예 생각조차 없었다. 대학교 입학시험을 쳐볼 성적도 안 되고 돈도 없었다. 고등학교 졸업하면 바로 취직해야 했다. 당시에는 통상적으로 매달 첫 번째 일요일과 세 번째 일요일 월 2회만 쉴 수 있는 날이었다. 첫공일, 삼공일로 불렸다.

당시 무지하게 바빴던 나는 이해할 수 없는 사람들이 모이는 그곳으로 가야 했다. 그때부터 매주 일요일 교회로 끌려가다시피 다녔다.

처음으로 교회라는 곳에 가보니 교회에서는 참 허무맹랑한 소리를 하고 있었다. 죽었던 사람이 살아나고 죽은 사람을 살려내고 사람이 물 위로 걸어가고 바다가 갈라지고 더 이상한 것은 처녀가 아이를 낳았다는 것이다.

자연의 섭리를 정면으로 역행한다고 생각하고 투덜거렸다. 교회에 갔다 온 날에는 집에서 괜히 짜증도 냈다.

"예수는 세계 4대 성인 중의 한 사람일 뿐이다. 그런데 신은 무슨 신."

지금까지도 큰누나는 그 이야기를 곱씹는다.

교회에 가서 유심히 보니 그곳에 모인 수많은 사람은 그런 말도 안 되는 소리를 거의 광적으로 믿고 있었다. 나는 절대로 저런 말들을 믿을 수가 없다고 생각하며 교회는 다만 억지로 끌려

다녔을 뿐이다.

처음 몇 번은 교회에 들어가서 맨 뒷자리에 앉아 있다가 예배가 시작되면 살짝 빠져나왔다. 예배를 마치면 모든 사람이 한꺼번에 몰려나오기 때문에 아버지에게 들킬 염려가 없었다.

그런데 어느 날 그것이 아버지에게 발각되어 혹독한 대가를 치르고 다음부터는 맨 앞자리 아버지 옆에 앉아서 졸지도 못하고 예배를 드렸다. 나의 생애에 일주일이 가장 빨리 지나간 것은 그때다.

나는 이렇게 생각했다. 여기에 모인 모든 사람은 모두 다 사기를 당하고 있다. 기독교는 인류 역사상 가장 큰 사기극이다.

세계 4대 성인 중의 한 사람인 예수가 약간 정신 나간 사람처럼 행동하면서 백성들을 선동하다가 잡혀서 십자가에서 죽자 그를 추종하던 제자들이 그 시체를 숨겨놓고 체격이 비슷한 한 사람을 불러서 죽은 예수의 옷을 입히고 밤에 나타나서 요즘 말로 성대모사로 예수의 목소리를 흉내 내어 "내가 살아났도다."라고 한 것이다.

이렇게 꾸민 가짜 역사라고 내 나름대로 결론을 내리고 단정을 지어버렸다.

"기독교는 인류 역사상 가장 최고의 시나리오를 만들어낸 최고의 사기극이다."

나는 이렇게 단정을 지어버렸다. 그리고 나는 스스로 정말로 예리하다고 생각했다. 그런데 시간이 지날수록 뭔가가 이상하다고 생각되는 부분이 있었다.

당시 그 교회에는 약 육칠백 명가량 모였다. 그중에는 의사도 있고, 대학 교수도 있고 고위 공무원들도 많이 있었다. 과연 저 사람들이 시정잡배에 불과한 나보다 더 어리석을까? 그래서 저렇게 무식하게 믿고 광분하고 있을까?

조금은 이해가 되지 않는 부분이었다. 세월이 흘러 우리 가족은 어머니와 6남매 모두가 교회를 다녔다.

어느 날 막내 여동생이 끓는 물에 데어 중화상을 입었을 때 이웃에 사시는 장로가 자신의 아이처럼 동생을 안고 급하게 이 병원, 저 병원으로 이동해 주셔서 크게 후유증 없이 회복될 수 있었다. 이것이 우리 전 가족 전도의 계기가 되었다.

그 장로가 살아온 일생을 알게 된다면 많은 사람이 가장 존경하는 사람으로 꼽을 것이다. 물론 나를 포함한 우리 형제 모두가 인정하고 동의한다. 어머니는 평생을 그 장로의 말을 하면서 감사하는 마음에 눈시울을 적셨다.

나는 고등학교 3년 동안 결석을 밥 먹듯이 했다. 물론 집에서는 학교에 등교한다고 나왔다. 거기에 대한 나만의 대비책이 있었다. 결석한 다음 날 과거에 아버지께 배운 한자의 실력으로 결석계를 한자의 흘림체로 보호자 명의로 작성해서 가지고 가면 담임은 아무런 의심 없이 인정해 주었다. 그러나 꼬리가 길면 밟히는 법이다.

하필 내가 결석한 날 어머니께서 학교로 오신 것이다. 그다음 날 담임에게 맞은 것을 그대로 기록한다면 요즘은 상당한 톱뉴스 거리가 될 것이다. 다음날 등교한 나를 교무실로 불렀다. 교무실로 가보니 담임 옆에 몽둥이가 자리 잡고 있었다.

"돌아서서 벽을 붙잡아라."

순식간에 내 엉덩이 밑 허벅지에는 조그마한 엉덩이가 하나 더 생겼다. 실컷 두들겨 맞은 뒤 담임이 외투를 걸치면서 말했다.

"같이 가자, 앞장서라."

"어디에요?"

"너에게 결석계를 대필해 준 대서방으로 가자. 그런 사람들은 그대로 두면 안 된다."

단호했다. 그 당시 대부분의 선생님은 그런 분들이다. 정색하며 진실을 말씀드렸다.

"선생님 그것은 제가 썼습니다."

말이 떨어지자마자 주먹이 날아왔다.

"이런 상황까지 왔는데 아직까지 거짓말을 하나?"

그 말을 하고 난 뒤에 맞은 매는 정말로 억울하다. 잠시 후 담임이 진정하고 말했다.

"네 말이 사실이라면 여기 앉아서 그대로 적어봐라."

나의 억울함을 벗을 기회라고 생각하고 최선을 다하여 더욱더 집중해서 결석계를 적었다. 유심히 보시던 담임이 그만 가라고 했다.

아무리 의롭고 아름다운 것도 어느 손에 들어가는지가 중요하다는 것을 깨달았다. 아버지의 나를 향한 애정을 이런 쪽으로 사용하였다.

주옥같은 하나님의 말씀도 탐욕과 이기적인 사람 손에 들어가면 악하게 사용될 수도 있다는 것을 훗날 알게 되었다. 지금 이렇게 글을 쓰는 이 시대가 아닐까? 생각이 든다.

그 후 약 5년 후 아버지가 소천했다. 아버지 삶의 마지막 5년은 평생의 삶과는 반대로 우리 모든 가족을 주님 품에 안기게 했다.

아버지가 돌아가신 후부터 나는 신앙의 자유를 찾았다. 신앙의 자유를 강력하게 주장하는 나에게 어머니는 한 가지를 약속하라고 했다.

"교회를 가든지 안 가든지는 너의 자유다. 그러나 너의 결혼만큼은 믿음을 가진 여자와 해야 한다. 약속할 수 있나?"

나는 그렇게 하기로 약속했다. 그래서 지금의 아내와 결혼을 한 것이다. 그런데 막상 결혼하고 보니 아내의 믿음이 장난이 아니었다. 아내는 상상도 할 수 없는 엄청난 믿음의 소유자였다. 그런 믿음으로 나 같은 사람과 결혼한다는 것은 거의 순교 수준이라는 생각까지도 들었다.

그 당시 나의 믿음으로 이런 아내와 결혼한 것도 내 나름대로는 나도 순교의 수준이었다.

결혼 후에도 나의 행동은 과거와 같았고 아내는 나를 변화시켜달라고 하나님께 열심히 기도했다. 어떨 때는 도저히 이 남자와는 살 수 없다고 생각하고 집을 나가버려야 되겠다는 생각도 했었다고 한다. 그때마다 하나님께서 막아주셨다고 한다.

어느 날 기도 중에 답답한 마음을 하소연하였더니
"그 아이도 나의 사랑하는 아들이다."
라는 응답을 주셔서 다시 한번 참았다고 했다.

나는 한 달에 한 번쯤 체면치레로 교회에 갔다. 그리고 교회에 가면 기도하고 찬송을 부르고 설교 시간에 나름대로 명상을 하든지 다음 주 중에 해야 할 업무 구상을 하기에는 안성맞춤의 시간이라는 생각이 들었고 그렇게 했다.

어느 날 우리 가족이 등록된 그 교회에서 세례를 베푼다고 했다. 당시에 나는 세례도 받지 않은 상태였다. 아내는 나에게 세례를 받아달라고 간곡히 부탁했다. 나는 세례가 뭔지 몰랐고 관심조차 없었으나 우리나라 속담에 '죽은 사람의 소원도 들어준다.' 라는 말이 생각이 나서 이렇게 간절한 아내의 부탁을 거절할 수가 없어서 세례를 받아주기로 약속했다.

세례를 받기 전 교육을 받아야 한다고 해서 교육받는 날 교회로 가니 장로 한 사람이 나와서 세례 공부를 시작했다. 몇 년 전 화상을 입은 동생을 안고 뛰어다녔던 그 사람이었다.

장로가 묻고 내가 답하는 방식이었다. 첫 질문으로 "당신은 죄인인 줄 아십니까?"

"예수는 그리스도요, 살아 계신 하나님의 아들이라는 것을 믿습니까? 성경을 하나님의 말씀으로 믿고 그 말씀에 순복하기로 서약합니까?"

나의 정곡을 찌르는 질문이었다. 솔직히 마음에 들지 않는 질문이지만 그곳의 분위기상 어쩔 수 없이 대답했다.

"예"

"주일을 거룩히 지키고 어떤 일이 있어도 끝까지 예수를 믿기로 서약합니까?"

'어떤 일이 있어도'라는 말이 마음에 걸렸다. 이 순간에 어느 한 장면이 내 머리를 스쳐 지나갔다. 과거에 점쟁이들이 한 말들이 먹구름처럼 밀려왔다.

'인생 후반기에 어마어마한 부자가 될 것이다.'

예수 믿고 세례받으면 나이 60이 넘으면 어마어마한 부자가 된다는 것이 물거품이 될 것이라는 생각이 들었다. 나에게 믿음이 생긴 것도 아니고 아내에 대한 예의상 받는 세례인데 세례받고 훗날에 큰 부자가 되는 것을 날려버릴 수 없다고 생각했다.

'예'라는 대답 대신에 "잠깐만!"이라고 소리치고 "한 번 더 생각해 보고 다시 오겠습니다."라고 말하고 등 뒤의 많은 시선을 외면한 채 그곳을 나와 버렸다.

집으로 돌아오면서 정말 큰일 날 뻔했다는 생각이 들었다. 그렇게 집으로 돌아왔을 때 그 말을 들은 내 아내의 표정이 지금 생각해도 무섭다.

점쟁이들이 부자가 된다는 예언과 예수 믿고 천국 가는 것 중 어느 것이 좋은가? 잠시 고민하다가 나는 저승보다 이승이 낫다고 판단하고 점쟁이들의 예언을 선택한 것이다. 그래서 세례를 보류하고 집으로 돌아와 버렸다.

요즘 생각해 보니 성 아우구스티누스와 비슷한 것 같다. 성 아우구스티누스는 몸이 아파서 세례받으러 가던 중 몸이 다 나아서 그냥 집으로 돌아왔다고 그의 저서인 『고백록』에 기록되어 있다.

집으로 돌아온 나는 아무런 생각 없이 과거처럼 행동했다. 술 마시고 담배 피우고 싸움질하면서 살았다. 내가 그러면 그럴수록 아내의 기도 소리는 점점 커졌다. 그때부터 나에게 이상한 일들이 생기기 시작했다.

부산에서 대구로 시집간 큰누나가 어느 날 집 근처 산에 있는 기도원으로 밤에 기도하러 갔다가 귀신 들려왔다. 한밤중에 산에서 기도하는데 검은 보자기가 자신을 뒤집어씌웠다고 했다.

그때부터 엄청난 고통에 시달렸다. 잠을 자지도 못하고 음식 먹기도 힘들어했다. 뱀이나 개처럼 혀를 날름거리는데 그 혓바닥에는 시퍼런 멍 같은 것이 들어있었다. 말하면 입에서 아주 역겨운 냄새가 났다. 누워서 팔을 쓰지 않고 일어나 앉았다가 다시 그 자세로 눕는다.

너무 불쌍하기도 하고 조금은 무섭기도 해서 볼 수가 없을 정도였다. 당시 누나가 출석하던 교회 목사가 귀신을 쫓아내겠다며 와서 귀신을 불러내 대화했다.

"너는 누구냐?"

"나는 ○○○이다."

라고 이름을 대는데 우리 집안 족보에 기록된 조상 중 한 명이었다. 어디서 왔느냐고 물어보니 전화번호와 주소를 말하는데 기도원 인근의 암자였다. 얼마 전 그 근처에서 젊은 남자 한 명이 목매어 자살했다고 소문이 난 곳이었다.

목사는 힘들어하는 누나를 마구 때렸다.

"빨리 그곳에서 나가라."

귀신에게 명령도 했다.

온몸이 멍이 들도록 때렸지만, 그런 행동은 아무 효과가 없었다. 귀신과는 대화가 통하지 않을뿐더러 폭력은 귀신에게 더욱더 통하지 않았다.

거의 매일 그렇게 지내던 어느 날 부산에서 우리 가족이 출석하는 교회 여전도사 한 분이 집으로 와서 어머니의 이야기를 듣고는 누나를 집으로 데리고 와야 한다고 말했다.

"그대로 두면 큰일 납니다. 빨리 부산으로 데리고 와야 합니다."

어머니는 누나를 대구에서 부산으로 데리고 왔다.

며칠 뒤 누나와 그 여전도사와 권사 한 사람, 그리고 어머니와 나, 이렇게 다섯 명이 우리 집 안방 가운데 누나를 눕히고 둘러앉았다. 여전도사가 잠시 기도한 후 누워있는 누나의 배에 손을 올리는 순간 누나는 비명을 지르며 몸부림을 쳤다.

엄청난 소동이 일어났다.

누나의 모습이 내가 보기에는 마치 마른오징어를 불에 올려놓은 모습과 흡사했다. 팔다리를 비틀고 몸부림을 치며 괴성을 질러 댔다. 누나와 여전도사, 그리고 같이 기도하는 권사의 입에서 거품을 분화구처럼 쏟아냈다.

어머니는 휴지로 그 거품을 열심히 닦았다. 나는 마루에서 두루마리 휴지를 새로 건네주고 더럽혀진 휴지를 치우고 있었다. 약 2시간 정도의 긴 시간을 그렇게 요란스럽게 보내고 누나는 죽은 것처럼 축 처져 누워버렸다. 귀신이 나갔다고 했다.

당시 내 생각으로는 도무지 이해가 가지 않는 상황이었다. 그 순간부터 누나는 지금까지 정상적으로 살고 있다. 미국 영화〈엑소시스트〉가 전혀 터무니없는 영화가 아니라는 생각이 들었다.

그때 내 머릿속에 이상한 소리가 들렸다. 귀로 들리는 음성이 아니었다. 가슴으로 와닿는 느낌이 아니었다. 머리로 들어오는 영적인 소리였다.

"네 말처럼 예수의 제자들이 사기를 쳐서 성공했다면 그 사기 친 사람들의 말로를 알아봐라. 네 말대로 사기를 쳤다면 그들은 어디에선가 숨어서 부자로 잘살아야 했다. 그 예수의 제자들은 어떻게 살다가 어떻게 죽었는가 알아보라."

라는 음성이 메아리치듯이 머릿속으로 들려오고 있었다.

누나 사건 이후 처음에는 심령과학책을 많이 봤다. 그 음성을 듣고 기독교와 관련된 책을 찾아서 읽었다. 부산 남포동 한복판에 문우당 서점이 있다. 그 당시에는 한두 시간씩 서서 책을 보는 사람들도 꽤 있었다. 나도 가끔 그렇게 이용했다.

예수의 제자들은 복음을 전하다가 사도 요한 외에 모두가 비참하게 죽었다. 십자가에 거꾸로 달려 죽고, 창에 찔려 죽고, 돌에 맞아 죽고, 참수되고, 화형되고, 짐승의 먹이가 되어 죽었다.

산 채로 피부의 껍질이 벗겨져서 죽은 사람도 있었다. 요한도 거의 죽을 뻔했다고 했다. 그러나 계시록을 기록해야 할 임무가 있어서 오래 살았다고 했다. 그 사람들이 왜 그렇게 비참하게 죽어가면서까지 예수의 복음과 부활을 전했는가?

답이 나오는 질문이다. 그들은 예수의 부활을 직접 목격했기 때문이다.

마음이 혼란스러웠다. 여기에는 분명히 뭔가가 있다. 지금까지의 내 생각이 틀릴 수도 있다. 만약에 내 생각이 틀렸다면 어떻게 되는가? 그렇다면 성경적으로 따지자면 지옥이 분명하다.

'2,000년 전, 그 십자가 사건에는 뭔가의 진실이 따로 있다.'는 생각이 들었다.

1980년대 중반 어느 토요일 부산 해운대 거주하시는 작은누나가 전화했다.

"탕, 내일 오후에 나 좀 보자. 오후 5시까지 우리 집에 와줘. 꼭 와야 해."

흔치 않은 일이라 특별히 시간을 내서 갔다.

"우리 교회에서 넝마주이 출신 목사가 와서 간증하는데 네가 꼭 들으면 좋을 것 같아서 불렀어."

거의 한 시간 반 정도의 간증을 듣고 마음에 큰 감동을 받았다. 자신은 흔히 말하는 빨갱이로 몰려서 생사를 넘나드는 옥고를 치렀다고 하면서 그 누구도 함부로 할 수 없는 발언도 서슴없이 했다.

당시 아시아 여자 농구대회에서 대한민국이 중공을 꺾고 우승했을 때 주장 선수가 인터뷰 중 '각하의 보살핌에 힘입어.' 라고 했다며 "지 놈이 공을 한번 던져줬냐? 도시락을 한번 싸 줬냐?"라며 당시 일반인들은 꿈도 꿀 수 없는 당시 최고 권력자의 이름 뒤에 '지 놈' 이라는 단어까지 붙여가며 열변을 토할 때 너무 가슴이 후련했다.

그때는 무시무시한 삼청교육대가 왕성히 돌아가고 있을 때였다. 그리고 2층 앞쪽에 검은 양복을 입고 앉아 있는 사람들을 가리키며 "저 두 사람은 나를 감시하는 사람들입니다. 여차하면 나는 저 사람들에게 잡혀갈 수도 있어요."

그 순간에 나는 뭐라고 표현할 수 없는 쾌감을 느꼈다. '아! 진짜 상남자구나. 이런 분이 지금 시대에 선지자구나.' 라는 생각이 들었다.

간증 집회가 끝나고 나오면서 간증 내용이 녹음된 카세트테이프와 『OO을 깨우리라』라는 책 두 권을 구매했다. 업무 시간에 내가 몰고 다니던 차량에 항상 그 테이프를 틀고 다녔다. 그 차량에 자주 동행하던 어느 내성적인 직원이 그 간증을 자주 듣더니 어느 날 가만히 얘기했다. "지난 주일, 우리 집 근처에 있는 교회에 등록했습니다."

나는 말 한마디도 안 하고 한 영혼을 구한 것이었다. 그런데 선지자같이 느껴졌던 그분이 뭔가 이상하게 변했다. 어느 날 눈두덩이 밤탱이처럼 되어서 인터뷰하는 장면이 방송되는 것을 보았다. 눈두덩이 밤탱이처럼 된 선지자? 그렇게 된 이유는 알 수 없지만 그 모습이 좋게 보이지는 않았다.

너 같은 인간이 뭘 안다고? 라고 말할지 모르지만 진짜 뭘 몰라서 하는 말이다. 그분이 넝마주이 마을에서 힘들게 목회하다가 너무 힘들어 그만두려고 마음먹었다. 그때 배고파 울고 있는 어린아이의 모습에서 본 예수님의 눈물과 중환자를 업고 이 병원 저 병원 다니다가 자신의 등에 업혀 숨을 거둔 그 시신을 옆에 두고 세상을 불 지르고 싶다던 선지자 같은 그 정의로운 마음은 이제 변해버렸는가?

지금은 힘들고 어려운 사람들은 보이지 않는가? 아니면 그것도 하나의 픽션인가? 궁금해졌다. 그 당시와 지금의 신학적 소신이 바뀌었는지, 아니면 나이가 들면 그렇게 변하는지 솔직히 그것도 궁금해졌다.

여하튼 과거 그분의 간증을 들은 후부터는 내 생각의 기울기가 하나님 쪽으로 조금은 기울어진 것은 사실이다.

그 집회에 참석하고 난 얼마 뒤 공교롭게도 내가 출석하던 교회에서 특별 세례식을 거행한다고 했다. 성도 중에 한 분이 외항선을 타는 선원이었는데 거의 3년에 한 번씩 집에 와서 약 보름 정도 머물다 다시 출항했기 때문에 세례받을 타이밍을 맞출 수가 없어서 때마침 귀국했을 때 그 사람만을 위해서 특별히 세례식을 거행한다고 했다.

내 속마음을 눈치챈 아내가 재빠르게 내 이름으로 세례 신청을 했다. 나는 그분과 단둘이서 세례를 받았다. 별난 사람은 세례도 별나게 받는구나, 생각했다. 그러나 세례만 받았을 뿐이지 나의 행동은 그대로였다.

사탄의 방해는 너무 교묘하다.

우리가 신앙생활을 열심히 하는 것을 어떠한 방법으로든 방해한다. 내가 세례받은 세례교인이라는 사실조차 까마득히 잊게 만들었다. 나는 또다시 하나님과 멀어졌다. 나의 마음은 오직 음주, 도박 등 쾌락을 즐기는 것에만 집중되어 있었다.

가정도, 미래도, 건강도, 안중에 없었다.

3

1980년대 후반 88 서울 올림픽을 전후해서 경기도 일산, 분당 지역에 신시가지가 조성되었다. 덩달아 전국에서 건축 붐이 일어났다. 서울 근교에 엄청나게 많은 아파트가 건축되었다. 당연히 건축 자재가 많이 부족했다.

  나는 친구와 중공산 시멘트를 수입했다. 중국이 중공으로 불릴 때였다. 당시에는 중공과 정상적인 국교가 수립되기 전이라 중공과의 무역 거래는 쉽지 않았다. 한국에서 중국의 현지 사정을 정확하게 알기가 어려웠기 때문이었다. 일단 여러 곳을 담보로 하고 친지들의 보증으로 대출을 받아 L/C를 개설하고 우선 5,000톤을 수입했다.

  '이제 나는 많은 돈을 벌 수 있다.'는 희망에 부풀어 있었다. 우리가 수입한 시멘트가 한국에 들어오기 직전에 어느 기업체에서 먼저 중국산 시멘트를 수입해서 한국에 들어온 시멘트가 있었다. 그 시멘트를 경남 창원시에 소재한 어느 대기업 공장 신축 공사장에서 사용했다.

  그런데 중국산 시멘트를 사용한 건물의 바닥이 시멘트가 굳어지면서 찢어지고 사이가 벌어져 버렸다. 그 소문이 널리 퍼졌다. 정말로 큰일이 났다. 누가 이런 시멘트를 사겠는가?

  시멘트는 보관하기가 힘들고 굳어버리면 더욱더 큰일이었다. 폐기 처분하려면 더 많은 돈이 들었다. 이제 우리들은 망했구나, 생각했다. 수입할 때 물량이 많아 선박 1척을 임대했다. 그런 경우는 입항 후 15일 이내에 선박의 화물을 비워 줘야 할 의무가 있다. 만약에 그 기간을 어기면 하루에 제법 많은 금액의 대가를 지불해야 했다.

우선은 급한 대로 부산 사상구 변두리 한 곳에 땅을 빌려 야적하기로 했다. 그것도 쉬운 일이 아니다. 일단 비를 맞히지 않으려면 천막을 덮어야 했다. 그런 거대한 덩어리를 덮을 만한 큰 천막은 부산항에는 많았다. 중요한 것은 어떻게 덮느냐는 것이다. 대형 크레인을 동원해 전량을 야적시켜 놓고 천막으로 덮었다. 그런데 그 와중에도 틈틈이 8톤 화물차 1대 분량씩 시멘트를 사러 오는 사람들이 있었다.

크레인은 우리 소유가 아니라 한번 올 때마다 시멘트 대금 중 꽤 많은 부분을 크레인 대여 비용으로 줘야 했다. 망연자실하고 있을 때 과거에 마지못해 교회에 다닐 때 무의식중에 들은 설교와 성경 말씀이 생각났다.

마태복음 7장 7절 "구하라, 주실 것이요. 찾으라, 찾아낼 것이요. 문을 두드려라, 열릴 것이니라."

죽기만 기다릴 수 없다. 지푸라기라도 잡아야 했다. 생전 처음으로 집중적인 기도를 했다. 그것도 울면서 큰소리로, 밥도 하루에 한두 끼만 먹고 간절히 기도했다.

"하나님 제가 잘못했습니다. 저와 제 가족을 살려주십시오. 앞으로는 결코 그렇게 살지 않겠습니다."

화장실에서도 그렇게 큰 소리로 울면서 기도했다. 가족이 다 죽게 됐는데 체면이 문제겠는가? 직원들에게 미쳤다는 소리까지 들었다.

한 주쯤 지났을 때 중부 지방에 엄청난 폭우가 내렸다. 중부

지방에 몰려있던 많은 시멘트 공장이 침수되었다. 그때 얼마 전 중국산 시멘트가 굳으면서 쩍쩍 금이 가고 벌어진 것은 그 당시에 시멘트 배합을 잘못했다는 것이 밝혀졌다.

단 이틀 만에 시멘트가 다 팔렸다. 기도의 힘, 간절한 기도의 능력을 체험했다. 딱히 뭐라고 표현할 수 없는 희열감을 느꼈다.

나와 가장 친했던 친구에게 이 사실을 알렸다. 이 친구도 나와 비슷한 성격이다. 전도도 하고 싶은 마음에서 이런 사실을 말해주고 같이 교회에 가자고 말하니 내 말을 다 들은 그 친구가 이렇게 말했다.

"네 말이 모두가 사실이라면 그런 예수를 나는 더욱더 믿을 수가 없다."

친구는 결의에 찬 단호한 모습으로 말했다.

"왜 더욱더 믿을 수가 없냐?"

"너 한 사람을 살려주려고 많은 시멘트 공장을 침수시킨 그런 예수를 나는 믿고 따를 수 없다."

"……?"

한편으로 생각하면 그 말이 맞는 것도 같았다. 요즘 세상 논리로 그렇게 생각할 수도 있겠구나 라는 생각이 들기도 했다. 이건 또 뭘까? 곰곰이 생각하는데 그 답은 얼마 지난 후에 찾을 수가 있었다.

로마서 5장 3절, 4절 "다만 이뿐 아니라 우리가 환난 중에도 즐거워하나니 이는 환난은 인내를, 인내는 연단을, 연단은 소망을 이루는 줄 앎이로다."

신실한 성도들은 환란까지도 즐거워한다고 했다. 힘든 일은 참을성을 기르고, 참을성은 강인함을 기른다. 강인함으로 바라는 것이 이루어진다는 것을 알고 있기 때문이라고 나는 나름대로 해석했다.

그렇다. 하나님께서 주시는 환란을 기쁨으로 받아들이면 소망이 따라온다. 사람들에게 〈성장통〉이라는 것이 있다. 육신이 성장하려면 통증이 따라온다는 말이다.

침수된 그 공장들도 희망을 가지고 노력하여 기계들을 최신 기계들로 바꾸고 더 많은 양을 생산할 것이었다.

며칠 뒤 그 친구에게 성경 로마서의 말씀에 대해 설명하고 교회에 같이 다닐 것을 다시 한번 권유했으나 듣지 않았다. 그해 자신의 사주팔자 상 삼재의 마지막 해라고 한다.

불교에서 표현하는 삼제 즉 공제, 가제, 중제가 아닌 무속에서 말하는 삼재팔난 즉 들재, 눌재, 날재 중 마지막 날재에 속한 해라서 그해는 아무것도 하면 안 된다고 하며 삼재가 끝나면 그때 다시 이야기해 보자고 했다. 웃어야 할지 울어야 할지 헷갈렸다.

세례 문답을 받으러 갔다가 점쟁이들의 말이 생각나서 도망치듯 나온 나와 비슷하다는 생각이 들었다. 그 친구는 하나님이 주신 기회를 놓쳤다. 그 친구는 지금까지도 불쌍하게 살고 있다. 아내와 이혼하고 아들 둘 중 한 명을 교통사고로 잃고 술과 친하게 살고 있다.

대한민국 국민 중에 이런 마음으로 살아가는 사람들은 얼마나 될까?

아마 많은 사람들이 그럴 것이라는 방정맞은 생각이 드는 이유를 모르겠다. 나의 사명이 그 친구를 죽기 전에 주님 앞으로 인도하는 것이라는 생각이 들어서 얼마 전 전화를 했더니 그 친구는 낮술에 취한 채 말했다.

"예수 이야기하려면 앞으로 나에게 전화하지 말라."

채 1년이 지나지 않아 아들로부터 부고가 왔다.

나는 사명을 수행하지 못했다. 하나님의 인도하심으로 그 큰 어려운 고비를 넘겼다면 내 삶의 방향을 하나님 쪽으로 완전히 돌려야 된다.

우리는 다시 시멘트를 2배로 수입했다. 이번에는 수입 시멘트 일만 톤 전량의 판매 계약이 어느 대기업 건설 회사와 체결되었다. 대기업인 ○○건설의 호남지방 고속도로 건설 현장에 납품하기로 계약했다.

어떻게 되었을까?

결과부터 말하면 완전히 망했다. 신용장은 개설됐는데 시멘트가 중국 현지에서 선적이 안 되고 있었다. 그런데 중국 쪽 사람들은 근거도 없는 이유를 대고 하루하루 미루고 있다.

"비가 온다.", "파도가 많이 친다.", "배가 고장 났다."

심지어는 "화물을 싣고 출항했다.", "가다가 서류가 잘못되어 배가 다시 돌아오고 있다."

말도 안 되는 핑계를 대면서 차일피일 미루고 있었다. 대기업과의 계약은 확실한 거래 보장도 되지만 납품에 대한 책임도 정확하게 져야 한다. 자재가 제대로 공급되지 않아 공사에 차질이 생기면 모든 책임을 우리가 져야 했다.

당시에 부산항에서 중국산 시멘트는 대구의 모 회사 한 곳에서 수입한 시멘트만 유일하게 하역하고 있었다. 우리는 꼭 필요한 물량만큼 그곳에서 사서 00건설 현장에 납품했다.

그때 대구에서 시멘트를 수입한 사람은 전문적인 사업가가 아니고 일반 대학생이라고 했다. 들리는 이야기는 당시 시멘트를 수입 판매하는 대구 사람은 미국의 유명한 모 대학 유학생인데 기숙사 룸메이트가 중국 공산당 최고 지도자였던 마오쩌둥의 손자라고 했다.

그래서 한국행 모든 시멘트 수출을 잠시 중단시키고 자신들의 시멘트만 수출했다는 소문이 떠돌았다. 설마 그렇게까지 했을까? 생각은 들었지만 그래도 뭔가가 찜찜하기는 했다. 아니면 그 삼재 친구의 말대로 나도 삼재인가? 라는 생각이 스쳐 갔다.

주변의 상황들이 그런 생각이 나게 만들고 있었다. 겨우겨우 시멘트를 그곳에서 구입하여 납품하다가 날씨가 쌀쌀해지고 건축도 줄어들 때부터 국내산 시멘트 공급이 원활해졌다.

계약금으로 입금된 금액만큼 시멘트를 공급하니 00건설에서 시멘트 주문이 끊겼다. 제품 납기를 제시간에 맞추어 주지 못한 이유를 대니 할 말이 없었다.

그제야 우리가 수입한 시멘트를 실은 선박이 부산항에 들어왔다. 오히려 오지 않았다면 훨씬 좋았다. 부산항 제 5부두에 시멘트 만 톤을 야적해놓고 영업하기 위해 이리저리 뛰어다녔다.

잠도 거의 자지 못한 채!

당시 중국산 시멘트는 40kg 종이 포대에 담겨서 50포씩 점보 나일론 자루에 담겨있었다. 한 덩어리가 2톤이다. 판매처는 없고 어느새 겨울이 다가왔다. 결국은 전봇대 만드는 공장에 완전 헐값으로 팔아넘겼다. 그것도 포장을 완전히 해체한 후 시멘트 내용물만 중량당 최소의 비용을 받고서 말이다.

얼마나 고생했고 얼마나 손해를 봤겠는가? 이 정도가 되면 정신을 차렸어야 했는데 거의 이성을 잃었다. '살기 위해서는 이제부터는 나의 전공을 살려야 된다.' 생각하고 나의 전공이 무엇인가? 심각하게 생각해 보니 내 스타일에 딱 맞는 일이 생각났다.

〈술〉이었다.

진짜 억지로 혈연, 지연, 다 동원해서 완전 무리를 해서 술집을 개업했다. 통기타를 치고 노래 부르며 생맥주를 마시는 호프집이었다. 너무 즐거웠다.

내가 좋아하는 술을 마음껏 마셨고 내가 마신 술값까지도 카운터에서 받았다.

"확실히 사람은 자신의 분수를 알아야 한다."
1년의 세월을 그렇게 보냈다.

어느 날 귀신을 데리고 집으로 간 적도 있다. 당시 집은 부산 영도 해안가 아파트였다. 집에 가장 가까이 갈 수 있는 대중교통은 배다. 부산 자갈치에서 시내버스와 같은 요금을 주고 배를 타면 우리 집 가장 가까운 곳에 내릴 수 있었다.

자갈치 시장에서 친구와 술을 한잔하고 2차로 집 근처에서 한잔 더 하기로 하고 배를 타고 가서 근처 선술집에서 술을 마시던 중 소변이 마려워 화장실로 갔다. 그곳 여러 점포가 하나의 화장실을 공동으로 사용하므로 뒷문으로 나가서 좁은 골목으로 나가면 끝부분에 화장실이 있었다.

컴컴한 골목으로 빠져나가던 중 몇 칸 건너 있는 무속인 영업장의 열려있는 문을 통해 안에 있는 신당을 보았다. 붉은 조명 아래 눈을 부라리고 긴 창을 들고 있는 신상의 모습을 보는데 갑자기 차가운 냉기가 몸속으로 들어오는 것을 느꼈다.

갑자기 몸이 많이 괴로워져서 더 이상 술을 마실 수 없어 친구와 밖으로 나왔다. 그리고 친구와 둘이 술집과 가까이 있는 집으로 갔다. 집에 도착한 뒤 아내에게 라면 끓여달라고 부탁하고 안방에서 둘이 TV를 보고 있었다.

"라면 다 끓여놨으니 나와서 드세요."

잠시 후 아내가 불렀다. 친구가 화장실에 다녀오겠다며 화장실에 가는데 내 눈에는 친구의 뒷모습이 사람이 아니고 순간 수수깡으로 만든 인형처럼 보였다. 이상하게 생각하면서 나와서 식탁을 보니 라면을 한 그릇만 끓여 놨다.

"사람은 둘인데 어찌 라면을 한 그릇만 끓여놨냐?"

짜증을 냈다. 아내는 어이없다는 표정으로 오히려 화를 낸다.

"정신 좀 차리고 다니쇼."

"내 친구 화장실에 갔다."

라고 말하고 아내와 함께 화장실로 가보니 그곳에는 아무도 없었다. 분명히 나는 친구를 데려갔는데 아내는 같이 오지 않았다고 한다. 그 친구는 아내 앞에서 순간적으로 연기처럼 사라졌다.

다음날 그 친구에게 물어보니 그 술집에서 내가 컨디션이 안 좋다고 해서 바로 헤어지고 자신은 집으로 갔다고 했다.

내가 집으로 무엇을 데리고 갔을까? 정말 귀신이었을까?

영하 15도를 밑도는 어느 겨울이었다. 평소보다 많은 술을 마시고 만취되어 택시를 타고 집 앞까지는 왔으나 아파트 우리 집 현관문 앞에서 쓰러졌다.

당시에는 부산의 겨울 기온은 그리 낮지 않아 거의 내의를 입지 않았다. 나는 아예 내의 자체가 없었다. 양복도 그리 두껍지 않은 춘추복 정도였다. 평소 아내는 새벽 2시가량까지 기도를 하다가 그때까지 내가 오지 않으면 혼자 방에 들어가 잠을 잤다.

그런데 그날은 새벽 2시쯤 이상한 예감이 들어 밖으로 나와 보니 내가 현관문 앞에 쓰러져 있었다고 한다. 급하게 어머니를 불러서 집 안으로 끌어들이는데 몸은 많이 굳고 싸늘해져 얼굴은 잿빛이 되어 있었다고 했다.

어머니와 함께 방 안으로 끌어들여서 따뜻한 곳에 눕히고 온몸을 주무르니 얼마 후 굳어있던 몸이 조금씩 풀리고 얼굴에도 혈색이 점점 돌아왔다고 했다.

나는 그때 그 순간 나의 동선을 또렷하게 기억하고 있다. 당시 119는 불 끄는 업무만 할 때였다. 지금도 그 장면이 생생하게 기억난다. 35년이 훌쩍 넘었지만 내 평생 잊지 못할 장면이었다.

칠흑 같은 어둠 속에서 어렴풋이 보이는 희미하고 구불구불한 길을 검은 망토를 뒤집어쓰고 끝이 보이지 않는 굽은 길을 걷는 것도 아니고 뛰는 것도 아니고 뭔가에 끌려가듯 스르르 가고 있었다. 내 앞에도 사람들이 나와 같은 모습으로 가고 있었고 내 뒤에도 또 다른 사람들이 일렬로 서서 나와 똑같은 모습으로 따라오고 있었다. 수많은 사람들이 끝이 보이지 않는 그 굽은 길을 가고 있었다.

나는 내 앞에 가고 있는 그 사람에게 우리가 지금 어디로 가고 있느냐고 물어보았다. 그런데 내 입에서 말은 나오지 않고 한숨 소리 비슷한 깊은 탄식 소리만 나왔다. 앞선 사람과 뒤따라오는 사람들도 마찬가지로 탄식 소리만 내고 있었다.

나는 지금 어디로 가고 있나? 무서워지기 시작했다. 그런데 그 건너편에는 흰옷을 입은 사람들이 춤을 추고 노래하며 즐겁게 웃으면서 가고 있었다.

그렇게 헤매다가 정신을 차려보니 어머니와 아내가 나의 몸을 따뜻한 곳에 눕히고 온몸을 마사지하고 있었다. 그때 생각을 했다. 내가 가고 있던 그 길은 어디로 향하고 있는가? 그 길은 지옥으로 향하는 길이라는 확신이 들었다.

하나님께서는 나를 바로 지옥으로 보내버릴 수도 있었지만, 아내의 간절한 기도 때문에 나를 불쌍히 여기사 자비를 베풀어 주셨든지, 아니면 내가 세상에서 할 일이 아직 남았을 것이라는 생각이 들었다.

훗날 곰곰이 생각해 보니 그것은 나의 희망 사항이었다. 정확하게 표현하면 기한이 없는 무기지옥이라는 형벌의 판결을 받았지만, 집행유예라는 특별 은총이 임한 것일 것이다. 그것이 바로 〈무기지옥 집행유예!〉인 것이다.

그런데 건너편에서 흰옷을 입고 가던 사람들은 무엇이었을까? 생각해 보면 천국인 것 같은데 내가 상상하던 천국은 황금색으로 아름답게 꾸며진 호화로운 곳으로 생각했는데 그곳의 분위기는 흔히 볼 수 있는 하나의 평범한 동산의 모습이었다.

35년 전의 일이었지만 그 모습 역시 지금도 생생히 기억에 남아있다.

2019년에 개봉했던 영화 『바울』의 마지막 장면에 바울이 순교한 뒤 천국에서 동역자들과 만나는 그곳의 모습과 똑같았다. 순간 이런 생각이 들었다. '아, 이 영화를 제작한 사람도 나와 같은 체험을 했구나. 그렇다. 저곳은 에덴동산이다.'

이 정도까지 되었음에도 불구하고 나는 삶의 방향을 빨리 돌리지 못하고 머뭇거렸다. 술집을 차린 비용 때문이었다. 아니 그것은 핑계다. 아직까지 세상의 향락에 미련을 두고 있어서 술집을 접지 못하고 차일피일 미루고 있었다. 그러나 일상생활은 조금씩 변화하고 있었다.

참 부끄러운 고백을 하겠다.

하나님은 분명히 살아 계신다는 것과 우리를 지켜보신다는 것에 믿음이 생기기 시작했다. 그래서 무엇을 하든지 하나님께 허락을 받고 나서 하자고 다짐했다.

가령 친구와 술 한잔할 기회가 생기면 성경 말씀 중에서 "가라"는 단어를 찾아 읽고 나갔다. 하나님께서 가도 된다고 허락하신 것으로 나 혼자 해석했다. 쉽게 찾기 힘든 단어는 찾을 시간이 없어서 글자 한 자씩 찾아서 조각을 맞춰놓고 움직였다.

예를 들면 "가지 마라" 이런 말씀이 요구되면 "가", "지", "마", "라". 이렇게 한 글자 한 글자를 맞춰놓고 하나님의 명령이라고 생각하고 가지 않았다.

특히 주일날 교회에 가는 일은 그렇게 했다.

이런 단어를 찾는 데는 조금의 시간과 노력이 필요했다. 약간의 시간을 투자하고 집중해서 성경을 봐야 한다. 지금 생각해도 너무 바보스럽다는 생각이 들었고 많이 부끄러웠다. 그런데 요즘 우리들의 신앙생활이 이런 방식으로 흘러가는 것 같아 심각함을 느낀다.

예수 그리스도를 믿으면 과연 나에게 어떤 이익이 주어질까? 요즘 목사들의 가르침의 핵심이 '예수 믿고 부자 되는 복 받아라' 인 것 같다. 나는 무기지옥행 판결을 받았지만, 집행유예라는 최고의 축복을 받은 사람이다.

수천, 수억 달란트의 황금이 있다고 한들 이렇게 내 영혼을 즐겁게 해줄 수 있을까? 생각해 보게 된다.

에베소서 4장 27절 말씀에 "마귀에게 기회를 주지 말라"고 했다. 마귀는 기회를 놓치지 않는다. 조금만 방심하니 파고들었다.

"이제는 괜찮다. 그날 밤에는 너무 추워서 그런 거야. 힘을 내고 다시 멋지게 살면 된다. 생각해 보라. 몸에 큰 이상이 없지 않느냐. 이제는 괜찮다."

이렇게 유혹해 왔다. 마귀가 다른 사람을 유혹할 때 옆에서 보면 참 추악하고 지저분한데 나에게 유혹할 때는 어찌 이리 달콤한지 모르겠다.

계속 술장사를 했다. 하나님께서 다시 경고를 보내셨다. 나의 몸을 치셨다. 어느 날 너무 술을 많이 마셔서 쓰러졌다.

병원에 가서 체크하니 몸무게 90kg, 혈당이 500을 넘어 정확하게 570이었다.

일반 혈당 체크기로는 측정이 안 된다. 부산 침례병원의 정밀 기계로 측정한 수치다. 부산의 대형병원인 침례병원, 메리놀병원, 영도병원 세 곳에 번갈아 가며 입원 치료를 받았다.

과거처럼 행동하면 죽을 수도 있다고 한다.

"죽어도 괜찮다고 생각하면 과거처럼 살아도 된다."

담당 의사의 말이었다. 이대로 죽으면 다시 검은 망토를 뒤집어 쓴 그 흑암의 길인데, 분명히 지옥으로 이어질 텐데, 생각만 해도 너무 무서웠다. 어쩔 수 없이 술장사는 그만두었다. 그 후 일시적으로 교회를 열심히 다녔다. 극성스러운 아내 덕분이다.

하나님의 택함을 받았지만, 하나님 말씀을 끝까지 듣지 않는 사람은 이렇게 해서서라도 하나님의 사람으로 만든다는 생각이 들었다. 바울처럼 하나님의 택한 백성이든지 아니면 훈련을 통해서 들어 쓰실 사람에게만 그렇게 하신다고 생각한다.

부산의 대형병원 3곳을 전전하다가 마지막에는 오산리 금식기도원에 갔다. 얼마 전까지도 가끔씩 가던 곳이다. 그곳에 가면 통상적으로 몇 끼 금식을 한다. 내가 할 수 있는 최장의 금식 기간은 열 끼다.

처음 갔을 때는 몸 상태가 좋지 않아서 금식할 수 없었다. 그러던 중 친구들 사이에 내가 죽었다는 소문이 났다. 오랫동안 보이지 않으니 죽었나? 생각을 하다가

"죽은 것 같다.", "죽었을 것이다.", "죽었다 카더라."

마지막에는

"죽었다."

이렇게 소문이 퍼져있었다.

몇 개월 후 나를 만난 친구가 귀신을 본 듯하며 놀라는 표정이 그것을 확실하게 증명했다. 90kg이나 나가던 몸무게가 60kg으로 빠졌다. 퇴원 후 집으로 들어갈 때 아파트 경비실에서 제지를 당했다.

"어디 가십니까?"

"네, 아저씨 접니다."

"저가 누굽니까?"

"접니다. 1109호"

얼굴을 코앞에 바짝 들이대고 보시더니

"아이고, 어쩌다가 이렇게 됐습니까?"

많이 놀란 표정이었다. 몸이 많이 망가진 상태지만 어쩔 수 없이 일을 해야만 했다.

부산 자갈치 시장에서 수산물 중매업을 하는 친구의 알선으로 소형 1톤짜리 화물차를 구입해 오징어 운송을 했다. 1톤짜리 화물차에 생물 오징어 3~4톤을 싣고 부산 자갈치에서 경북 구룡포, 홍해, 축산 쪽으로 운송하는 일이었다.

생물이기 때문에 최단 시간에 운송해야 한다. 같은 일을 하는 차량 기사들을 보면 목숨을 내놓고 달리는 것 같았다. 나는 처음 하는 일이라 익숙하지도 않고 실수도 많이 했다. 생물 오징어가 없을 때는 냉동 어류를 싣고 다녔다. 1년가량의 기간 동안 거의 전국을 돌아다녔다.

그렇게 헤매던 중 그 친구의 배려로 부산 감천항 근처 냉동 창고에 있는 냉동 오징어를 싣고 부산 서구 장림동에 소재한 오징어 육포 공장에 운송하는 일을 했다. 오징어 운송비를 받고 오징어를 실어다 주고 오징어가 담겨있는 상자를 비워서 빈 상자를 팔아 별도의 수입이 생기는 그나마 꽤 수입이 괜찮은 일이었다.

오후에 오징어를 싣고 가서 내려놓고 다음 날 새벽 4시에 가서 작업반원들이 오기 전에 오징어 상자를 비워서 빈 상자를 가지고 나와야 한다. 먼 거리를 가지 않아 좋았다. 이 일을 거의 매일 반복했다.

한겨울에는 상자 속의 오징어가 녹지 않으면 상자에서 오징어를 빼내기가 매우 힘이 든다. 전날 저녁에 실어다 놓은 오징어 상자를 뒤집어 놓고 밴드를 자르고 그 위에 물을 살짝 뿌려놓으면 새벽에 상자에서 오징어를 쉽게 빼낼 수 있다.

경비원에게 약간의 담뱃값 정도 드리면 그분이 주무시기 전에 그렇게 해 놓는다. 그런데 하루는 그분이 술에 취해서 그냥 잠이 들어버렸다. 그날따라 유별나게 추웠다. 평소처럼 새벽 4시에 도착해보니 오징어가 그대로 얼어 있었다. 큰일이다. 두 시간 정도만 지나면 직원들이 일하러 온다. 어쩔 수 없었다. 꽁꽁 얼어붙은 오징어 120상자를 혼자서 빼내야 했다.

물만 뿌려 놨으면 그냥 쉽게 갈고리로 걸어 살짝만 당기면 빠지는데 꽁꽁 얼어 있으니 두 손으로 밀고 당기고 흔들어야 했다. 손이 너무 시려서 끊어져 나가는 것 같다. 특히 당뇨를 앓고 있는 나에게 말초신경 쪽의 차가움은 너무 참기 힘들다.

너무 힘이 들어 간절한 기도가 나왔다.

"하나님 과거에 넝마주이 출신 목사님의 간증을 들을 때 그 목사님은 감옥에서 기도하니 온몸이 따뜻해졌다고 하는데 저는 이 손만 따뜻하게 해주시면 안 되겠습니까?"

진짜 간절한 마음으로 기도했다.

그때 가슴속에 불이 타오르는 듯한 느낌을 받고 돌아서니 두 손이 따뜻해졌다. 느낌이 아니라 실제로 따뜻해졌다. 얼음물에 손을 담가도 아무렇지도 않았다. 너무 감사하고 감격하니 금방 작업이 끝났다. 상자를 싣고 나오는데 문득 이런 속삭임이 들렸다.

"내 손이 따뜻해진 것은 하나님의 기적도, 은혜도, 조금은 가미되었겠지만, 사실은 내가 힘을 많이 썼기 때문에 그 운동으로 인해 몸에 열이 났기 때문일 거야."

'아! 그렇구나'라고 생각했다. 순간적인 사탄의 유혹에 휘말렸다.

4

우리 가정이 소속된 구역의 구역장 안수 집사가 있었다. 그분은 장사에 소질이 있었는지 뭐든 하면 큰돈을 벌었다. 어느 날, 나와 같이 있는데 어디선가 전화가 왔다. 얼마간의 생선이 있는데 오백만 원에 판다고 했다. 그분의 거래는 통상 수백 상자에 달했다.

집사는 다른 전화기로 또 다른 어느 곳에 전화를 걸어 그 물건을 천만 원에 판다고 하니 그곳에서 산다고 했다. 앞에 전화 온 사람에게 뒤에 전화 건 사람 쪽으로 물건을 보내주라고 하고 전화를 끊었다. 순식간에 손도 안 대고 내 눈앞에서 오백만 원 벌었다.

돈이 되는 사람은 이런 식으로 돈을 벌어들인다. 그 물건이 꼭 필요한 사람을 정확하게 찾아내는 기술이 있다. 그분은 물질의 축복은 엄청나게 많이 받은 것 같다.

어느 금요일 그분이 우리 가정에서 구역 예배를 인도했다. 예배를 마치고 마무리 기도를 하던 중 기도 마지막 부분의 내용이 '이 가정의 자녀들을 축복해 주십시오.' 라는 내용 같았는데 그 집사는 "하나님 이 가정의…", "이 가정의…." 그 말만 자꾸 되풀이했다.

자녀라는 단어가 갑자기 생각이 나지 않은 모양이었다. 몇 번을 "이 가정의"만 되풀이하다가 하는 말이 "이 가정의 새끼들을 축복해 주십시오. 예수님 이름으로 기도드립니다. 아멘!"

그렇게 예배를 끝냈다. 그래도 그 사람은 아무렇지도 않은 표정이다. 물질의 축복은 받았지만, 또 다른 축복은 못 받은 것 같다. 그 집사는 그 후 목사 안수를 받고 목사가 되어 교회를 개척했다가 중단하기를 반복했다. 그 사람의 개인 생활을 알 수 없으나 어려울 때 같이 고생한 조강지처를 버리고 이혼했다니 마음이 참 무겁다.

나를 포함해서 목회자의 자질은 참 중요한 것 같다. 자기 자신이 주님 앞에 바로 서야 한다고 생각한다. 성도들의 추앙을 받고 그 위에 군림하는 것 같은 모습에 매료되어 목회자의 길을 택한 사람도 있을 것이다.

나는 고등학교 졸업 시점에 도저히 일반대학에 진학할 성적이 되지 않고 경제적인 형편도 되지 않아 일찌감치 포기했기 때문에 오랜 세월이 지난 후 군소 신학교에 입학한 사람 중의 한 명임을 밝힌다.

지금까지도 나 역시 세상의 쾌락을 완전히 떨쳐내지 못한 사람이라고 생각한다.

어느 정도 몸이 회복되어 섬기던 교회가 소속된 부산 노회 주일학교 연합회에서 임원으로 봉사도 했다. 당연히 본 교회 주일학교 교사다. 어느 여름 성경학교 교사 강습회 시간에 잠시 부주의로 강사 목사를 데려오는 시간을 놓쳤다. "구약 파노라마" 주제로 강의하시는 미국에서 오신 목사님이었다.

시간이 너무 촉박하여 부산 송도 유엔 호텔에서 강습회 장소인 신평로 교회까지 목사님 모시고 차로 30분 거리를 10분도 채 안 되는 시간에 달려왔다.

출발 전에 진지하게 말씀드렸다.

"목사님, 벨트 매시고 꼭 잡으세요."

내 눈에는 차선도 보이지 않았고 신호등도 없었다. 내가 느끼기에 거의 실신 직전까지 간 목사님의 요청으로 박카스 한 병을 사드렸다. 박카스를 마시고 강습회를 시작하신 목사님은 강습회 시작 전에 이 내용을 말씀하시고 마지막에 나에게 하신 말이 "집사님, 건강하십시오." 였다.

믿음도 자신의 성격대로 믿는 것이 맞는 말 같다.

그해 여름 방학 중에 실시하는 어린이 여름 성경학교에서 매 교시 사이에 틈틈이 생기는 공백 시간에 아이들을 맡아 분위기 정리를 하는 일을 맡았다. 아이들 시선을 집중시키기 위해 퀴즈를 내고 정답을 맞히면 선물을 주는 그런 시간이다. 당연히 인기 짱이었다.

한번은 난센스 퀴즈를 냈다. 서두에 "난~센스 퀴즈!"라고 분명히 말하고 문제를 냈다.

"성경에 나오는 인물 중에 가장 불쌍한 사람이 누구인지 아는 사람?"

퀴즈의 정답은 "나사로"다.

그 이유는 나사로는 태어나서 두 번이나 죽었기 때문이다. 모든 사람은 한 번 죽는 것도 싫어하는데 그는 두 번 죽었기 때문에 불쌍하다는 취지의 난센스 퀴즈다.

그 문제를 내자 4학년 한 남자아이가 반사적으로 "저요!" 하면서 손을 번쩍 들었다. 아! 저 아이가 이 문제를 알고 있구나, 생각하며 그 아이를 지목했다. 이 아이가 벌떡 일어서면서 외치는 말

"고라입니다."

솔직히 그때 나는 "고라"가 누군지도 몰랐다. 그래서 여지없이 땡이라고 소리쳤다. 훗날 성경을 필사하면서 민수기 16장을 적을 때 그날이 생각나서 얼마나 부끄럽고 그 아이에게 미안한지 혼자 있으면서도 얼굴이 화끈거렸다.

민수기 16장 33절 "그들과 그 모든 소속이 산 채로 음부에 빠지며 땅이 그 위에 합하니 그들이 총회 중에서 망하니라."

영적 지도자에게도 대항하면 이렇게 산 채로 음부에 빠지는데 요즘은 전능하신 하나님까지도 자기 발아래 두는 사람도 있는 것 같다.

"까불면 나한테 죽어."

이렇게 심한 막말도 쉽게 해버린다. 목사에게 까불다가 죽는 하나님을 어떻게 경외하라고 전도할 수가 있겠나? 하나님 보좌

를 쥐고 흔드는 그 사람이 보이지도 않는 바이러스에 붙들려서 육신이 억류당하고 경찰 수사관에게 양팔이 붙들려 바깥 구경도 못하는 신세가 된 적도 있지 않은가?

하나님 보좌를 쥐고 흔드는 능력은 어디로 갔으며 그 사람은 어떤 식으로 신앙고백을 하는지 참 궁금하다.

전체적인 말씀을 들어보지 않고 평가하는 것은 잘못된 일이지만 듣고 싶은 마음이 생기지 않는다. 과거의 발언이 자꾸 연상되었기 때문이다.

디트리히 본회퍼 목사는 히틀러에게 붙잡히면 죽임을 당할 것이 확실한 줄 알면서도 반 나치 운동과 히틀러 암살을 계획하다가 체포되어 처형을 당했다. 지금 대한민국은 아무리 극악무도한 범죄를 저지른 흉악범도 사형시키지 않는다. 그런데 순교를 각오한다는 것은 무슨 말인가?

정녕 거룩하게 순교하고 싶으면 평양에 가서 김정은에게 복음을 전해 보든가, 아니면 IS를 찾아가서 전도해도 될 것 같다. 보좌를 쥐고 흔드는 능력이라면 가능할 것도 같다는 생각이 든다.

예배드릴 때 과거 구약시대처럼 제사장 허리에 줄을 감고 발목에 방울을 달면 좋겠다는 생각도 해봤다.

그 아이는 지금쯤 중년이 되었을 건데, 틀림없이 하나님의 축복 속에 아름답게 살고 있을 것이다. 혹시 내가 상처를 준 것이 아닌지 걱정이 된다.

1980년대 중반 시절의 초등학생은 대부분이 교회 주일학교와 여름 성경학교에 참석한 경험을 가지고 있을 것이다. 그런 아이들에게 교회 지도자들이 주님이 가르쳐주신 대로 어린이들을 양육했다면 아마 우리나라는 세계 최고의 기독교 강국이 되었지 않았을까 생각이 든다.

　주님께서 달란트 비유를 하실 때 다섯 달란트를 받은 종이 주인이 돌아왔을 때 한 달란트만 남기고 있었다면 어떤 꾸중을 했을까?

　지금 현실이 그렇게 된 것 같다. 우리 모두 책임을 느끼고 긴장해야 할 것이다. 그런데 아무렇지 않게 생각하는 것이 더 이상하다.

　주일학교 교사를 하면서 나름대로 열정도 내고 열심히 했다. 어느 주일날 평소처럼 교회 앞 슈퍼마켓 집 아이를 데리러 갔다. 초등학교 2학년 여자아이 윤미다. 그날따라 아이가 늦잠을 자고 있었다. 내가 슈퍼마켓 문을 열고 들어서니 그 아이의 어머니가 고함지르며 아이를 깨워주신다. 그런데 말이 좀 이상했다.

　"윤미야, 선생인가 뭔가 왔다. 빨리 일어나라."

　말은 이상했지만 고마웠다. 그 당시 주일학교 지도 교역자 이하 부장, 부감, 교사들은 얼마나 극성인지 나는 난감할 뿐이다. 나와는 다른 차원의 사람들 같았다. 틈만 나면 노방전도를 간다. 주일학교 교사인 나 역시 동행해야만 했다.

"예수천국, 불신지옥."이라고 적혀있는 어깨띠를 두르든지 "예수사랑, 이웃사랑."이라고 적혀있는 팻말을 들고 노방전도 나가는 곳이 하필이면 사람이 많이 다니는 부산역 광장이었다.

과거 내 직장과 통기타 호프집도 그 근처에 있었다. 그 근처에는 친구가 많아서 자주 가지 않는 곳이다. 그 광장 중앙에 서서 기타치고 율동하며 찬양했다.

"위대하고 강하신 주님, 우리 주 하나님, 할렐루야 아~멘 할렐루야 아~ 아~ 멘!"

어쩔 수 없이 찬양과 율동도 함께했다. 나는 광장을 지나가는 수많은 사람들을 모르지만, 많은 사람은 나를 보았을 것이다. 혹시 그중에는 나를 알고 있는 사람이 있을지도 모른다.

일말의 양심은 있었는지 그다음부터는 마음 놓고 술을 마시지 못했다. 이것을 계기로 술과 영원히 단절했으면 얼마나 좋았을까만 현실은 더 악화되었다. 술을 마시고 싶을 때는 다른 사람들과 대면할 일이 없는 은밀하고 더 깊숙한 곳으로 숨어들었다.

아니면 가급적이면 먼 곳으로 갔다. 룸에서 단독으로 마시거나 아니면 더 먼 곳으로 갔다. 계속 그러고 있으니 양심이 점점 무디어지는 것 같았다.

그때 당시 유년 주일학교 부감 집사는 천하의 호인이라고 평가받는 사람이었다. 나와는 동년배라 친구처럼 편하게 지냈다. 정말 법 없이도 살아갈 수 있는, 전 교인이 인정하는 천사 같은 사람이다.

나와는 다른 세계에 사는 사람처럼 느껴졌다. 어느 날 진지하게 말했다.

"집사님, 뭐 하나만 물어봅시다."

"예, 말씀하십시오."

"솔직하게 대답해 주십시오."

"예, 그러지요."

"혹시 집사님은 앞에 젊은 여자분이 짧은 치마를 입고 육교를 올라가고 있으면 한 번 더 쳐다봅니까?"

정말로 내가 궁금한 것을 물어봤다.

"쳐다보고 싶지만 참습니다."

진짜 솔직한 대답이다.

왠지 모르게 그 대답이 고맙다는 생각까지 들었다. 그 집사는 나와는 다르게 인간적인 본능도 조절할 줄 아는 사람이구나. 그 사람에 비하면 나는 너무나 형편없는 주일학교 교사구나.

섬기는 교회에 소속된 기관에서 당시 대한민국 최고의 병폐인 지역감정을 탈피하자는 취지로 영호남 화합의 기조를 만들자는 사업을 시작했다.

가장 쉽게 접근할 수 있는 방법으로 유년 주일학교 학생들의 서신 교류를 시작했다. 내가 소속된 교회와 전남 광양의 어느 교회, 이렇게 두 곳에서 유년 주일학교 아이들의 서신 교류를 시작했다.

먼저 광양의 어느 교회 초등학교 3, 4학년 학생들에게 첫인사 차원의 편지를 쓰게 해서 부산 쪽 학생들에게 무작위로 전달하고 부산 학생들이 답장을 작성하여 보냈다. 순수한 어린양들의 아름다운 서신 교제가 몇 번 이루어지고 난 뒤에 소속 교사들이 왕래했다.

광양의 교사들을 부산으로 초청하여 대접하고 부산에서 광양으로 가서 대접을 받는 훈훈한 만남을 가졌다. 세 번째 모임은 중간 정도의 지점에서 식사하고 대화의 시간을 가지기로 했다. 세 번째 모임의 식사 후 부산 측 총무인 내가 진행하며 부담 없이 편하게 하는 대화의 시간을 가졌는데 분위기가 이상하게 흘러갔다.

먼저 광양 선생님이 마이크를 잡고 발언하시는데 핵심 내용이 이렇다. 그동안 호남 쪽에서는 많은 편견을 받고 불이익을 당했지만, 이제는 모든 것을 용서할 것이니 이제 힘을 합하자는 내용이다. 취지는 아름다운데 뭔가 뼈가 있는 느낌이 들었다.

곧이어 발언하는 부산 선생님이 지극히 정상적인 일들을 이해하지 못하고 삐딱하게 나가는 사람들을 이제부터는 우리가 품고 나가고 싶다는 내용의 발언을 했다. 무엇이라고 꼭 집어 말하지는 않았지만, 분위기는 급속도로 냉랭해졌다.

잠시 더 머물다가 헤어지고 난 뒤 그 교류는 그날을 마지막으로 끝이 났다. 부산으로 오는 차 안에서 깊이 생각해 봤다.

편지를 주고받던 저 아이들이 주축이 되는 세상이 와야 이 행사가 온전히 이루어지겠구나! 한 세대가 바뀌어야 하겠다는 생각이 들었다. 그러나 한 세대가 바뀐 지금까지 우리 세대 사람들이 발언할 힘이 남아있으니, 세대가 한 번 더 지나야 한다는 것을 깨달았다. 그러나 계속해서 그 점을 정치적으로 이용하면 영원히 끝나지 않을 것이라는 생각이 들었다.

일본 강점기 초기에 일본 사람들이 세운 조선인 통치 방법 첫 번째가 '서로 싸우게 만들어라' 는 것이었다. 이것이 적중한 것 같다는 서글픈 생각이 들었다.

폐에 문제가 생겨 입원 치료하다가 퇴원하고 집에서 요양하던 중 예전에 누나를 안수했던 여전도사가 왔다.

"진 집사님, 기도원에 같이 가서 은혜를 받읍시다."

라고 하여 대구 동구 소재 청천 다락원에서 소천하신 김덕신 목사가 인도하는 집회에 참석했다.

집회 마지막 날 점심 식사 후 전도사와 뒷산 정상에 있는 대학봉으로 기도하러 올라갔다. 산 정상에 있는 바위 위에 올라가서 방석을 깔고 꿇어앉아 전도사의 인도 아래 아주 큰 소리로 통성기도를 하던 중 갑자기 혀가 말려 들어가고 호흡이 심하게 곤란해졌다.

숨쉬기가 정말 어렵고 캑캑거리는 소리만 나온다. 순간적으로 놀라 일어서려고 하니 전도사가 나의 팔을 꼭 붙들어 앉혔다.

"계속 기도하세요."

참고 억지로 기도하던 중 갑자기 혀가 풀리면서 일본말이 나오기 시작했다. 나도 이해가 되지 않는 이상한 단어들이었다.

"집사님 축하합니다. 방언 은사 받았어요."

전도사님의 기뻐하며 외치는 소리가 들렸다.

"아! 나 같은 죄인도 방언 은사를 받을 수 있구나."

너무 감격스러웠다. 그 후로 가끔씩 방언으로 기도했다. 중요한 것은 내가 방언을 하고 싶다고 해서 방언은 나오지 않는다. 깊이 기도하면 나의 의지와 상관없이 방언이 나온다. 내가 방언을 그치고 싶다고 해서 멈춰지지 않는다. 그쳐질 때까지 계속 해야 한다. 다른 사람들의 경우는 잘 모르겠지만 나의 경우는 그렇다.

그런데 어느 집회에서 방언을 가르쳐 준다고 "할렐루야"를 급하게 말하라고 하여 혀가 꼬이는 소리를 방언의 은사를 받았다고 하니 참 우스울 따름이다. 방언으로 기도하다가 다시 우리말로 바꾸고 다시 또 방언으로 기도하는 사람들을 보면 참 존경스럽기까지 하다.

얼마나 기도를 많이 했으면 저렇게 자유자재로 조절할 수가 있을까? 아내가 그렇다. 부럽다. 나도 그렇게 할 수 있다면 좋겠다는 생각이 들었다.

여전도사는 치유 사역을 했다. 병든 사람에게 안수기도를 해

주었다. 얼마 전 누나의 사건도 목격한 경험이 있는지라 열심히 참석하여 상한 폐를 치료하기 위해서 안수기도를 받았다.

나와 똑같은 병을 가진 젊은 남자와 둘이서 열심히 다녔다. 병원에서 처방해 준 약을 복용하고 다녔지만, 그 사람은 약을 일체 복용하지 않고 안수기도만 받았다. 얼마 뒤 나는 완치 판정을 받았고 그 사람은 소천했다. 그 당시에는 그 상황을 어떻게 해석해야 할지 몰랐다.

훗날 생각해 보니 나에 대한 하나님의 축복이 그 전도사의 손을 통해서 나에게 전달되었다고 생각되었다. 그러나 많은 사람들이 자신을 통해 전달된 하나님 축복의 능력을 자신이 소유하고 있고 또 영원히 소유하는 자신의 능력으로 착각하고 그것을 또 다른 방법으로 이용하고 있는 것 같다.

어느 날 자갈치에서 생선을 싣고 포항 죽도시장에 하차하고 내려오는 밤길에 큰 눈을 만났다. 눈길은 처음이라 사고가 났다. 그 사고로 나는 아무것도 할 수 없는 상황이 되었다. 다음 해 여름까지 무의미한 세월을 보내고 있었다.

아내가 전도사로 사역하면서 받는 소액의 사례금으로 겨우 생계를 유지하고 있었지만 생활하기에는 많이 부족했다.

결혼 패물도 팔았고 딸아이가 애지중지하던 피아노까지 팔았다. 빌린 돈의 이자는 늘어나고 집안 형편은 점점 더 어려워지고 있었다.

어느 날 웬 사람들이 몰려와 집안 가재도구에 빨간 딱지를 붙이고 갔다. 이제 빚쟁이들에게 집까지 비워줘야 한다.

2003년 7월 한여름 더위가 기승을 부리던 어느 날 오후 아무 생각 없이 앉아 있는 나에게 어머니께서 비장한 표정으로 말씀했다.

"애비야! 오늘 저녁밥 지을 쌀이 없다."

옛부터 우리나라에서는 양식거리가 떨어지는 것을 가장 비참하게 생각했다. 가슴이 찢어질 것 같았다. 양식거리가 없다는 그 비참한 현실보다 2~3시간 후면 저녁 준비를 해야 하는데 그 시간까지 나에게 아무 말씀도 못 하고 망설이고 계셨던 어머니의 그 심정을 헤아리니 너무 가슴이 아팠다. 너무 비참한 마음에 큰 소리로 울었다. 온 방 안을 뒹굴면서 대성통곡을 했다.

"하나님, 나는 인생 후반에 부자로 산다고 한 그런 말들도 포기하고 예수를 믿고 세례까지 받고 내 나름대로 열심히 믿어 왔는데 왜 이렇게까지 비참하게 만드십니까?"

나 자신도 나를 통제할 수 없는 지경에 이르렀다. 온 방 안을 떼굴떼굴 굴러다니며 울면서 몸부림쳤다. 그때 뒤통수를 쇠망치로 치는 듯한 충격을 받았다. 그리고 또렷한 환상이 떠올랐다. 초록색 칠판에 하얀색 흘림체 글씨로 '갈라디아서 6장 7절'이라고 적혀있는 모습이 눈앞에 나타났다.

일어나서 성경을 찾아서 펼쳤다.

갈라디아서 6장 7절 "스스로 속이지 말라. 하나님은 업신여김을 받지 아니하시나니 사람이 무엇으로 심든지 그대로 거두리라."

너는 네 자신도 속이고 하나님까지 속이려 하느냐. 하나님을 바보로 만들 생각을 하지 말라. 모든 것은 뿌린 그대로 거둔다. 나는 이렇게 해석했다.

그렇다. 나는 분명히 예수 믿고 세례받고 하나님의 축복을 바라고 있고 또 기다리는 사람이다. 그러나 또 다른 마음으로는 점쟁이들의 말들에도 기대를 걸고 있었던 것이다.

"혹시 하나님의 축복? 아니면 점괘? 둘 중에 하나만 걸려도 된다."

이런 마음으로 살고 있었던 것이다. 하나님은 우리들의 속마음도 알고 계신다. 나는 그것도 모르고 하나님까지 속이려고 생각했다. 하나님까지도 바보로 취급했다는 말이다. 하나님뿐만 아니라 나 자신까지 속이려고 하다가 하나님께 들켜버렸다.

그리고 나는 무기지옥 형벌의 대상자라는 생각까지 까마득하게 잊어버리고 있었다. 얼마나 어리석고 얼마나 바보 같은 행동인가? 그동안 나는 예수님을 믿는 척한 것이다. 그것을 깨우치니 진심으로 회개의 눈물이 흐른다.

그 순간 나는 가슴으로 기도했다. 머리로 기도하면 내 생각대로 기도한다. 머리로 기도하면 이 기도 내용이 끝나면 다음 기도 내용을 빨리 그려내야 한다. 아니면 기도의 레퍼토리가 정해져 있어야 한다.

가슴으로 기도하는 것은 내 안에 있는 성령과 직접 대화하는 것 같이 느껴지는 나만의 기도 방식이다.

"하나님 죄송합니다. 한 번만 더 용서해 주십시오. 앞으로 결코 그렇게 살지 않겠습니다."

마음이 조금은 진정될 그때 현관의 초인종이 울렸다. 당시에 아내가 전도사로 시무하고 있는 교회 집사 두 사람이 웬 자루를 짊어지고 왔다.

"담임 목사님께서 이번 주에 들어온 성미는 선 전도사님 집에 갖다드리라고 했습니다."

현관에 쌀자루를 내려놓고 갔다.

만약에 그날 저녁과 그다음 날 아침까지 양식거리가 없어서 우리 가족이 굶었다면 나는 내 성격상 틀림없이 스스로 목숨을 끊었을 것이다. 아니면 범죄자의 길로 접어들었을 것이다. 솔직한 내 심정이었다.

우리 주님은 그것까지 알고 계신 것 같다. 참으로 어리석은 나를 불쌍하게 여기시고 양식거리를 마련해 주신 것이 확실하다.

어머니는 굉장히 과묵하시고 강인하신 분이다. 그렇기 때문에 그렇게 별난 아버지 치하에서 무던히 참으시면서 우리 6남매를 꿋꿋이 길러내셨다.

1990년 8월 대한민국이 집중호우로 전국, 특히 영남 지방에 큰 물난리가 났다. 낙동강의 범람으로 부산 사상 지역 일대는 거의 물바다가 되었다. 낮은 지역에 있던 신발 생산 공장인 국제상사는 3층까지 물에 잠겼다.

나와 가족들은 부산 영도구에 살고 있었고 형님은 경남 김해시 나전면 소재 산 중턱에서 양돈업을 하고 있었다. 당시 내 딸아이가 세 살인데 상당히 우량아였다. 어머니는 가끔씩 그 손녀를 데리고 김해 형님 댁에 다녀오신다.

한번 가면 2~3일 정도 묵고 오셨다. 보통은 내가 차로 모셔다 드리고 모셔 온다. 김해 형님 댁으로 가신 그날 저녁부터 비바람이 몰아치기 시작했다.

폭풍우 때문에 전기도 끊기고 전화도 끊겼다. TV도 못 보고 전화 연락도 안 되었다. 축산업을 하는 형님 집은 산 중턱이라 이웃도 없었다. 산 아래 시내의 상황은 전혀 알 수가 없었다. 낙동강 범람으로 김해-구포를 연결하는 구포다리가 침수되기 직전이라 교통이 통제되었다.

당시에는 그 다리 외에는 김해-부산으로 이동하기 위해 낙동강을 건널 수 있는 길이 없었다. 전화도 안 되니 그야말로 고립이었다.

어머니는 이틀 뒤 부산의 가족들이 걱정되어 마침 농장에 사료를 싣고 온 대형 화물차를 타시고 손녀딸과 길을 나섰다. 일단 구포다리만 건너면 되겠지 생각했다. 그런데 막상 와보니 구포다리 입구에서 차량의 출입이 통제되었다.

어쩔 수 없이 어머니는 손녀딸과 내려서 기나긴 구포대교를 걸어서 건너야만 했다. 장마 뒤에 햇볕이 쨍쨍 내리쬐는 여름 날씨는 엄청나게 뜨거웠다. 다리 바로 아래에서 넘실대며 흐르는 낙동강 물에는 오만 것들이 떠내려오고 있었다. 심지어는 돼지 등 가축까지 떠내려가고 있었다.

그 모습을 본 딸아이는 할머니 목을 끌어안고 떨어지려 하지 않고 울고만 있었다. 당시 어머니는 66세의 노인이었다. 겨우 구포다리는 건넜지만, 그곳에서도 차를 탈 수가 없었다. 그곳 침수된 도로에는 대형 화물차만이 엉금엉금 기다시피 통행하고 있었다.

어머니는 뜨거운 뙤약볕 아래 아이를 업고 구포에서 엄궁 쪽으로 하염없이 걸었다.

오랫동안 아이를 업고 있었던지라 아이가 너무 무거워서 지나가는 젊은이에게 잠시 맡기려 해도 아이가 기겁을 하고 매달리는 바람에 어쩔 수 없이 계속 업고 가셨다. 어머니는 그렇게 한참을 걷다가 탈진하여 강변에 쓰러지셨다. 그때 수많은 사람들이 그 길을 걸어가고 있었지만 누구 한 사람 돌아봐 주지 않고 외면하며 지나가고 있었다.

폭염의 뙤약볕 아래 얼마간의 시간을 그렇게 보내던 중 지나던 한 여자분이 어머니께 다가와서 상황을 보고 지나가는 사람들에게 애원했다.

"만약에 저분이 당신의 어머니고 저 아이가 당신의 딸이라고 생각해 보세요. 여러분들이 그냥 지나가서 저분들이 잘못된다면 어떻겠습니까? 좀 도와주세요."

애원하듯 매달리니 젊은 사람 몇이 달려들어 어머니와 아이를 차도로 옮기고 그 여자분은 지나가는 대형 트레일러를 세워서 같은 말로 하소연해서 겨우 어머니와 딸을 태워 엄궁동 소재 부산내과의원으로 이송했다.

"지금은 제가 바빠서 그냥 가야 하는데 이분들 치료해 주시고 가족들에게 연락해 주세요. 저는 조금 있다가 다시 오겠습니다. 만약에 가족과 연락이 되지 않으면 제가 다시 와서 치료비를 계산해 드리겠습니다."

병원에 도착한 뒤 그 여자분이 병원 간호사에게 부탁하고 갔다고 했다. 연락을 받고 가는 중 부산 대신동에서 엄궁동까지 교통이 통제되어 중간에 차에서 내려 약 5Km 정도를 뛰어갔다. 구덕 터널을 뛰어갈 때 천장에서 물이 줄줄 새어 나오는 모습을 보니 뭔가 이상한 느낌이 들기도 했다.

병원에 도착해보니 어머니는 링거를 꽂고 계셨고 아이는 옆에서 울다가 지쳐서 잠들어 있었다.

"처음 어머니가 병원에 도착했을 때 혈압이 40이었습니다. 조금만 늦었다면 큰일 날 뻔했습니다."

의사의 말이었다. 어머니 팔에 꽂혀 있던 링거가 거의 끝날 무렵 그 여자분이 오셨다. 나이는 지긋해 보이지만 미혼이라 했다. 자초지종을 들었다.

"제가 너무 급하게 달려와서 아무런 준비를 못했습니다. 죄송하지만 연락처를 주시면 제가 다시 연락드리겠습니다."

"아닙니다. 저는 제가 할 일을 한 것뿐입니다. 나는 위에 계신 분에게 보상을 받을 것입니다."

손끝을 하늘로 향하게 들어 올리며 빙긋이 웃었다.

'아! 이분도 교회에 다니는 분이구나.'

생각하고는 물었다.

"교회에 출석하세요? 저도 교회에 나갑니다."

여자분이 웃으면서

"여호와의 증인입니다."

당시에 나는 종교에 대하여 잘 알지 못하고 확실한 개념도 없었다. 한사코 연락처를 주지 않아 거듭 고맙다고 깍듯이 인사하고 헤어졌다. 훗날 성경 필사를 하면서 누가복음 10장 25절을 기록할 때 그분의 모습이 크게 부각되었다.

그때 당시 그 강둑길에는 수많은 사람이 걸어가고 있었다. 그 중에는 당시의 제사장 격인 목회자도 있었을 것이고 당시 레위인 격인 장로, 집사, 권사들도 많이 있었을 것이다. 그러나 그들은 모두 피해 갔다. 일부러 외면하고 도망치듯이 간 사람도 있었을 것이다.

그러나 우리 크리스천들이 사람 취급도 하지 않는 이단 종교〈여호와의 증인〉을 신봉하는 그 여인은 외면하지 않았다. 쓰러진 이웃에게 자신이 할 수 있는 최선을 다했다.

본 구절의 성경 말씀의 핵심이 무엇인가? 깊이 생각해 보게 된다. 율법 교사가 물어본 영생을 얻는 방법이다. 사람을 차별하지 말고 사랑하라는 뜻이었다. 내가 내 이웃을 결정하지 말고 내가 상처받은 사람의 이웃이 되라는 뜻이라고 생각했다.

"너는 착해서 내 이웃이고, 너는 못생겨서 내 이웃이 아니다."
라고 결정하면 안 된다는 말씀이었다. 양들은 단순하다. 거의 맹목적으로 목자들만 따른다. 그런 양들을 정확하게 주님 앞으로 인도하는 것이 목회자의 사명이라고 생각한다. 이단으로 빠지지 않게 하기 위해!

어느 날 어머니께서 요즘 영 소화가 안 된다고 하셔서 아내는 체하신 것 같다며 등을 두드려 드렸다가 배를 주물러 드렸다가 심지어는 눕혀 놓으시고 발로 등을 꾹꾹 눌러가며 밟기까지 했다.

너무 통증이 심해져서 급히 병원으로 모셨다. X-ray 검사 결과 담에 염증이 상당히 심하니 급히 수술해야 한다고 했다. 입원 수속을 밟고 다음 날 수술을 했다. 내가 알고 있는 상식은 수술받을 환자가 수술실로 들어간 1시간 후가 가장 중요한 시간이다. 1시간 후쯤 개복이나 절개 등으로 의사가 환부를 들여다보는 것이다.

그때 병의 경중이 정확하게 결정이 된다. 대체로 상태가 위중하면 그 시간에 보호자를 부른다고 한다. 어머니가 수술실에 들어가고 한 시간 후에 간호사가 나와서 보호자를 찾는다.

간이 철렁 내려앉았다. 수술실로 따라 들어오라고 했다. 후들거리는 다리를 끌고 따라 들어가니 어머니는 수술대에 누워계시고 담당 의사가 친절하게 설명해 주셨다.

복부를 개복해 놓은 상태였다. 인체의 실제 내부 구조를 그날 처음 봤다. 이것은 위고, 이것은 대장이고, 이것은 간입니다. 하면서 간을 살짝 들어 보이는데 그 밑에 달걀 노른자를 깨어놓은 것처럼 누런 액체가 끼어있었다.

"이것이 담, 즉 쓸개입니다. 그런데 쓸개가 곪았다가 터져버렸습니다. 이것을 다 닦아내고 인공 쓸개관을 끼워 넣어야 하니 수술 예정 시간이 더 많이 걸릴 것입니다. 예정보다 두 시간 정도 더 걸리니 그렇게 알고 기다리세요."

네 시간이 훌쩍 넘어서야 수술을 마치고 회복실로 옮겨졌다. 수술은 성공적으로 끝났다. 그때부터 어머니는 열흘간 중환자실에서 그 후 40일간 일반 병실에서 입원 치료를 받으셨다.

두 달가량을 입원 치료하시다가 퇴원하실 때 배에 소화액 배출 호스를 꽂아 생성되는 소화액을 그 호스를 통해 밖으로 배출되도록 했다. 15일 후에 호스를 제거할 것이라고 했다.

퇴원하기 직전에 의사의 권유로 다시 한번 X-Ray 촬영을 해보니 수술 당시 삽입한 인공 쓸개관 위에 납작하고 커다란 담석이 세 개나 올려져 있는 것이 아닌가. 그 판독지를 보던 담당 의사가 말했다.

"이것 참 큰일이네. 다시 한 번 더 수술해야 할 것 같습니다. 지금은 몸이 회복이 안 됐으니 기력을 회복시켜 15일 후 다시 생각해 보도록 합시다. 상처가 빨리 아물게 하려면 호스를 통해 배출되는 소화액을 잘 걸러서 마시면 회복이 빠릅니다."

이 내용을 어머니께 그대로 전할 수가 없었다. 그러나 혹시 하는 생각에 퇴원 후 집으로 가면서 조용히 여쭤봤다.

"어머니 이건 내 생각인데, 만약에, 진짜 만약에 수술을 한 번 더 해야 한다면 어쩌죠?"

어머니의 대답은 간단하고 완고했다.

"차라리 죽는 것이 낫다."

자식들의 고생과 치료비의 부담이 만들어낸 대답이다. 퇴원하신 후 김해 형님 집으로 모셨다. 조용한 곳이고 형수는 나무랄 데 없는 정통적인 맏며느리감이었다.

어머니는 배출되는 소화액을 열심히 드셨다. 우리 형제들은 이제 자식 된 도리로서 할 일은 단 한 가지뿐이었다. 하나님께 부탁드려야 한다.

전 가족이 어느 하루를 정해놓고 금식하고 기도를 하기로 했다. 당시 우리 6남매의 배우자 포함한 전 가족은 21명이다. 동참할 수 없는 영유아는 한 끼만 금식시키고 성인들은 하루 세 끼를 금식하며 하나님께 간절히 기도했다.

"하나님, 다시 한번 더 수술하는 일이 없게 해 주십시오."

보름 후 어머니를 모시고 병원에 갔다.

담당 간호사가 차트를 보더니 물었다.

"입원 준비하고 오셨나요?" 어머니의 안색이 변했다. 나는 퉁명스럽게 간호사를 쳐다봤다.

"사진부터 찍어 봅시다."

X-Ray를 찍고 담당 의사실에 가 있으니 얼마 후 그 간호사가 X-Ray 판독지를 가지고 왔다. 의사가 그 판독지를 형광판에 꽂을 때 조용히 눈을 감았다.

"오! 아버지."

탄식 같은 기도가 저절로 나왔다. 순간 "어!" 하는 의사의 놀라는 소리에 눈을 뜨고 바라보니 보름 전 퇴원할 때 찍은 사진과는 완전히 다른 그야말로 깨끗한 사진이 걸려 있었다.

의사가 나를 쳐다보았다.

"여기 있던 돌이 다 어디 갔어요?"

"그걸 왜 나에게 물어봅니까?"

의사를 쳐다보며 반문했다.

"우리 가족 모두가 믿고 있는 하나님께서 우리 온 가족의 금식 기도를 들어 주시고 치워주셨습니다."

라는 대답을 하지 못한 게 지금까지 아쉬움으로 남았다.

5

나와 가족이 살고 있던 집이 없어졌다. 시멘트를 수입할 당시 빌렸던 자금과 통기타 생맥주집 오픈 당시 받은 대출금과 이자 등이 급격히 늘어났기 때문이다.

택시 운전도 해봤고 부산 자갈치 시장에서 리어카도 끌어봤다. 금융권 부채도 문제지만 그것은 법대로 처리하면 된다. 내가 고통을 당하면 되는 것이다. 그러나 개인적인 부채는 안면 상 견디기 어렵다. 살고 싶은 마음이 없어졌다. 마음속으로는 죽어야겠다는 생각을 가지고 실행할 날을 기다리면서 기도했다.

"하나님, 해결해 주십시오. 집 문제만 해결해 주신다면 제가 1,000일 동안 끊이지 않고 연속으로 새벽 기도회에 참석하겠습니다."

하나님께 분명하게 맹세했다. 새벽 기도를 사흘 이상 연속으로 참석해 본 적이 없는 내가 1,000일 동안 연속 새벽 기도 참석을 하나님 앞에 약속드렸다. 가슴으로 기도한 것이다. 사실 이 기도가 내 입에서 나갈 때 내 자신도 놀랐다.

"어쩌려고 이러지?"

하나님께서 열납하시는 기도가 바로 이런 기도라고 나는 생각했다. 나는 가슴으로 기도하는 것을 즐긴다. 그 기도에는 현실에 딱 맞는 정확한 응답을 주신다.

술집 개업 당시 가장 많은 금액을 빌려줬던 분이 매형이었다.
"처남, 내 돈은 갚을 필요 없으니 신경 쓰지 마라."
라이브 카페 한다고 속이고 빌렸지만 그럼에도 불구하고 아무런 대가 없이 전액을 탕감해 주었다. 넉넉지 않은 형편을 아는지라 더욱 고맙고 가슴이 아팠다. 여유가 되면 가장 먼저 돌려드려야 한다고 생각하고 있었다.

친구 중에 깊은 신앙을 가지고 있는 친구가 있었다. 불혹에 장로로 임직받은 석 장로다. 어느 날 나를 찾아와서 자신이 타고 온 차 키를 주면서
"네 사정을 들었다. 이 차는 내가 타고 다니던 차인데 이제부터 네가 타고 다녀라. 보험은 얼마 전에 들었고 할부금이 좀 남았는데 그것은 내가 계속 낼게."
학창시절 난폭하게 고급 손목시계까지 강탈당했던 나에게…! 가슴이 시리도록 고마웠다. 내 입에서 생각지도 못한 말이 나왔다.
"석 장로, 너무 고맙다. 그런데 자네가 행복하다고 생각하나? 내가 행복하다고 생각하나?"
"무슨 뜻인지 모르겠지만 글쎄?"
"내가 자네보다 행복한 것 같다. 나는 석 장로 같은 친구가 있는데 자네는 아마 이렇게 해주는 친구를 얻기 힘들 거야."

당시 나의 식견이지만 지금 생각해 보면 나와는 견줄 수 없는 어마어마한 주님을 그 친구는 오래전부터 모시고 있었다. 이제 나도 나의 주인으로 그분을 모실 것이다.

매형과 석 장로, 이 두 사람 덕분에 나와 가족의 삶이 영위되었다고 해도 과언이 아니라고 생각한다.

그때부터 나의 삶은 최대한 하나님께 기도하고 그 기도에 응답하시는 대로 살기로 작정했다. 미세한 음성으로 들려주실 때도 있지만 가슴에서 우러르는 느낌 같은 응답을 주실 때도 있다.

간절히 기도했다.

"하나님 지금 나에게는 거처할 집이 시급합니다."

대한민국의 대형 교회에는 교회를 관리하는 사찰 집사가 있다. 대부분의 교회는 그 교회 관리 집사에게 사택을 제공한다.

인터넷을 검색해서 경북 청송의 어느 한 교회와 경북 영산의 어느 교회, 두 곳에 이력서를 넣었다. 당시에는 관리 집사 모집 공고가 많이 나왔다. 그만큼 힘들다는 뜻이다.

가급적 부산에서 멀리 떨어지고 싶었다. 친구 석 장로가 준 승용차로 면접을 다녀왔다. 청송에서 채용되었다는 통보를 받았는데 그곳은 노모를 모시기에는 처소가 너무 열악했다. 면접차 가서 보니 사택으로 들어가는 입구가 너무 좁아 사람이 바로 서서는 들어가기가 힘들었다. 옆으로 비켜서서 들어가야 했다.

그래서 선뜻 대답하지 못하고 망설이고 있었다.

훗날 알고 보니 그때 우리를 안내하던 장로가 사택 뒷문으로 우리를 인도한 것이었다. 뒷문은 본당에서 사택까지 가장 가깝게 갈 수 있는 길이었다. 만약 앞문으로 우리를 인도했다면 넓은 대문을 보고 그런 생각을 하지 않았을 것이다.

그렇게 됐다면 200명가량의 순진한 성도들이 있는 시골 조그만 교회에서 나는 평안히 안주했을 것이다. 그래도 처음 면접 왔는데 그날 그 장로님이 왜 우리를 뒷문으로 인도했을까? 하는 의문이 생겼다. 하나님의 인도하심은 이렇게 오묘하다는 것을 나는 분명히 깨달았다.

그때 영산에서는 결정해 주지 않고 하루하루를 미루고 있었다. 집은 비워줘야 하고 확실한 임지는 결정되지 않았고 피를 말리는 시간이었다. 우여곡절 끝에 영산으로 가게 되었다. 대한예수교장로회 소속 희망교회였다.

2003년 9월 15일 부산의 우리 집에는 이사 나가는 화물차와 이사 들어오는 화물차가 동시에 왔다. 그만큼 급박했다.

희망교회는 어린이 포함하면 약 팔백 명 이상의 교인이 모이는 교회였다. 희망교회의 관리인으로 채용되었다.

부산에서 출석하던 교회 담임 목사님에게 인사차 들러서 말하니 목사님이 깊은 한숨을 쉬었다.

"지금 대한민국에 교회가 이렇게 많은데 왜 하필 그곳이냐?"

"왜 그러세요?"

의아한 눈빛으로 물었다.

"어차피 가기로 한 것이니 그냥 가라. 그러나 오래는 못 있을 것이다. 이를 악물고 한 3년만 견뎌 봐라."

목사의 그 말을 이해하는 것은 오랜 시간이 필요치 않았다.

2003년 9월 15일 월요일 오전 11시경에 교회 사택에 이삿짐이 도착했다. 친구와 형제가 있는 고향을 떠나 아브라함처럼….

이날을 나는 '진 돌 탕의 두 번째의 생일'이라고 생각한다. 마음의 준비는 했지만, 현실은 너무 잔혹했다. 희망교회는 대한민국에서 거의 최고로 별난 교회로 인식된 교회였다.

전임 사찰 집사는 급작스러운 해고 통보에 저녁마다 술 마시고 교회를 향해 고래고래 소리를 지르고 다녀서 이사비용 및 전세금 정도를 받아 갔다고 하고 그의 전임 사찰 집사는 과로사했다고 했다.

어느 부목사는 부임해서 이삿짐도 제대로 풀기도 전에 쫓겨났다고 했다. 이삿짐을 풀고 있을 때 실세 장로 한 사람이 부임하는 부목사에게

"목사님! 목사님의 목회 철학이 무엇입니까?"

"예, 저는 선교에 관심이 있습니다."

"그러면 선교 나가지 여기는 왜 왔어요?"

풀지도 못한 이삿짐을 싣고 나갔다고 한다.

교회 사찰 집사! 정말로 힘들고 어려운 직업이다. 성도 전체가 주인이고 사찰 한 사람은 머슴이라고 생각하면 된다. 그 성도 중에는 착한 분도 있지만 아주 별난 사람도 있었다. 통상적으로 착하고 선한 성도들은 주일 외에는 가급적 교회에 오지 않는다.

가끔 오더라도 자신이 할 일만 하고 나를 찾아와서는 단 몇 마디라도 위로의 말을 해주고 간다. 별다른 참견은 하지 않는다. 그러나 별난 사람들은 온갖 간섭 다 하고 온갖 갑질 다 하고 간다. 물론 그것도 자신의 정의로움이라고 생각할 것이다. 특히 시골 교회는 그런 경우가 다분하다.

하나님께서 영원한 지옥으로 끌려가고 있던 나를 십자가의 보혈로 살려 주시고 새롭게 살아라. 하시며 보내신 곳이라 생각하고 열심히 살아보자는 마음으로 그곳에 도착하여 짐을 풀었다. 솔직히 그렇게 생각할 수밖에 없었다.

아무리 늦게 잠자리에 들어도 매일 새벽 4시에는 무조건 일어나야 하고 밤 11시 넘어야 잠자리에 들 수 있었다. 5시 새벽 기도회 오시는 성도를 위해 문을 열어야 하고 예배 준비를 해야 했다.

밤에는 성도들이 다 귀가해야 문단속, 불단속 등 마무리를 한 뒤 하루 업무를 마칠 수 있기 때문이었다. 교회 내의 모든 열쇠를 인수하고 다음 날 새벽 기도회를 마친 뒤 각 부서에서 사용하는 방들을 점검해 보니 참으로 기가 막혔다. 그 많은 방이 다

난장판이었다. 그동안 사찰 집사가 없었기 때문인 것 같다.

특히 첫째 날 아침 본관 지하실 중고등부 예배 처소는 머리가 아플 정도로 어지럽혀져 있었다. 나뒹구는 술병들, 컵라면, 음식물 쓰레기, 여성 생리대, 한쪽 구석에는 제법 많은 양의 대변도 있었다. 그야말로 난장판이었다.

그곳은 신발을 벗고 들어가는 공간이며 지하실인지라 별도의 하수 시설이 되어 있지 않아 씻어 내릴 수 없었다. 첫날부터 아주 대단한 신고식을 치렀다.

당장 각 부서, 방마다 잠금장치를 재정비했다. 부실한 곳은 다시 장착했다. 많은 교회가 문을 잠그는 이유를 알 것 같다.

첫날 밤 열한 시경 야간 점검 때 성가대 연습실로 들어가기 위해서 문을 여는 순간 천장에 매달린 소복 차림 모습의 퍼드덕거림에 얼마나 놀랐는지 모른다. 깜깜한 밤에 하얀 소복의 형체가 위에서 나에게 달려든다고 상상을 해보면 이해하기 쉬울 것이다.

간이 콩알만 해졌다. 불을 켜서 보니 어느 분이 성가대 가운을 옷걸이에 걸어 창문틀 위에 걸어놓았다. 9월 중순이라 성가대 가운은 얇은 여름용이었다. 방문을 여니 공기의 압력에 가운이 날린 것이다. 이런 상황이니 매일 밤 순찰 돌 때는 항상 긴장되었다.

이틀이 지난 수요일 밤, 예배를 마친 후 멀리서 오는 성도들을 귀가시키는 운행을 하고 온 나를 교회 행정을 맡은 잔 장로가 당회실에서 나를 불렀다. 당회실로 가보니 근엄한 자세로 앉아 있던 잔 장로가 내 앞으로 서류를 내놓았다.

"우리 교회에서 일을 하려면 계약서를 작성해야 합니다."

이미 작성이 다 된 서류를 건넸다.

"읽어보고 집사님 이름 옆에 지장을 찍어요."

계약서를 읽어본 나는 큰 충격을 받았다.

교회 관리 업무 계약서

대한예수교장로회 희망교회에 속한 모든 시설을 원만히 유지 관리하기 위하여 본 교회(갑)는 관리인(을)을 임용하고 아래와 같이 본 계약서를 작성한다.

- 아 래 -

1. 을은 본 교회가 제시한 교회 관리 요령(별도 첨부)에 의하여 교회 관리 업무를 성실히 수행한다.

2. "갑"은 "을"에게 교회가 정한 생활비(이에 준한 복지비 포함)를 지불한다.

3. "갑"과 "을"은 회계연도 말에 본 계약을 다시 체결하기로 한다.(단 임용하는 당년에는 아니할 수도 있다.)

4. 위 "3항"에도 불구하고 "을"이 본 교회 관리 업무를 현저히 수행하지 못하거나 부득이한 사정으로 본 업무를 원활히 수행하지 못할 시에는 "갑"이 원하는 사직 예정일 1개월 전에 "갑"은 "을"에게 그 사유를 제시하고 권고 사직을 명할 수 있다.

5. 관리업무 계약기간 :   년   월   일부터   년   월   일까지

6. 갑 : 희망교회 담임목사 용 ○○ (인)
  을 : 관리인   진 돌 탕 (인)

대한예수교장로회 희망교회 교회관리 요령

1. 교회 관리인의 임무

가. 교회 내의 모든 예배를 드리는데 지장이 없도록 사전에 준비를 철저히 해야 한다(조명, 음향, 방송시설, 통풍, 냉난방 등 사전 점검).

나. 교회 내의 모든 행사 전후에 관리인으로서 행사 주관 부서를 도울 일을 수행한다.

다. 본 교회 규약 제13장 제45조와 제46조(별첨1)에 명기한 바와 같이 본 교회의 대지(OO리 OO번지 외 5필지) 위에 세워진 모든 건물 내 외부와 주변 부대시설의 청결 유지 냉난방, 통풍, 방범, 화재 예방, 전기 시설, 조명시설 유지보수, 상하수도시설, 식당 취사 준비, 모든 비품의 유지관리, 차량의 청결 유지 등과 그 외 담임 목사와 관리부장이 지시하는 바를 성실히 수행하여 교회의 건물과 이에 속한 모든 시설 등이 항상 최적의 상태로 유지하도록 한다.

2. 교회 관리일지 기록 및 유지

가. 교회 관리 업무일지 : 위 1항의 각 사항에 관한 일을 수행한 후 그 내용을 매일 업무 일지에 기록, 유지 관리한다.(양식1 교회 관리 업무일지)

나. 순회 점검일지 : 위 1항의 각 사항에 관한 일을 원만히 수행하기 위하여 교회 내의 각 실 및 부대시설 등을 정기적으로 순회 점검을 실시하고 그 결과를 일지에 기록, 유지 관리한다.(양식2 순회 점검일지)

교회 규모는 웬만한 대형 Mart 정도 된다. 그런 곳을 나 혼자 관리 및 청소를 해야 한다고 기록되어 있었다. 도저히 한 사람의 힘으로는 할 수 없는 일들을 해야 한다. 청소, 방범, 냉난방, 음향, 조명, 상하수도까지는 죽기를 각오하고 하면 할 수는 있을 것이다. 그런데 건물 외부의 청결 유지는 어떻게 혼자 할 수 있는가?

이 모든 것을 혼자서 해야 하고 그렇지 못할 경우 사직하라고 하면 한 달 이내 사택을 비우고 나가라는 말이다. 그리고 그 계약서에 지장을 찍으라고 했다.

그리고 A4 용지 두 장에 빽빽할 정도로 적어야 될 복잡한 업무 일지를 매일 기록하고 주일날 당시에 연세가 70세가 다 되어가는 전형적인 시골 할아버지인 관리부장 집사에게 결재를 맡아야 했다.

어떤 날은 사람을 찾는 시간도 한참 걸렸다. 어렵게 찾아서 결재받을 때는 시골 할아버지가 꼼꼼하게 검토할 동안 나는 옆에서 부동자세로 서 있어야 한다. 사실 언제든지 쫓아낼 명분을 만들어놓고 있었다. 계약서 내용을 읽고 나니 심장은 쿵쾅거린다.

"안색이 왜 그래?"

집에 들어오는 나를 보고 아내가 한 말이다. 그러나 당시 나는 그것을 거부할 수 있는 입장이 아니었다. 지장을 찍고 겨우 몸을 가누고 비틀거리며 집으로 왔다.

"힘든 고난의 세월을 겪고 죽지 못해 가족을 데리고 왔는데, 나는 괜찮은데, 나는 정말로 괜찮은데, 그런데 내 가족을 생각하니 눈물이 앞을 가리고 호흡이 멎을 것 같다. 나는 내 지난 날의 잘못 때문에 당하는 당연한 결과지만 진실로 착한 내 가족을 어떻게 하나?"

단테의 신곡 지옥편 중 지옥 입구에 적혀있는 팻말이 생각난다.

> 나를 거친 이 길은 황량한 곳으로
> 나를 거친 이 길은 영원한 슬픔으로
> 나를 거친 이 길은 버림받은 자들 사이로
> 나의 창조주는 전능한 힘과 끝없는 지혜
> 태초에 사랑으로 나를 만드셨다
> 그분은 나를 창조하기 전에 영원한 것들만 창조했으니
> 나도 영원히 남으리라
> 이곳에 들어오는 너희여, 모든 희망을 버릴지어다.

나에게는 이곳이 영원히 남을 지옥처럼 느껴졌다. 살아있지만 살아있는 사람이 아닌 것 같았다. 웃어야 할 순간에 눈물을 흘리고 울어야 할 순간에 실실거리며 웃음이 나왔다. 밥을 먹지 않아도 배가 고프지 않고 밥을 많이 먹어도 배부른 줄 모르는 지경이었다.

심장이 찢어지는 고통, 상상이 아니라 실제로 아팠다. 이런 경우를 겪어본 사람은 이해할 것이다. 십자가를 중심에 두고 나무 울타리로 둘러 처진 희망교회 외부에 살고 있는 사람들이 너무나 행복해 보였다.

"수고하고 무거운 짐진 자들아, 교회로 오지 마라. 죽는다."

이렇게 허공에 큰 소리로 외쳐도 막막하기만 했다. 이런 산송장 같은 상태로 사흘가량의 시간을 보내고 있던 나에게 하나님의 음성이 메아리치듯 들려왔다.

"시편 65편 4절, 시편 65편 4절, 시편 65편 4절."

성경책을 펼쳐서 찾아봤다.

시편 65편 4절이다.

"주께서 택하시고 가까이 오게 하사 주의 뜰에 살게 하신 사람은 복이 있나이다. 우리가 주의 집 곧 주의 성전의 아름다움으로 만족하리이다."

통상적으로 부모들은 자식 중에서 가장 애착이 가는 자식과 같이 살고 싶어 한다. 하나님도 역시 그렇다고 나 혼자 해석했다.

"너는 나에게 가장 애착이 가는 아들이다. 그래서 내가 이곳 성전으로 너를 불렀다. 무엇이 두려운가? 당당하게 훈련받으라."는 명령으로 들렸다.

중요한 것은 내가 하나님을 선택한 게 아니다. 고마우신 하나님께서 나를 선택해 주신 것이다. 지난 날을 회개하고 새로워질 수 있도록 기회를 주신 것이다. 과거 검은 망토를 뒤집어쓰고 흑암의 길로 끌려가던 생각이 다시 났다. 분명히 과거의 내가 지은 죄에 대한 대가로 보면 기약 없는 지옥 형벌이었지만 형 집행을 유예해 주신 것이다.

나 혼자만의 생각이지만 너무나 감격이 벅찼다. 창조주 하나님 아버지의 그 극진하신 사랑 앞에 저절로 무릎이 꿇어진다.

"나의 하나님, 나의 아버지 감사합니다. 너무 감사합니다. 억만 죄악에 물들었던 이 죄인을 하나님의 뜰에 거하게 하신 하나님! 부족한 제가 이곳에서 살아가는 동안 승리하며 살아갈 수 있도록 지혜를 허락하여 주셔서 그동안 저질렀던 죄들을 진심으로 회개하고 하나님의 은총으로 이제부터 새로운 삶을 살 수 있게 인도하여 주소서. 예수님의 존귀하신 이름으로 기도드립니다. 아멘!"

그때부터 정신이 정상적으로 돌아왔을 뿐만 아니라 더욱 당당해졌다. 내 마음이 지옥에서 천국으로 전환되는 것은 하나님 말씀 한마디면 충분했다. 과거 깡패 기질과는 전혀 다른 담대한 기질로 변화됐다.

단테의 신곡 중에 무서워서 떨고 있는 단테에게 베르길리우스가 한 말이 떠올랐다.

"아무리 무섭더라도 네가 가진 모든 불신과 두려움을 버려라. 너는 곧 비참한 무리를 보게 될 것이다."

자신이 짜놓은 틀에서 벗어나도 죽여 버리고 그 틀에 못 미쳐도 죽여 버리는 그리스 신화에 나오는 프로크루스테스의 침대 비슷하게 만들어놓은 계약서, 자신들의 욕구에 못 미쳐도 해고하고 자신들의 욕구보다 넘쳐도 해고해 버리려는 잔인무도한 그런 장치에 자신들이 당하게 될 것이다. 프로크루스테스처럼, 또 다른 테세우스에게.

그렇지만 나는 다윗처럼 과거에 저질렀던 죄악에 대한 뼈를 깎는 듯한 대가는 지불해야 했다.

얼마 후 전임 사찰 집사를 목욕탕에서 만났다. 이런저런 이야기를 하던 중에 나에게 얘기했다.

"내 후임자는 최종적으로 울산에 계시는 분이 오기로 결정이 됐습니다."

"그런데 어째서 내가 오게 되었습니까?"

"울산에서 오신 그분이 면접 말미에 교회에서 그 계약서를 내놓고 지장을 찍으라고 하니 '내가 미쳤나?' 라고 하며 그냥 가버렸답니다."

웬만한 사람은 다 안다. 교회 사찰 업무가 얼마나 힘든지. 그래서 나에게는 이삿짐을 완전히 옮기고 이틀이 지난 후 계약서를 내놓은 것이다. 그것 때문에 교회 관리 요령 양식에는 9월 1일 자로 기록되었다.

실제로 그곳에서 사찰로 근무하다가 돌아가신 분도 있었다고 말해 주었다. 자신이 오기 전의 일이라 정확한 내용은 모르지만, 간 질환이 사망의 원인이라고 했다. 과로가 원인인 것으로 생각했다. 그분은 많은 자녀를 거느리고 있었다고 했다.

나는 이런 곳에서 거의 10년가량의 세월 동안 근무했다. 모든 것을 하나님께서 주신 지혜에 의지하고 하나님의 명령을 따랐다. 사소한 일도 간절히 기도하면 하나님께서는 응답해 주셨다.
처음 와보니 교회 본당에서 일 년 365일 매일 하루도 빠지지 않고 철야 기도하시는 권사와 집사가 있었다. '지킴이 권사님'이라 불렀다. 그 두 분 옆에 또 한 명의 할머니가 계시는데 노숙자다.
새벽에 일어나면 어디론가 가시는데 가끔 새벽기도 진행 중에도 나가지 않고 본당에 있을 때도 있다. 그때는 그 근처에는 아무도 없다. 냄새가 지독하기 때문이다. 그래서 본당 청소는 매일 정성 들여서 해야 했다.
아침까지 있을 때는 컵라면에 밥을 말아서 주면 맛있게 잘 먹었다. 날씨가 따뜻한 날에는 화장실에서 세면을 했다. 말은 거의 하지 않는 편이라 뭘 물어도 대답하지 않았다. 귀가 안 들리거나 말을 못 하는 분은 아니었다.
어느 주일날 새벽 기도회 마치고 강단에 이물질이 떨어져 있어서 진공청소기를 돌리고 있는데 그 할머니가 부스스 일어났다.

"오늘은 안식일인데 왜 청소하세요. 안식일은 쉬어야지."

잠을 깨워서 투정을 부린 건지 몰라도 말은 맞는 말이다. 저 할머니는 일반적인 노숙자가 아니라는 생각이 들었다. 저 사람은 틀림없이 무슨 사연이 있을 것이라 생각하고 접촉을 시도했는데 항상 예, 아니오, 알겠습니다, 고맙습니다. 이 정도의 말만 할 뿐이었다.

어느 날 마당 수돗가에서 세수를 하는데 내가 뒤에서 급작스럽게 일본어로 물었다.

"아낫다노 나마에와 난데스까(당신 이름이 뭡니까)?"

얼떨결에 대답을 했다.

"와다시노 나마에와 수진 데스(내 이름은 수진입니다)."

시간적인 여유를 주지 않고 바로 또 물었다.

"가조꾸와 이마생까(가족은 없습니까)?"

"무스메 후따리 아리마스(딸 둘이 있습니다)."

"할머니 왜 이렇게 살고 계세요?"

능통하지 못한 일본어 실력 탓에 한국말로 물었다. 침울한 표정으로 나를 물끄러미 바라보시더니 보따리 들고 나갔다. 그것이 할머니를 마지막으로 본 것이었다.

내가 뭘 잘못했는지, 나는 할머니의 노년이 너무 안타깝고 그런 상황에서 벗어나게 해주고 싶은 심정으로 관심을 가졌던 것인데….

혹시 내가 뭘 잘못한 것이 아닌지 걱정이 되기도 한다. 그 할머니는 어떻게 되었는지 지금도 문득 생각이 난다.

  한 달가량 지난 10월 중순 어느 토요일 교회 김장을 했다. 교회 권사들과 여집사들이 많이 와서 다음 한 해 동안 주일날 교회 식사 때 성도들이 먹을 반찬용 김치와 이웃의 어려운 사람들에게 전해줄 김장을 했다. 많은 양의 배추를 절여놓고 식당 앞에 배추 이파리를 수북하게 쌓아둔 채 목욕하고 식사한다며 모두 가 버렸다.
  다음날이 주일이라 초보 사찰인 나는 너무 할 일이 많았다. 수북이 쌓인 배추 이파리를 보니 앞이 캄캄해졌다. 이걸 어떻게 처리해야 하나 고민을 하다가 교회 요람을 찾아서 식당 부장 집사에게 전화를 걸었다.
  "집사님, 사찰입니다."
  "왜요?"
  퉁명스럽게 대답했다.
  "방금 교회 식당에서 김장했습니다."
  "그런데요"
  "배춧잎이 너무 어질러져 있습니다. 오셔서 좀 치워주세요."
  "내가 왜 그걸 치워야 해요?"
  "아! 요람을 보니 집사님께서 식당 부장님이라 전화를 드렸는데 그러면 차량 부장님이나 재정부장님께 전화를 해볼까요."
  "……."

한참 말이 없었다.

"알았소, 기다려보소."

1톤 봉고 화물차를 몰고 와서 거의 한 차 분량의 쓰레기를 싹 싣고 갔다. 10분도 채 안 걸렸다. 농사를 짓는 사람이라 자신의 밭에 가져다 뿌리면 간단한 일이다. 아무것도 모르는 내가 처리하려고 했다면 얼마나 힘들었겠는가?

나의 아버지 하나님께서 주신 지혜인 줄 확실히 믿어졌다. 그러나 그 즐거움 뒤에 혹독한 시련도 따라왔다. 이런 일은 소문이 빠르다. 그것도 나쁜 쪽으로. 그다음 날 계약서 지장을 강요하던 장로가 나를 불렀다.

"사찰 집사님! 사찰이 할 일은 사찰이 해야 합니다. 성도들에게 시키면 안 됩니다. 설령 성도가 나와서 자발적으로 무슨 일을 하려고 해도 집사님이 말려야 됩니다. 아시겠어요?"

진짜 할 말이 없어졌다. 그런데 혹이 하나 더 붙었다.

"앞으로는 사찰 집사님은 주일날 한자리만 지키세요. 예배 때에도 그 자리를 지켜서 우리 교회 성도들이 집사님 찾으러 다니지 않도록 하십시오. 물론 주일 낮 1, 2, 3부, 오후 예배 모두 그 자리에서 드리세요."

같은 설교를 하루에 세 번씩이나 듣는 것은 거의 순교 수준이다. 최소한 나에게는 그랬다. 그래서 나는 용 목사의 태평양전쟁 당시 미군 폭격기 1359기의 무서운 폭격 이야기가 담긴 설교를 세 번이나 들었다. 1359기는 B-59의 원고 작성 오기다. 그 원고는 누가 작성했는지 나는 모른다.

　교인들의 특성상 더위나 추위에 민감한 사람에게는 에어컨이나 온풍기를 틀지 않는다고 시달리고 반대로 덜 민감한 사람에게는 컨다고 당하는 시달림을 주일날은 하루 종일 당했다.
　"왜 시키는 대로 하지 않느냐?"고 따지면 할 말이 없었다. 얼마 후부터는 따지는 성도에게 다른 성도를 지목하며
　"저분이 그것을 싫어하는데요. 저분께 직접 말씀 좀 해주세요."
　대체로 같은 급의 다른 사람을 끌어들이면 아무 말도 못 하는 특징이 있다. 그것 역시 하나님께서 주신 지혜다.

　새벽에 일어나 나와 보면 사택 현관문 고리에 걸려있는 검은 비닐봉지에 어떤 때는 깻잎, 또 어느 날은 고추, 오이, 호박 등이 정성껏 담겨있다. 누가 갖다 놓으셨는지 짐작은 가지만 그는 나를 만나면 언제나 외면했다. 그런 분들과 함께 살아갈 것을 생각하면 힘이 솟았다.
　교회에 젊은 안수집사 부부가 있다. 그 부부는 참 열심히 아름답게 살아간다. 남편 집사는 회사에 다니고 아내 집사는 프리랜서로 일하는데 어느 날 소형 승용차를 신차 한 대를 구입했다. 빨간색 승용차인데 너무 멋있었다.
　어느 주일 오후에 교회 마당 주차장에 주차된 그 차를 어느

청년이 옆에 있던 자기 차를 빼다가 접촉 사고를 냈다. 급히 나를 불러서 가보니 운전석 쪽이 앞에서 뒤쪽 끝까지 심하게 긁혀 있었다.

"제가 운전이 서툴러서 이렇게 됐습니다. 탕 집사님이 차주 분에게 말씀 좀 잘 드려주십시오. 보험 처리하겠습니다."

잔뜩 긴장한 청년을 진정시키고 그 집사에게 전화했다.

"집사님, 사찰 집사입니다. 조금 전에 집사님 차를 청년부 젊은이가 차를 빼다가 긁었습니다. 잠시 나와 보실래요?"

"괜찮습니다, 집사님! 제 차는 자차보험에 가입되어 있습니다. 저는 괜찮으니 기다리지 말고 가시라고 하세요."

"아니! 그래도 잠시 나와 보시지요."

"아닙니다. 일부러 그런 것도 아닐 것인데 그냥 가시라고 하세요."

미안해하는 그 청년을 보내고 교회 청소를 하다가 집사가 나오는 것을 보고 달려갔다.

"집사님 아무리 선한 사람이라도 차가 이 정도로 심하게 긁히면 가해자 이름부터 물어 보고 용서할지 말지 결정하는데 집사님은 누가 그랬는지 궁금하지도 않아요?"

단호하게 대답한다.

"그분이 누군지 알고 나면 앞으로 만날 때 서로가 민망할 것이고 혹시 내가 알면 내 마음속으로 화가 날지도 모르니 그냥 모르고 넘어가는 것이 낫습니다. 그대로 내버려두십시오."

진심으로 고개가 숙여졌다. 그는 십수 년이 지난 오늘까지도 안수 집사 직분을 맡고 있다. 이분과 비슷한 또래의 젊은 안수 집사가 또 한 사람 있다. 그는 내가 근무한 10년가량의 세월 동안 한 번도 화를 내거나 인상 쓰는 모습을 본 적이 없다. 어려운 사람에게 베푸는 일에는 인색하지 않은 사람이었다. 늘 진솔한 모습으로 웃으면서 살아가는 사람이다. 그 역시 10년 넘게 안수 집사 직이다.

또 다른 안수 집사도 존경한다. 부목사 중 한 사람이 교회를 사임하고 동남아 어느 지역 선교사로 떠나게 되었는데 형편상 가족들이 먼저 출국하고 이삿짐은 정착하는 곳으로 내가 보내주기로 했다. 무역 대행업이 과거 내 전공이었으니까.

이삿짐을 교회 부속실 한쪽으로 몰아놓고 훗날 보냈는데 그 이사 포장 및 수송 비용 거액을 부담한 사람이다. 언제 다시 볼지도 모르고 영원히 볼 수 없을지도 모르는 그런 상황에서 이렇게 도와주는 것은 극히 이례적인 일이다. 전혀 생색을 낼 수 없지 않은가? 기록 또한 남지 않는 일이었다. 그 비용은 이미 출국하신 목사에게서 내가 먼저 받아두고 있었던 터라 이삿짐 보내고 동남아 현지로 다시 보내주었다.

창세기 18장에 나오는 소돔 땅에 앞서 기록된 안수 집사 세 사람과 과거에 내가 섬기던 교회 주일학교 부감 집사, 물에 데어 화상을 입었던 그 동생을 안고 뛰었던 그 장로, 내 친구 석 장로가 만약 그때 소돔 땅에 있었더라면 소돔 땅은 멸망하지 않았을 것이라는 생각이 든다.

 개인적으로 이 세 사람에게 안수 집사라는 직분이 적합하다고 생각한다.

 안수 집사 직분은 진정한 이웃사랑을 실천하는 사람들에게 적합하고 장로 직분은 그야말로 살신성인 정신으로 살아가는 사람들, 과거 부산에서 막내 동생을 위기에서 구해주고 우리 모든 가족을 주님 품으로 돌아오게 만든 그런 사람들에게 적합한 직분이라 생각한다.

 목사들은 복음의 전신 갑주를 입고 성령의 검으로 마귀들과 대적해서 싸워야 한다고 생각한다. 제자들의 실수로 식사 준비가 되지 않았을 경우 주님처럼 오병이어의 기적을 이루지는 못할지라도 급하게 허기라도 채우게 할 수 있는 능력을 발휘할 수 있어야 한다고 생각한다.

 험난하고 대적해야 할 사탄들이 많은 이 세상에서 하나님을 중앙에 모시고 양들을 가운데로 몰아넣고 직분자들은 가장자리에서 각자의 역할을 해서 양들을 지켜야 하는데 지금 한국 교회의 모습은 정반대인 것 같다.

 담임 목사는 귀하신 분이니 중앙에 자리 잡고 거기서 돈궤를 지키고 장로들이 그 주변을 둘러싸고 그다음은 집사, 권사들이, 그다음은 몸으로 봉사할 평신도를 배치하고 가장자리에는 능히 하지 못할 일이 없으신 하나님을 배치하여 자신들을 안전하게 지켜달라 부탁하며 편하게 살고 있는 것 같다.

곰곰이 생각하고 경험해 보니 우리나라 목사들은 돈궤를 지키는 임무가 가장 중요한 사역인 것 같다. 주님께서 가룟 유다를 몰라서 돈궤를 맡겼겠는가?

교회에서도 돈궤는 제자들에게 맡겼으면 좋겠다는 생각이 들었다. 그 분야에서 경험이 많은 중직자에게 입출금, 장부 정리를 포함한 모든 지출의 결정권까지 일임하고 목회자들은 양들의 양육에만 집중했으면 좋겠다는 생각이 들었다.

이것은 전적으로 나의 생각이고 나는 그렇게 할 것이다. 그것이 맞는지 틀렸는지는 나도 정확히 모른다.

누가복음 22장 35절 말씀이 생각난다. 마지막 만찬 후 주님께서 베드로에게 "베드로야, 내가 네게 말하노니 오늘 닭 울기 전에 네가 세 번 나를 모른다고 부인하리라."라고 하신 뒤 하신 말씀이다.

"저희에게 이르시되 내가 너희를 전대와 주머니와 신도 없이 보냈을 때 부족한 것이 있더냐? 가로되 없었나이다."

연약한 성도일 때는 전대와 배낭과 신발도 여분이 없더라도 주님께서 지켜주시지만 지도자가 되면 다 갖추어야 한다. 목사와 장로가 되었으면 성령의 권능을 받아 겉옷을 팔기까지 하여 칼을 사서 최전방에 서서 사탄으로부터 양들을 보호하라고 명령하신 것으로 이해하면 된다. 그런데 정반대로 하고 있는 것 같아 걱정이 되는 것은 사실이다.

앞서 소개된 동남아 선교사로 떠난 목사는 영혼 구원의 열정은 가히 금메달감이었다. 그의 일상을 옆에서 지켜보면 맡은 부서의 예배 및 교육 외에는 언제나 본당에서 말씀을 묵상하든지 기도하고 있었다. 세상의 일들은 거의 하지 않았다.

다른 교역자들은 잘 상대하지 않는 사찰 집사인 나와 사무 간사에게 거의 매일 상당 시간을 할애하여 조직 신학을 가르쳐 주었다. 그것도 우리 수준에 맞게 교재를 직접 만들어서까지 가르쳐 주셨다.

나에게는 말씀 앞으로 한 걸음씩 다가가는 확실한 계기가 되었음이 틀림없다.

어느 날 그 목사가 서울에 세미나 참석차 갔다. 다음날 서울에서 돌아온 목사의 말이다.

서울에서 세미나가 끝나고 내려와야 할 시간인데 남은 여비를 보니 그리 많이 남아있지 않았다고 한다. 꽤 늦은 시간이라 KTX 열차를 타면 빨리 올 수는 있지만 KTX를 타면 동대구역에서 내려야 하고 동대구역에서 약 20km 정도 떨어진 교회까지 올 차비가 없었다. 도착 시간이 심야 시간이다. 그러나 무궁화 열차를 타면 영산역에서 하차 후 교회까지 택시를 타고 올 정도의 비용은 남았다. 고민하다가 KTX 열차를 타고 내려왔다. 동대구역에서 내려서 잠시 후회했으나 자신이 담당한 부서에 소속되어 있는 청년에게 전화를 하니 마침 그 청년이 시간적 여유가 있어 차를 가지고 동대구역으로 와서 편하게 올 수 있었다.

그 말을 듣고 목사에게 물어보았다.

"목사님, 목사님은 그 일을 놓고 생각해 볼 때 믿음이 좋다고 생각합니까? 아니면 미련하다고 생각합니까?"

잠시 생각을 하시더니.

"그러게요. 둘 다 해당한다고 볼 수 있겠네요."

나도 이 문제는 부족한 나의 신앙적인 철학과 소신에 큰 영향을 끼칠 수 있을 것 같아 심각하게 고민도 하고 기도도 해봤다. 믿음 없는 내가 내린 나름대로 결론은 만약에 그 목사가 동대구역에 내려서도 하나님께 기도만 하고 기다렸다면 미련한 것이고, 그 청년에게 전화를 건 것은 지혜로운 행동이라는 것이다.

목사는 열악한 환경 속에서 자신들이 낳은 아이 세 명과 또 다른 불우한 아이 두 명을 입양해서 현재 다섯 명의 아이를 양육하고 있다. 목사의 목회와 헌신에 큰 박수를 보내지만, 사모님의 헌신에는 더 큰 박수갈채를 보내고 싶다.

6

앞에 언급한 계약서를 작성하고 나에게 지장 찍기를 강요한 그 잔 장로는 교회의 실세였다. 매우 다혈질적이어서 모두 피하는 편이다.

어느 주일 오전, 예배 참석할 교인들을 인솔하러 차량 운행을 하다가 지금은 번화가가 되었지만, 그 당시에는 허허벌판인 대신리에 허름한 판자집에 사시는 88세 할아버지와 85세 할머니 두 분이 교회까지 걸어오시는 것을 목격했다.

특히 할머니께서 몸이 많이 불편했다. 두 노인네가 손을 꼭 붙들고 교회에 오는데 약 1km 남짓의 거리를 거의 한 시간 정도의 시간을 쉬엄쉬엄 걸어서 왔다.

그다음 주 나는 운행하는 차량의 배차 코스를 변경해 할아버지 집으로 둘러서 모셔 왔다. 내가 당연히 해야 할 일을 한 것뿐인데 너무 고마워하셨다.

몇 주 후, 주일날 아침에 모시러 갔을 때의 일이다. 할머니가 교회에 못 간다고 말씀하셔서 이유를 물었다.

"지난밤에 비가 와서 지붕에서 물이 새 고치려고 할아버지께서 지붕 위에 올라가셨어요."

그 말을 듣고 급하게 밖으로 뛰쳐나가 지붕 위를 보니 꾸부정한 할아버지가 그리 높지는 않지만, 지붕 위에 있는 것이다. 깜짝 놀라 얼른 내려오게 하고 교회로 와서 사무실에 사정을 이야기하고 우리 교회 젊은 사람들이 가서 지붕을 고쳐드리자고 이야기했다. 잔 장로가 나를 따로 불렀다.

"사찰 집사님! 사찰 집사님은 다른 일에 신경 쓰지 말고 집사님 할 일만 하세요! 그분들 일은 면사무소에서 할 일이니, 면사무소에 맡기면 됩니다. 왜 쓸데없이 나대요."

할 말이 없었다.

얼마 뒤 할머니는 돌아가시고 할아버지는 어디론가 떠나셨다. 주변 사람들의 이야기는 그 할아버지는 부유하게 살았는데 아들이 사업하다 실패해서 가산을 탕진하고 스스로 목숨을 끊었다고 한다.

할아버지는 과거에 자신이 소유했던 그 땅에 판자로 대충 얽어매어 집을 짓고 살고 있었는데 그나마도 비워 줘야 할 입장이 되어 비워주고 어디론가 떠났다는 것이다.

11월 중순경, 이웃에 사는 권사가 제법 큰 수박 한 통을 보냈다.
"요즘 수박은 귀한데 혹시 담임 목사님께 보내야 할 것이 잘못 온 것 아닙니까?"
"먹을 수 있을지 모르겠습니다."
집으로 와서 자세히 보니 수박 표면이 많이 이상했다. 어머니도 보고 있었다.
"내다 버릴까요?"
"일단 쪼개 봐라."
반을 잘라보니 수박 속은 노란색 참외 속처럼 되어 있다. 어머니께서 짧게 말씀하셨다.
"버려라."
순간적으로 십자가 밑 종탑에 올라가서 밑으로 던져서 많은 사람에게 알리고 싶은 마음이 들었으나 참았다. 어머니는 내가 사역하는 오랜 세월 동안 단 한 번도 교회 식당에서 식사하신

적도 없고 연령별로 모이는 기관에도 참석하지 않았다.

과거 부산에서는 기관별 전도회 회장직도 여러 번 겪으신 분이다. 혹시나 당신의 한마디가 사찰로 근무하는 아들에게 좋지 않은 영향을 끼칠까 봐 걱정돼서 그러신 것이다.

교회에는 취객을 비롯해 부랑자가 많이 찾아온다. 부랑자들은 주로 낮에 오고 취객들은 밤늦은 시간에 많이 온다. 그때마다 사무원은 즉각 나를 부른다.

대부분이 얼마간의 돈을 얻으러 오지만 괜한 시비를 걸어오는 사람도 있다. 고정적으로 오백 원씩 지불하지만, 좀 더 많이 얻고 싶으면 괜히 시비조로 나온다.

그럴 때는 참으로 난감하다. 싸울 수도, 피할 수도 없다. 사택이나 본당에서 사무실까지는 20초 정도 걸린다. 그런 일로 나를 부르면 그 찰나의 짧은 시간에 하나님께 간절히 기도한다. 나만의 특유의 기도다.

"하나님! 하나님의 방법으로 처리해 주십시오."

그렇게 기도한 뒤 안심하고 갔다. 그러면 문제없이 해결되었다. 10년가량의 세월 동안 분쟁이 생긴 일은 거의 없었다. 과거에는 하루가 멀다 하고 싸움이 나서 경찰이 왔다고 한다. 내가 가면 그들은 대부분 순순히 물러났다.

"아저씨! 아저씨가 너무 순하게 보여서 오늘은 그냥 간다."

하나님께서 그들의 시야를 가리신 듯하다. 반대의 경우도 종종 있었다.

"이 아저씨도 한 성질 하겠네."라고 말하는 사람도 있고 "이 교회는 구제비는 어디에 쓰느냐?"고 따지는 사람도 있었다.

나는 평일 새벽 기도회 시간에는 방송실에서 음향, 조명 등 시스템을 조작한다. 어느 날 새벽에 방송실에서 방송용 화면을 돌려보니 뒤쪽에 웬 낯선 남자가 두리번거리며 앉아 있는데 얼핏 보아도 얼굴 표정에 살기를 느낄 만큼 잔인해 보였다. 내려가서 조용히 밖으로 불러냈다.

"실례지만 어디서 오셨나요?"

"이 양반도 한 성질 하게 생겼네."

나를 빤히 쳐다보며 얘기했다. 그러면서 자신은 세상보다 교도소가 더 편한데 떠돌아다니면서 교회가 보이면 주로 새벽 기도회 시간에 들어가서 목사의 설교를 들어보고 설교가 자기 마음에 안 들면 설교하는 목사를 두들겨 팬다고 했다.

"나는 잡혀가도 겁나지 않소. 조금 전에 이웃 교회에서 그렇게 하고 왔소. 그래도 신고하는 교회는 거의 없소. 오늘은 당신을 봐서 그냥 가요!"

그러고는 바로 일어나서 밖으로 나갔다.

매일 아침 11시에 교회에 오는 점잖게 생긴 사람이 있었다.

처음 보던 날 나에게 인사를 꾸벅하며

"본당에서 잠시 기도하고 가도 되겠습니까?"

"아! 네, 얼마든지 하세요."

그다음 날부터 본당으로 직행했다.

"참 신실한 신앙인이구나."

생각했는데 좀 이상하다는 생각도 들었다. 길어야 10분, 보통 5분도 채 되지 않은 시간에 나갔다. 쓸데없는 의심도 죄악이라는 생각도 들었지만, 직감이라는 게 있다.

어느 날 그 시간에 내가 본당 중간 지점 장의자에 길게 누워서 기다리고 있었다. 11시에 들어와서 불도 켜지 않고 가져온 긴 젓가락 같은 쇠꼬챙이로 나무 헌금함을 능수능란하게 찔렀다. 바로 일어나서 가지고 있던 손전등을 비추고 고함을 쳤다.

"야 너! 거기서 뭐 하는 거야."

번개같이 도망가 버렸다.

그렇게 해야 두 번 다시 오지 않기 때문에 소리만 쳤다. 잡아봐야 어쩔 도리가 없다. 쫓아버리는 것이 상책이다. 그래야 후환도 없고 다시는 오지 못하니 깔끔했다.

사찰 집사라는 직분은 참 할 일이 많다. 나는 교회에 도움을 청하러 오는 사람들의 진위를 직관적으로 구별하는 요령과 능력이 생겼다. 통상적으로 멀리서 왔는데 집으로 가는 차비가 없으니 도와달라고 한다. 어디서 왔냐고 물으면 모두가 먼 곳을 말하곤 했다. 서울, 강원도, 경기도, 부산, 충청도다. 나는 즉각 물어본다.

"집 주소를 말해보시오."

선뜻 대답하지 못하고 얼버무리면 거의 다 거짓말이다. 그런 사람들에게 구제비를 주면 술 아니면 도박, 틀림없이 악한 곳에 사용한다. 그래도 얼버무리면서 주소를 대면 내가 같이 가서 차표를 끊어 주겠다고 하면 욕설을 내뱉고 그냥 갔다.

어느 날 남루한 차림의 젊은이가 와서 차비를 좀 달라고 한다. 평소처럼 주소를 물어보니 거침없이 대전시 00동 00번지라고 대답하여 내가 기차역에 같이 가서 표를 끊어주겠다고 하니 그렇게 해주면 정말 고맙겠다고 인사했다. 같이 역에 가서 표를 끊어주니 연신 고맙다고 인사하며 돌아서는 젊은이를 불러 만원권 두 장을 쥐어 주었다.

"가다가 배고프면 뭘 사 먹으세요."

돌아오면서 생각했다. 과연 내가 잘하고 있는 일인가? 좌우지간 사람은 자기 방식대로 살아간다는 생각이 들었다.

오랜 세월 동안 사찰 생활하면서 느낀 것이 있었다. 한국 교회 안에서는 돈이 그 사람의 성경적인 성품을 평가하는 잣대가 된다는 생각이 들었다. 가령 돈 많은 사람이 교만하면 '저분 참 용감하다'라고 표현하고 반대로 돈 없는 사람이 용감하면 '저 사람 참 교만하네'라고 한다.

또, 돈 많은 사람이 비겁한 행동을 하면 '저분 참 겸손하네'라고 하고 돈 없는 사람이 겸손하면 '저 사람 참 비겁하다'라고 치부해 버린다.

한국 교회 목사들은 이런 설교는 절대로 하지 않는다. 아니 못한다고 표현하는 게 맞는 표현인 듯하다. 앞서 말한 그런 살벌한 사람들 앞에서 교회의 중직자들은 너무 겸손한 것 같다.

나를 가장 힘들게 하는 사람은 술에 취한 채 회개하러 교회에 오는 사람이다. 술 마신 양과 회개할 건수는 분명히 비례했다. 그날은 진땀을 빼야 한다. 이런 경우에도 교역자들은 코빼기도 안 보인다. 행패 부리러 온 것이 아니니 나와서 다독거려주고 성경적으로 달래가면서 해결해 주면 좋으련만!

10년가량의 세월, 육신적으로 힘든 것은 변함이 없었다. 나 자신의 잣대로 볼 때 그 10년가량의 세월은 비교도 안 되겠지만 사도 바울이 다메섹 도상에서 회심한 뒤 살아온 10년의 고난의 세월과 감히 비교해 보기도 했다.

물론 비교할 바가 안 되지만 나에게는 그만큼 힘들었다는 뜻이다. 그러나 무기지옥형의 집행유예라는 은혜를 생각하면 힘이 생긴다. 음부보다는 이곳이 훨씬 낫지 않겠는가?

1,000일 연속 새벽 기도회 참석은 완벽하게 성공했다. 하나님께서 그렇게 할 수밖에 없게 만드시니 성공하지 않을 수가 없지 않았는가? 내가 먼저 일어나서 문을 열어야 성도들이 들어오고 새벽 기도회가 진행될 수 있다.

2003년 9월 16일 시작해서 2006년 독일 월드컵 축구 개막전

날 6월 8일 1,000일 연속 새벽 기도회 참석이 끝났다. 1년에 한 번 있는 3박 4일의 휴가도 기도원에서 보냈다.

처음 여름휴가 때 경북 청도 소재 동산 기도원에 갔다. 인터넷 검색 중 부산 은항교회 목사가 여름 부흥성회 강사로 동산 기도원으로 온다는 것을 보고 그 날짜에 맞춰서 휴가를 받았다.

평소 그 목사의 열정적인 설교가 내 마음을 움직였고 그가 외부 강사로는 그때가 처음 나가신다는 것을 알았기에 '아! 저 목사님 말씀의 엑기스를 얻을 수 있겠구나.'

생각되어 취한 조치였다.

역시 2박 3일 동안 엄청난 은혜를 받았다.

마지막 날 오전 예배 전 여느 때와 마찬가지로 10분쯤 일찍 가서 앞자리에 무릎 꿇고 묵상기도를 하던 중 하나님의 음성이 들렸다.

"대표 기도 연습을 해라!"

그 집회의 참석자 대부분이 목회자인데 사찰 집사인 내가 어떻게 감히 대표 기도를 하겠는가? 라는 생각이 들었지만, 순종하는 마음으로 강대상에 서 있다는 느낌으로 대표 기도 연습을 했다.

강사 목사님을 위해서, 기도원을 위하여, 참석한 성도들을 위하여, 그리고 나라와 만족을 위하여! 조심스럽게 연습하고 나니 "한 번 더 해라." 하셔서 한 번 더 연습했다.

예배가 시작되고 원장 장로가 나와서 찬송 00장을 부른 뒤,

나를 지목했다.

"대표 기도 인도해 주세요."

과거 주일학교 교사 시절에 초등학교 학생들 앞에서 더듬거리며 몇 번 기도해 봤고 약 70명가량의 성인 특히 목회자들 앞에서 대표 기도는 상상도 못 해보았다.

용감하게 앞으로 나가서 하나님께서 시키셔서 연습한 그대로 차분히 대표 기도를 했다. 아무것도 모르는 아내는 원장이 대표 기도 인도자로 나를 지목하시자 깜짝 놀랐다. 내가 주저 없이 나가니 더욱 놀라서 나의 기도 소리는 듣지도 못하고 자신의 기도를 하고 있었다.

"하나님, 남편을 좀 도와주세요!"

오전 집회가 끝난 뒤 기도원에서 식당 봉사하던 여집사 두 사람이 나를 찾아와서 물었다.

"실례지만 어디서 오신 누구세요?"

"예! 희망교회 사찰 집사입니다. 휴가 중이라 은혜받으러 올라왔습니다."

"예? 사찰 집사님이라고요? 조금 전 집사님 기도가 너무 은혜로워 우리가 울었습니다."

그 말이 끝나자, 옆에 있던 아내가 울컥했다. 2박 3일간 천금으로도 살 수 없는 은혜를 받고 내려왔다. 간절한 사모함이 있다면 하나님께서 누구에게든지 주시는 은혜라고 생각한다.

그다음 해 연초에 희망교회 신년 대부흥성회가 있었는데 지난여름 동산 기도원 집회 인도했던 그 목사가 부흥 강사로 왔다.

지난여름 동산 기도원에서 받은 두 번째 은혜였다. 집회 둘째 날 새벽 집회 마치고 마당을 정리하는데 강사 목사와 담임 목사가 같이 나왔다.

"목사님! 은혜 많이 받았습니다."

다가가서 인사를 하니 그 목사가 좀 과도하게 나를 반갑게 끌어안으신다.

"어! 목사님, 아시는 분이세요?"

옆에 있던 용 목사가 묻자, 그 목사가 대답했다.

"예, 아는 분입니다."

나는 그 목사와 단 한마디 대화를 해본 적이 없다. 내가 물어보고 싶은 말을 용 목사가 먼저 물었다.

"어떻게 아세요?"

"지난여름에 청도 동산 기도원에서 대표 기도 하신 분 아니세요?"

"아! 예, 맞습니다."

"집사님 열심히 하십시오."

하더니 주먹을 불끈 쥐어 보이면서 나갔다.

나의 아버지, 나의 하나님께서 이렇게까지 힘을 주신다.

1,000일 연속 새벽기도를 마치고 또 다른 목표를 정하고 싶었

다. 이제는 성경 전체를 내 가슴속에 새겨넣자. 생각하고 성경을 쓰기 시작했다.

성경 필사이다. 성경에 기록된 말씀의 배경과 당시의 문화, 풍습 등을 주석을 통해 배워가면서 써나갔다.

왜 하나님께서는 아벨의 제사만 받으시고 가인의 제사는 받으시지 않으셨을까? 히브리 민족은 어떻게 탄생했으며 왜 히브리인가? 요셉은 단지 꿈 해몽 때문에 총리 직책까지 올라갔을까? 힉소스와 연관이 있을까?

모세는 명색이 왕자인데 왜 사람 한 명 죽였다고 미디안까지 도망가서 40년을 살았는가? 투트모세 2세와의 관계는? 우리가 볼 때는 출애굽인데 현재 이집트에서는 이 사건을 역사적으로 어떻게 설명할까?

모세 5경에 여러 번 언급된 동해 복수법 '눈에는 눈, 이에는 이'와 고대 바빌로니아 함무라비 왕의 돌기둥 법전에 '눈에는 눈 이에는 이'는 무슨 연관이 있을까?

기드온의 300 용사와 페르시아의 크세르크세스의 1만 대군을 상대한 스파르타의 300 용사와 중국 춘추 5패 시절 월나라의 사형수 300명의 자살특공대 사건은 다 같은 300명이라는 숫자에 주목했다.

요한 복음서에는 베드로가 말고의 귀를 베었다는데 왜 마태, 마가, 누가복음에는 말고라는 이름을 적지 않았나? 이런 내용들을 알아가면서 적으니 8년 9개월이 걸렸다. 물론 중간에 난해한

부분 때문에 한참을 쉰 적도 있었다.

그런데 지금은 그 내용들이 기억이 잘 나지 않는다. 말씀의 본질을 이해하지 못했기 때문일 것이다. 그 이유는 성경을 믿지 않는 사람들이 성경 말씀 중에 모순적이고 비합리적이라고 생각하는 부분, 즉 성경 말씀의 패러독스 부분을 연구하여 완벽하게 이해시키고 싶다는 생각에 시작했는데 실상은 성경을 내 지적 탐구의 대상으로 공부를 한 것이다.

말씀 자체를 믿지 못하고 모순점을 찾고 그것을 다시 정확하게 해석하자는 취지의 엄청난 교만이었다. 성경 말씀 속에 하나님의 섭리와 예정을 깨닫지 못하고 문자적인 해석만 찾고 역사적인 결과만 보았다.

하나님의 섭리와 하나님의 예정은 보지 못하고 나의 지적인 성숙을 추구하는 도구로 사용하였기에 지금까지 주변 사람들을 의식하고 진리를 진리라고 표현하지 못하고 그냥 입 다물고 있었던 것 같다.

우리 대한민국에서 진보 성향의 무리 속에서 보수로 살아가는 것과 보수 성향의 틈새에서 진보로 살아가는 것, 특히 목회자로 그렇게 산다는 것은 엄청 힘이 드는 것은 사실이다.

정치에는 별 관심이 없어진 나에게는 양쪽 진영의 소리는 울리는 꽹가리처럼 귀만 아플 뿐이다. 특히 사찰 집사인 나는 인생살이가 성향이 다른 많은 사람들과 부딪치며 살아야 하기 때문에 더욱더 힘들었다.

나에게는 아무것도 모르고 살아가는 것이 상책인 것이다. 진보, 보수, 좌파, 우파는 정치하는 사람들에게 맡겨두고 목회자들은 예수님에게만 매달리면 정말 좋겠다. 사소한 기도에도 응답해 주심에 감격한 나는 조그만 문제만 생겨도 하나님 앞에 엎드려서 고자질했다.

하나님께서 어느 날 이렇게 응답했다.

"너를 괴롭게 한다고 하소연하는 그 사람들을 내가 다 치워주면 앞으로 너는 혼자 살아야 하는데 괜찮겠느냐?"

"하나님 죄송하지만, 그것은 곤란합니다. 이제부터는 참는 법도 배우겠습니다."

당시에는 그렇게 말씀드렸지만, 이 글을 쓰고 있는 지금 다시 물어보신다면 '주님의 뜻이라면 혼자 사는 것도 괜찮습니다.'라고 말씀드리고 싶다.

히브리서 6장 4~7절이다.

"한번 빛을 받아서 하늘의 은사를 맛보고 또 하나님의 선한 말씀과 장차 올 세상의 권능을 맛본 사람이 타락하면 그들을 새롭게 해서 회개에 이르게 할 수 없습니다. 그런 사람들이야말로 하나님의 아들을 다시금 십자가에 못 박고 욕되게 하는 것이기 때문입니다."

무기지옥의 형벌까지도 용서해 주셨는데 혼자 사는 것 정도는 충분히 감수할 수 있으리라는 생각이 들었다. 그러나 아무

의미 없는 행동은 하지 않을 것이다. 하루 중 많은 시간을 말씀 필사에 할애했다.

말씀 필사에 깊이 몰두하고 기록하면 그 순간, 그 상황, 그 자리에 내가 그 옆에 같이 있다는 느낌을 받는다. 현장감을 느낀다는 것이다.

여호수아가 아모리 족속 다섯 왕을 기브온에서 칠 때 태양이 멈춘 그 장면이 눈에 선하게 나타났고 다니엘과 같이 사자 굴에 들어가 보았고 오병이어의 기적 당시 그곳에서 물고기와 떡을 맛보는 것도 느꼈다. 맹자의 독서상우가 이래서 나온 말인 것 같다.

언제부턴가 이런 기도가 나왔다.

"시공을 초월하신 하나님, 부족한 저에게 다니엘과 바울의 세포를 한 조각씩만 이식시켜 주십시오. 그것을 잘 배양시켜 나도 남은 인생을 그분들처럼 살고 싶습니다."

다니엘과 바울의 친구가 되고 싶었다.

필사하면서 주님의 명령 중에 웬만한 사람은 도저히 지킬 수 없다고 생각되는 부분이 '원수를 사랑하라'는 말씀이라고 생각했다. 원수를 용서는 해주기는 하겠지만 사랑까지 한다는 것은 사람으로서는 불가능하다고 생각했다.

내 원수가 만약에 내 앞에 와서 잘못했다고 용서를 빌든지, 아니면 그 원수가 최악의 상태에 빠져서 허덕이고 있다면 사랑해 줄 수도 있을 것인데 이 순간까지도 원수처럼 행동하면서 나를 괴롭히고 있다면 어떻게 사랑을 하겠는가? '그것은 있을 수 없는 일'이라는 생각했다.

희망교회 교인 중에 지위는 상당히 높지만 요즘 말로 대책 없는 장로가 있었다. 진 장로다. 그는 나를 가장 괴롭히던 사람이었다. 특히 인격적으로 괴롭혔다. 그는 주변 분위기는 전혀 개의치 않는다.

"탕 집사! 당신은 어디서 무슨 일을 하고 있든지 간에 직분, 나이에 관계없이 비록 어린아이일지라도 우리 교회 성도라면 그 누가 부르든, 하던 일을 멈추고 달려가서 그분이 시키는 일부터 처리해 놓고 와서 다시 하던 일을 해라."

라고 말하는 사람이었다. 자신의 기분이 조금만 나쁘면

"탕 집사! 이제 다른 일자리 찾아봐."

라고 서슴지 않고 말한다. 처음부터 그런 건 아니었다. 내가 희망교회로 부임한 지 1년쯤 지난 어느 날 교회에서 교육관 건물을 신축했다. 대지 120평 규모에 지하 1층, 지상 4층 건물이었다.

건축위원회가 결성되었는데 나도 포함이 되었다. 전국의 지리와 운전에 능숙하고 과거에 사업하던 이력이 반영된 듯하다.

전국의 많은 교회의 교육관을 탐방했다. 설계업자가 지정되고 설계 도면이 나와서 건축위원회가 모였다. 도면을 보니 4층은 330석 규모의 대형 집회 공간인데 높이가 일반 사무실 높이 정도 3M로 설계되어 있었다.

내가 설계사 대표에게 물어봤다.

"이 도면대로 건축합니까?"

"예, 그렇습니다."

"혹시 이런 건물 건축해 보셨습니까? 내 생각에 4층의 실내 높이는 최소 7M는 돼야 할 것 같습니다. 이 정도 규모의 공연장에 3M 높이면 조명기구 열기도 감당이 안 되고 집회할 때 그 소리도 감당이 안 됩니다. 다시 검토해 주십시오."

참석한 건축 설계사무소 대표는 연세가 지긋했다. 그러자 대책 없는 진 장로가 핀잔을 주고 나섰다.

"사찰 집사! 너무 잔인하다. 어떻게 연세 많은 대표님 면전에서 그런 말을 할 수 있나?"

그렇게 얘기하고는 나의 의견에 동의는 하는지 4층은 무대 부분만 높이자는 의견도 제시했다. 나는 마지막까지 그것은 안 된다고 틀림없이 후회한다고 강력하게 주장했다. 결국은 7M 이상으로 높여서 지금도 잘 사용하고 있다.

대책 없는 진 장로는 눈만 마주쳐도 심장이 뛰고 혈압이 올랐다. 너무 힘이 들어 울면서 이렇게까지 기도했다.

"하나님, 저 사람을 데려가시든지 아니면 저를 데려가시든지 주십시오. 정말 힘들어서 못 살겠습니다."

한 달 이상을 그렇게 기도하던 중 하나님의 미세한 음성이 들렸다.

"그런 기도는 하지 말라."

"왜 그런 기도는 하지 말라고 하십니까? 이유를 말씀해 주십시오. 그래야 안 할 것 아닙니까."

과거 나의 스타일처럼 하나님께 따지듯이 기도했다. 며칠 동안 그렇게 기도했다. 평소에 하나님께서 나에게 들려주시는 음성은 온화하고 미세한 음성이었다. 그러나 그 순간에는 천둥소리 같은 음성으로 말씀했다.

"나는 쟤를 모른다."

나는 모르는 사람이니 저렇게 살다가 죽도록 내버려두라는 말씀으로 들렸다. 하나님께서 모른다는 사람은 죽으면 어디로 가나? 뻔하다. 그는 흑암 속에서 검은 망토를 뒤집어쓰고 탄식 소리만 내는 그 길로 갈 것이다.

예수님께서 하신 '원수를 사랑하라' 라는 말씀을 나는 도저히 지킬 수 없다고 생각하고 있었지만, 원수도 진정 불쌍해지니 사랑할 수 있었다.

원수같이 생각했던 진 장로도 아! 저 사람은 하나님께서 모르는 사람이구나 생각하니 불쌍해졌다. 솔직히 죽을 병 걸린 사람보다 더 불쌍해졌다. 그러나 불쌍한 것은 불쌍한 것이고 그 괴로움은 여전했다.

또다시 기도했다.

"하나님 저분도 불쌍한데 지금은 내가 더 불쌍합니다. 어떻게 좀 해 주십시오."

그때 하나님의 응답이 왔다.

"네 스타일대로 처리해라."

내 스타일? 바로 답이 나왔다. 깡패처럼 행동하는 것이다. 좋습니다. 그것은 자신 있습니다. 어느 날 기회를 잡고 과거 내 스타일대로 처리해 버렸다. 물론 폭력은 없었다. 눈에 힘을 가득 주고 말한 것뿐이다. 그리고 그것은 단둘이 있을 때라야 가능하다. 다른 누구 한 명이라도 있으면 문제는 커진다.

그날 후로는 그는 나를 피해 다녔다. 아! 하나님께서 이렇게 응답하실 수도 있구나 하는 생각이 들었다.

헤르만 헤세의 명작 『데미안』에서 주인공 싱클레어를 괴롭히던 술주정뱅이 양복장이의 아들인 크로머가 데미안을 만난 뒤 변화된 것처럼 진 장로도 변했다.

그리고 교회에서 그렇게 큰소리치던 그도 어느 날 갑자기 너무 불쌍하게 되어버렸다. 가지고 있는 많은 돈 때문에 그렇게 큰소리치던 사람이 재산을 다 날려버리고 먹고살 걱정을 하는 처지가 되어 버렸다. 내 앞에서조차도 고개를 못 들게 되었다.

측은지심이 생겼다. 내가 먼저 악수 청하고 미안하다고 사과했다. 이렇게 되기 전에 먼저 사과하고 화해를 청했으면 어떻게 되었을까 생각도 해보았다.

교육관 건물 시공업체도 인맥을 통한 선정은 하지 않고 철저히 공개 입찰하기로 결정했다. 그런데 시공업체도 이상한 방법으로 선정되었다.

건축할 아무런 표식도 없는 어느 날 고급 승용차를 타고 한 사람이 교회로 왔다. 명함을 건네는데 보니 00종합건설 대표이사였다.

"지나가다 보니 여기 건축할 것 같은 느낌이 들어서 조언을 해드리려고 들렀습니다."

긴급으로 연락해서 건축위원회가 소집되었다. 당시에 건축위원회에는 젊은 집사들도 몇몇 포함되어 있었지만, 그들은 한 명도 건축위원회에 참석하지 않는다.

실제로 대형 건설회사에서 현장 소장으로 근무하는 집사도 있었다. 젊은 집사들은 낮에는 출근하기 때문이기도 하지만 참석해도 발언조차 제대로 못 하는 입장이라 거의 참석하지 않았다. 그날 역시 연세 많은 장로 몇 사람만 참석했다. 그때 찾아온 건설회사 대표이사가 말한 내용은 대충 이러했다.

건설 회사를 경영하는 대구 모 교회 안수 집사인데 근처에 볼일이 있어 교회 앞을 지나가다 보니 이곳에 무엇인가를 건축할 것 같은 느낌이 들어서 들렀습니다, 나는 건축만 하고 인건비만 받을 것이니 건축 자재는 교회에서 구매하시고 잘 모르는 부분이 있으면 조언 정도는 해주겠습니다.

연로한 장로들은 연신 고맙다, 잘 부탁한다며 굽신거렸다.
"틀림없이 하나님이 보내신 분이다."라고 말하는 사람도 있었다.

결국 시공업자 입찰은 물거품이 되었다. 며칠 뒤 알고 보니 건설회사 대표이사는 교회 실세 중의 한 사람인 복 장로의 처조카였다. 그의 건설회사도 희망교회 교육관 신축을 결정한 직후에 설립된 회사였다.

내가 그 내용을 알고 복 장로에게 물어봤다.

"저분이 장로님 처조카입니까?"

"조카건 아니건 간에 자기가 알고 찾아왔다 하지 않았나? 그러니 쓸데없는 소리하지 마라."

결론적으로 건축이 끝났을 때 건축비는 예상 금액의 거의 두 배 정도 더 많이 들었다.

어느 날 새벽에 조사차 나온 감리사에게 24mm 철근 대신 16mm 철근을 사용하다 적발됐지만 그냥 넘어갔다. 나는 복 장로에게 따졌다.

"왜 이런 일을 그냥 넘어갑니까?"

"철근이 없어서 그랬다는데 어떻게 하겠나?"

그 건물은 지하 1층으로 설계되어 있다. 땅을 파내야 한다. 그런데 대형 굴삭기로 아무리 두들겨도 땅이 파지지 않아서 지하로 땅을 파서 건축하는 것을 포기했다. 전면에서 보면 지하 1층, 지상 4층인데 뒤에서 보면 지상 5층 건물이다.

완공 후 어느 날 장마로 인해 근처에 물이 고여서 면사무소에서 하수관 정비를 하기 위해 소형 굴삭기를 이용해 땅을 파는데 너무 쉽게 팠다. 너무 신기해서 그 굴삭기 기사에게 물었다.

"땅이 잘 파지네요?"

"이곳 땅은 다 청석이어서 이렇게 쉽게 파집니다."

앞서 신축할 때의 일을 이야기했다.

"우리가 건축할 때는 왜 그랬을까요?"

"굴삭기를 조금만 조작하면 그렇게 할 수 있어요."

그리고 이 말까지 덧붙였다.

"건축비가 많이 절감되었겠네요."

땅을 파내는 비용이 그만큼 많이 든다는 뜻이다. 과연 자신의 건물이고 인척 관계가 없는 시공업자가 그렇게 했다면 그 복 장로는 어떻게 했을까?

그 복 장로는 솜씨도 좋고 많이 부지런한 것도 사실이지만 때로는 너무 과해서 나는 괴롭다.

매주 목요일 밤 전 교인이 기도원으로 가서 기도회를 했다. 기도원에 갔다가 돌아오면 밤 12시가 훌쩍 넘는다. 다음날 금요일 새벽 기도회 인도하는 교역자는 목요일 기도회는 참석하지 않는다.

한 달에 한 번은 내가 버스를 운전했다. 교회에 도착한 뒤 일부 성도들은 하차하고 차량이 없는 젊은이들은 내가 집 앞까지 태워준다. 그날은 운행을 끝내고 돌아오면 거의 새벽 2시였다.

새벽 4시에 나와야 하기에 나는 그날은 잠을 자지 않고 나오는 것이 나은 편이라 그날도 그렇게 했다. 그 시간에 잠이 들면 새벽 4시에 못 일어날 수도 있기 때문이었다.

새벽 기도회가 끝나고 6시쯤에 잠을 청했는데 그날 아침 일찍 복 장로가 와서 같이 일을 하자고 했다. 몸져 눕는 병이 아니면 아무리 피곤해도 따라나서야 한다. 공구 가지러 창고에 갔다가 거기서 깜박 잠이 들었다.

한두 시간 잤을까? 잠에서 깨어나 나가보니 복 장로는 가고 없었다. 그 후 며칠간을 냉랭하게 보낸 후 그가 먼저 나에게 입을 열었다.

"탕 집사님! 내가 하나님께 기도했어요. 하나님! 내가 저분을 미워하지 않게 해 주십시오. 그렇게 기도했더니 이제는 마음이 다 풀렸습니다."

참 다행이다. 어찌 되었건 계속 냉랭했다면 나만 손해였다. 나에게도 타인의 입장과 형편을 이해하지 못했던 상황이 없었는지 뒤돌아보게 된다. 내가 무심코 던진 돌에 혹시 다친 사람은 없을까?

그는 주위에 사람만 있으면 지나가면서 항상 들고 있는 공구를 두드린다. 어느 날 물어봤다.

"왜 그렇게 소리를 내세요?"

"소리를 내야 사람들이 쳐다볼 것이 아닌가? 나를 잘 봐 달라는 뜻이 아니라 당신들도 나처럼 교회를 위해서 이렇게 봉사하고 복 받으라는 뜻이다."

"아! 그렇게 깊은 뜻이…."
마음속으로 혼자 중얼거렸다.

어느 날 부산에 갔다 온 용 목사가 나를 불렀다.
"탕 집사님, 어제 제가 이상한 일에 말려든 것 같습니다. 어찌해야 할지 모르겠습니다."
"무슨 일입니까?"
내용을 들어보니 이랬다.

  부산 지하철 역사 안에서 순진하게 보이는 청년에게 선불 휴대폰 요금 300만 원을 카드로 결제했다. 당시에 유행하던 다단계 방식을 인용한 사기 수법이다. 약간의 법망을 피한 수법이기 때문에 그쪽에서 폭력적으로 나오면 해결하기 힘들다.
  이미 카드로 결제를 해버렸기 때문에 취소할 방법을 카드사에 문의하니 대충의 내용을 적고 내용증명 형식으로 카드사에 팩스로 보내면 일단 지급 중지는 된다고 하여 급하게 그렇게 했다.
  얼마 되지 않아 부산에서 전화가 왔다. 처음부터 욕설이었다. 300만 원 때문에 인생이 망가져도 괜찮냐는 말과 함께 빨리 내용증명을 취소하라고 하여 그렇게 못 하겠다고 대답하자 지금 가겠다고 하고 전화를 끊었다.

긴장하고 있는 용 목사에게 말했다.
"이 일은 저에게 맡겨주세요. 제가 알아서 처리하겠습니다."

"예, 알겠습니다. 시끄럽지 않게 잘 처리 부탁합니다."

약 2시간 후 짧은 머리의 건장한 청년 3명이 교회로 찾아왔다. 용 목사와 나, 짧은 머리 청년 3명, 이렇게 다섯 명이 목양실 소파에 둘러앉았다.

용 목사는 내가 지시한 대로 미안하다, 좀 봐달라는 말만 계속하고 그 깍두기 머리 청년들은 협박하며 계속 겁을 주고 있었다. 5분 정도 지난 후 내가 입을 열었다.

"자! 지금까지의 이야기를 모두 들었다. 나는 이 교회를 관리하는 사람이다. 교회의 모든 지출도 내가 결정한다. 목사님의 자금 지출 역시 내가 결정한다. 내 승인이 없으면 단돈 1원도 지출할 수 없다. 카드사에 결제 보류도 내가 한 것이다. 서로의 입장을 다 들었으니, 이제부터는 나와 이야기하자. 그리고 여기는 목양실이니 일단 밖으로 나와라."

그렇게 세 명을 데리고 나왔다. 교회 마당에서 대화하는데 분위기가 너무 험악했다. 내 과거의 위압감이 조금은 보였던지 폭력은 없었다. 몇 시간을 그런 식으로 똑같은 소리만 반복하며 대치하다가 날이 저물자, 내일 다시 오겠다며 갔다.

다음날은 토요일이라 나 역시 할 일도 많고 바쁜 날이었다. 아침 일찍 전날 왔던 세 명이 다시 왔다. 많은 성도가 두 건물 각 층에서 내려다보고 있었고 또 다른 성도들은 약간 떨어져서 쳐다보며 지나가고 있었다.

누구 한 사람도 그 분위기에 개입하지 않았다. 그것이 나에게는 큰 도움이 됐다. 끝까지 3대 1의 대립으로 진행됐기 때문이다. 만약에 성도 중에 몇 명이라도 내 곁으로 왔다면 우리는 패거리가 될 뻔했다.

교회 마당에 서서 똑같은 이야기를 반복하다가 토요일이라서 나 역시 더 이상 시간을 끌 수 없었기에 강하게 한마디 했다.

"지금 이곳이 교회가 아니었다면 내가 이렇게 점잖게 말로만 하고 있지 않을 것이다."

그러자 기다렸다는 듯이 맞장구를 쳤다.

"그러면 밖으로 나갈까요?"

"그래, 나가자!"

내가 앞장서서 걸어가니 뒤따라오면서 말했다.

"만약에 우리가 싸우다가 죽거나 다치더라도 책임을 묻지 않기로 합시다."

"그래, 그것은 내가 바라던 바다. 빨리 따라와!"

하면서 앞장서서 걸으며 생각했다. 아! 이제 감당할 수 없는 상황까지 멀리 가는구나. 어제 저녁에 용 목사가 한 말이 새롭게 생각이 난다.

"탕 집사님, 웬만하면 300만 원 포기하고 맙시다."

그렇게 해버렸으면 좋았을 것이라 생각하고 아쉬운 마음에 뒤돌아보니 청년들이 따라오지 않고 그 자리에 서 있었다. 돌아서면서 끝까지 객기를 부렸다.

"뭐 하나? 따라오지 않고."

그러자 그중에 덩치가 제일 큰 청년이 묻는다.

"선생님, 혹시 뭐 하시는 분이세요."

말투가 상당히 누그러져 있다.

"내가 어제 말하지 않았나. 여기 교회 관리하는 사람이라고."

"아니, 관리하시기 전에 어떤 일을 했습니까?"

"도방했다. 왜?"

도난 방지의 줄인 말이다. 조직 폭력배들의 고정 수입의 수단이었다. 과거 내 친구의 직업을 잠시 빌려 썼다.

"어디서요?"

"부산 자갈치에서."

"아! 역시, 어제 말씀해 주셨으면 오늘 이렇게 다시 오지 않았을 건데. 아무튼 미안했습니다."

깍듯이 인사를 하고 돌아갔다.

이 사건으로 인해 교회 내에서 나의 품격도 하락했지만, 영육간의 피로함도 조금은 떨어졌다는 생각이 들었다. 그렇지만 불쌍한 사람의 300만 원을 건져줬으니 다행이었다.

얼마 전, 전 당회원들과 부산 자갈치 시장에 회 먹으러 갔을 때 그곳에서 과거 내가 힘들게 살 때 나를 아는 사람들을 그날 따라 너무 많이 만나서 인사하는 모습을 보고 의아해했던 장로들의 의아심을 해소해 주는 계기가 됐다.

7

나는 매일 새벽 4시에 일어나서 4시 10분에 현관문을 열고 본당 냉난방을 정리하고 방송실로 올라가서 4시 반에 음악을 틀고 기도회 인도자가 강대상 앞에 서면 전등을 켜고 음악을 끄고 마이크 전원을 켠다. 설교 마치면 불을 끄고 음악을 켠다. 한 치의 오차도 있으면 안 된다.

전날 늦게 잠든 날은 진짜 힘들다. 쏟아지는 잠을 참는다는 것은 거의 고문 수준이다. 설교 마치는 시간에 맞추어 불을 끄고 음악을 켜는 것이 너무 힘들었다. 너무 힘들 때는 그냥 두 층을 더 올라가서 눈 질끈 감고 한 번만 발을 헛디뎌 버릴까? 라는 생각도 수없이 했다.

4층 방송실에서 두 층만 더 올라가면 십자가 종탑 바로 밑이다. 그러나 사랑하는 가족들을 두고 교회 안에서 그럴 수는 없지 않은가? 가장으로서 도리와 책임이 있지 않은가? 그보다 다시 흑암의 길을 검은 망토를 뒤집어쓰고 가는 그 길이 더 무서웠다.

어느 날 무 장로와 이야기 도중에 나도 모르게 하소연했다.

"새벽에 이렇게 나오는 것이 너무 힘듭니다."

"그런 소리 하지 마소! 집사님은 돈 받고 새벽 기도 나오지 않소. 우리는 돈 내면서 새벽 기도 나와요."

말은 맞다. 그런데 너무 슬펐다. 슬픈 것보다 가슴이 아프다는 표현이 맞는 것 같다.

교회 여전도회 중심으로 매주 반찬을 만들어 이웃의 불우한 분들에게 가져다준다. 특히 독거노인들을 중심으로 배분한다. 어느 날 회장 권사가 탄식하며 얘기했다.

"요즘은 물가가 많이 올라 이 일도 많이 힘들어졌어요."

무 장로가 화가 난 표정으로 크게 외쳤다.

"그런 것들은 배고파서 죽든 말든 그냥 내버려두라."

권사가 내 귀에다 속삭였다.

"저 인간 누가 장로로 뽑았소?"

그는 오로지 자신의 노력으로 장로로 선출된 사람이었다. 무 장로는 집사 시절 희망교회에서 장로 피택 투표한다고 발표하자 곧바로 나를 찾아와 하소연했다.

"탕 집사님! 나는 이번에 장로로 피택되지 않으면 나이 때문에 앞으로 영원히 장로가 될 수 없습니다. 집사님은 성도들을 다 잘 알고 계시니 힘 좀 써주십시오. 내가 장로로 피택되면 그냥 있지 않겠습니다."

그 말을 하고 난 뒤부터 나를 계속 따라다녔다. 청년부 회원의 부산 결혼식장에도 따라와서 버스 안에서 마이크로 한 표 지지를 호소한 사람이다.

그렇게 노력하여 장로에 피택되자 그냥 있지 않겠다는 그 약속은 확실히 지켰다. 그냥 있지 않고 나를 가장 괴롭히는 한 사람이 되어버렸다.

대놓고 괴롭힐 수가 없으니, 뒤에서 유언비어를 퍼트리고 음해를 하는 등 사람을 참 곤란하게 만들었다. 장로로 피택되자 나에게 이렇게 말했다.

"탕 집사! 담임 목사님이 나보고 관리 부서를 맡아달라고 했소. 내가 관리 부서를 맡으면 탕 집사님 앞으로는 좀 괴로울 거요."

나, 탕 집사는 그렇게 호락호락한 상대가 아니지 않는가?

"아! 그래요? 그런데 누가 더 괴로울지는 두고 봐야 알지요."

무시무시한 나의 대답이었다. 훗날 담임 목사 포함 장로 모두와 협상할 때 이 이야기를 하니

"내가 언제 쫄쫄 따라다녔소? 그냥 따라다녔지."

그 자리에서 쫄쫄 따라다녔다는 나의 거짓을 밝혀낸 것을 자랑스럽게 소리쳤다. 매일 새벽, 정오, 밤 9시, 시간을 정해놓고 매시간 한 시간씩 기도했다.

교회 관리인의 특성상 아무나 들어올 수 없는 나만의 공간이 있다. 십자가 종탑 바로 밑의 3평 남짓한 창고 같은 공간이다. 그곳에서는 아무리 크게 통성기도를 해도 밖에서 들리지 않는 곳이다. 그곳에서 매일 하나님께 부르짖으며 기도했다.

어느 날 기도 중에 환상이 보였다. 내가 아주 높은 곳에 앉아서 기도하고 있었다. 위로 쳐다보니 내 바로 위에 예수님이 계시고 밑으로 내려다보니 내 바로 밑에 모세와 엘리야가 있었다.

"아! 내가 기도를 열심히 하니 내 자리가 높아졌구나."

흐뭇함을 느끼던 중 저 아래에 내 가족이 살고 있는 사택이 보였다. 집 앞마당에 어머니와 아내, 그리고 딸이 앉아서 차를 마시며 이야기하고 있었다.

그런데 저 멀리서 황소만한 호랑이가 걸어오고 그 뒤에 거대한 쓰나미가 몰려오고 있었다. 내가 높은 곳에 있기 때문에 멀리까지 볼 수 있었다. 가족들이 그 자리에 그대로 있으면 어떻게 되는가? 호랑이에게 물려 뜯기고 쓰나미에 휩쓸려 갈 것이 뻔했다. 급하게 가족들에게 빨리 집 안으로 들어가라고 소리쳤다.

그런데 사랑하는 가족들은 내 소리를 듣지 못하고 그 자리에 그대로 앉아 있었다. 내가 너무 높이 올라왔기 때문이다. 조금이라도 더 크게 소리를 질러 가족들이 들을 수 있도록 하려고 가슴을 손으로 뜯으면서 소리를 질렀다. 목과 가슴에서 피가 나왔다. 그래도 듣지 못하고 있다. 나는 처참하게 하나님께 매달렸다.

"아, 하나님! 아, 하나님! 이 일을 어찌해야 합니까?"

그때 하나님의 음성이 들려왔다.

"네가 왜 이렇게 높은 곳까지 올라왔느냐? 네 자리를 지켜라."

하나님께서 올려주신 것이 아니었다. 나 자신의 교만이었다. 하나님의 사랑을 받을수록 겸손해지면 하나님께서 목소리를 키워 주신다. 내 목소리가 커지면 하나님께서 높은 곳으로 올려주신다.

그런데 나는 이 조그만 목소리를 가지고 이렇게까지 높은 곳으로 올라와 버렸다. 목소리를 키워 주셨는데 불구하고 평소의 자리를 유지하고 있으면 옆 사람의 귀 고막이 찢어지기 때문에 그때는 어쩔 수 없이 올라가야만 된다는 것까지도 깨우쳐 주셨다.

대통령이 잘못하면 국회의원이 지적해야 하고 목사가 잘못하면 장로가 지적해야 한다. 현재 내 위치에서 국가 최고 지도자를 아무리 비판해도 나의 목만 아프고 효과는 없다. 그렇다고 내가 서울까지 올라가서 외쳐도 변할 것은 없다. 사랑하는 내 가족만 괴로울 뿐이다. 환상 속의 나처럼 아무 힘도 없는 사람이 너무 높은 곳으로 올라가면 가족들만 힘들어진다.

1월 초 어느 날 기도 중에 하나님께서 명령했다.
"내일부터 열흘간 새벽 기도회 마치면 대학봉 바위 위에 가서 한 시간씩 기도하여라."

교회 인근에 있는 청천산 정상에 대학봉이라는 바위가 있다. 몇 년 전 방언의 은사를 받은 바로 그곳이다. 한겨울 새벽 다섯 시 반에 산꼭대기까지 간다는 것은 힘든 일이다. 너무 어둡고 추웠다.

지금의 그곳은 등산로가 아닌 거의 험준한 산길로 변해 있었다. 산짐승 때문에 무섭기까지 했다. 그런데 하나님의 특별 명령이라 거역할 수가 없지 않겠는가?

새벽 기도를 마치고 개인기도 음악을 틀 때가 다섯 시 반이다. 다음 날 새벽 다섯 시 반에 음악을 틀어놓고 첫날 산기도를 출발했다. 혼자 갔다.

과거에는 전국에서 꽤 유명했던 기도원 중 하나인 청천 다락원이 있는 곳이라 기도원 마당까지는 차가 들어간다. 차를 주차해 놓고 산길로 접어드니 너무 무서웠다. 그래서 본당 건물 옆 한쪽 구석에 꿇어앉았다.

"하나님 여기에서 기도하겠습니다!"

"내가 가라고 하였는데 그렇게 겁이 나느냐?"

"아닙니다, 하나님."

벌떡 일어서서 산길로 접어들었다. 정상까지 쉬지 않고 올라가면 삼십 분 정도 걸린다. 중간에 고라니 떼를 만나서 간이 콩알만 해졌다.

숨가쁘게 올라가 정상에 도착하여 대학봉 바위에 좌정하니 너무도 감개무량했다. 동트기 직전의 새벽하늘을 바라보며 내 특유의 가슴에서 우러나오는 기도를 했다.

한겨울 새벽 아무도 없는 산 정상 바위 위인지라 마음 놓고 큰 소리로 기도했다. 내가 생각해도 멋있었다. 그런데 기도 내용이 이상하게 흘러갔다.

"하나님, 저에게 10억 원만 주십시오. 10억 원만 주시면 과거처럼 그렇게 살지 않겠습니다. 지금 제 처지를 보십시오. 이곳에서 나가면 마땅한 거처도 없습니다. 하나님! 제발 10억 원만 주십시오."

돈에 한이 맺힌 사람처럼 그렇게 하나님께 애걸복걸하고 있었다. 머릿속으로는 무슨 이런 기도를 하나? 하는 생각도 들었지만, 가슴속에서 나오는 기도라 어찌할 방법이 없었다. 그런데 저 아래 반야월 쪽에서 10억 원이 올라오고 있었다.

현금이 아닌 황금 덩어리로 천천히 올라오고 있었다. 혹시 다시 내려갈까 봐 더욱 애절하게 부르짖었다. 점점 가까이 오는데 자세히 보니까 금덩어리가 한글「돈」자 형태의 덩어리였다.

바로 코앞에 다가올 때「돈」자 밑의 ㄴ 받침이 밑으로 떨어지고 있었다. 전체가 10억이라고 가정하면 순간적으로 판단해도 2, 3억 정도는 될 것 같았다. 얼른 두 손을 뻗어 잡고 다시 제자리로 붙였는데 거꾸로 붙여 버렸다.

「돈」이라는 글자 형태가「독」으로 바뀌어 버렸다. 그 순간 나는 눈을 뜨고 일어났다. 하나님께서 나에게 주신 분명한 메시지가 확인되었다. 내게 아직은 돈이 독이구나.

그렇게 첫째 날을 보냈다. 두 번째 날은 혼자 가는 게 애처로워 보였던지 아내가 따라나서서 그날부터는 아내도 동행했다. 세 번째 날은 딸과 세 명이 갔다. 딸은 그날 하루만 따라갔다. 그날 오후 평소 기도생활을 많이 하는 몇몇 분이 나를 찾아왔다.

"집사님, 새벽 기도회 마치고 기도하러 가시지요? 저희도 같이 가면 안 되나요?"

"아닙니다. 같이 가십시다."

이렇게 늘어나서 마지막 날에는 10명이 갔다.

첫째 날 환상 속에서 돈이 독이 되는 것을 보여주셨다. 마지막 날에는 우리가 빙 둘러앉아 기도할 때 주여, 삼창하던 중 마지막 "주여!"라는 소리가 환상 중에 보였다.

소리가 눈에 보인 것이다. 내가 소리를 본 것은 이번이 두 번째다. 신대면에 위치한 정금 기도원에서 똑같은 경험을 했다. 그날 하산하던 중 가장 연로하신 할머니 정 집사가 내려오면서 나에게 조용히 말했다.

"집사님, 우리가 주여라고 부를 때 그 소리가 사닥다리 모양으로 하늘을 향해 쭉 뻗는 모습이 보였습니다."

열 명 중 나와 정 집사 두 명에게 보인 것이었다.

"집사님, 저도 똑같이 봤습니다. 하나님의 은혜라 생각하고 가슴속에 고이 간직합시다."

이렇게 말하고 더욱더 가벼워진 발걸음으로 내려왔다. 내려올 때 나는 여호수아가 된 기분이었다.

새벽 산행 기도가 끝난 뒤 얼마 되지 않은 어느 날 새벽, 개인 기도하던 중에 또 10억 원 타령이 나왔다. 내용만 조금 바뀌었다.

"하나님, 10억 원만 주십시오. 10억 원을 주시면 맹세코 나는 단돈 1원도 쓰지 않고 딸아이 이름으로 저금해 놓겠습니다. 내가 죽고 나면 하나뿐인 저 아이의 앞길이 너무 막막할 것 같습니다. 10억 원만 주십시오."

이렇게 또 떼를 쓰듯이 기도하고 있었다. 그때는 하나님의 음성이 들렸다.

"네가 만약에 10억 원을 딸아이 이름으로 저금해 놓고 죽어서 그 아이가 10억 원을 갖게 되면 너는 딸아이 앞에 지옥으로 내려가는 에스컬레이터를 깔아놓고 죽는 것과 같다. 그래도 괜찮나?"

정신이 번쩍 들었다. 만약에 내가 그렇게 한다면 내 딸아이도 그렇게 할 것이고 그러면 나의 자손 대대로 지옥에서 만날 것이 아닌가?

"아닙니다. 하나님 돈 필요 없습니다."

그 이후로는 돈에 대한 기도는 한 적이 거의 없다. 아니 정확하게 말해서 하나님께서 그런 기도를 할 이유를 주시지 않았다. 살다 보면 어렵고 힘들 때도 있었다. 그럴 때도 돈을 주십시오라는 기도는 하지 않았다.

배가 고프면 먹을 것을 달라고 기도하고 목이 마르면 생수를 달라고 기도했다. 추우면 따뜻한 훈풍을, 더우면 시원한 산들바람을 원하면 틀림없이 우리 주님께서는 그렇게 만들어 주셨다.

딸아이가 대학에 들어갈 때도

"하나님, 입학할 수 있도록 도와주세요."

라고 기도하니 학자금 대출로 입학하게 해주셨다. 그 대출금은 자신이 졸업하고 취직하여 여유롭게 변제했다.

딸아이는 가난한 사찰 집사를 아버지로 둔 덕에 열심히 공부하였고 서울의 유명 대학을 졸업한 후 캐나다 유학까지 갔다 와서 공기업에 근무하는 남편을 만나 결혼한 후 흔히 말하는 잘나가는 영어 강사로 행복하게 잘 살고 있다.

얼마 전에 내가 뭔가를 심각하게 생각하고 있는 모습을 보며 딸이 물었다.

"아빠, 무슨 고민 있으세요"

"응? 아니. 어떻게 교회를 부흥시킬까 고민이 되네."

얼떨결에 속마음을 말해버렸다.

"아빠, 부흥이 뭔데?"

알고 있으면서 다시 물었다.

"응, 교회에 성도 수가 늘어나는 거야."

"아빠, 부흥은 성도들의 믿음이 성장하는 거야. 백인교회 성도들 엄청나게 믿음이 성장됐잖아. 백인교회는 내가 보기에 엄청나게 부흥됐어."

"응?? 그래, 맞네."

딸아이의 입술을 통한 하나님의 말씀이라 생각된다. 실제로 앞을 못 보는 두 분의 믿음은 엄청나게 성장해 있었다. 되는대로 살다가 이제는 천국의 소망을 가지고 하나님의 말씀을 의지하고 아름답게 살고 있다.

두 사람 모두 안마사 자격증을 가지고 있다.

"목사님, 우리들이 해줄 수 있는 것은 안마뿐입니다. 주일 오전 예배 마치고 교회 오시는 분에게 안마를 해드릴 테니 안마받고 싶어 하는 그런 분들을 전도해 오십시오."

　열흘간의 새벽 산행 기도가 끝난 지 얼마 지나지 않아 그때 같이 갔던 성도 모두가 교회에서 특별한 자리에 임명되었다. 딸아이는 새벽 기도회 시간 오르간 반주자로, 아내는 교육 전도사로, 어떤 분은 성가대 솔로로, 새 가족부 부장으로, 그리고 새 가족부 안내 요원으로, 모두가 특별한 자리를 맡게 되었다.
　그날 이후로 매일 밤 9시에 교회 부속실 한 곳에서 기도회를 했다. 처음에는 아내와 둘이 했는데 한 사람씩 모여들어 15명이 넘었다.
　내가 말씀 한 구절을 읽고 거의 대화의 분위기로 약 10분 정도 말씀을 전했는데 그들의 신앙관에 큰 충격을 받았다. 나름대로 열심히 신앙생활하는 사람들인데 믿음의 스타일이 정화수 한 그릇만 없다 뿐이지 거의 무속적인 신앙 즉 '비나이다 비나이다.' 수준이었다.
　그리고 지극히 상식적인 성경 말씀이라도 사찰인 내가 하는 말은 거의 못 믿겠다는 표정으로 느껴졌다.
　"아! 말씀을 제대로 전하려면 직분이 바뀌어야 하겠구나."
　처음으로 '신학'이라는 단어가 내 생각 깊숙한 곳에 자리 잡기 시작했다.

8

 나의 휴무일은 매주 화요일이다. 휴무일이라 해도 새벽과 밤에는 근무를 해야 한다. 사무원이 출근할 때까지와 사무원이 퇴근하고 난 뒤에는 교회를 지켜야 한다.
 휴무일 낮에는 근처에 있는 기도원에 가곤 했다. 정금 기도원이다. 조금 깊은 시골 밭 한가운데 있는 상당히 낡은 건물인데 매주 화, 목요일 집회가 있다.
 화, 목요일 집회 때 평균 오백 명 정도로 모이는데 대부분이 연로하신 분들이지만 분위기는 매우 뜨거웠다. 당회원들과 마찰로 심한 갈등을 겪던 시기부터 가기 시작했다.
 어떻게 할까, 고민하던 시기였는데 집회가 끝나면 상당히 연로한 원장 권사가 안수기도와 예언 기도를 했다. 안수기도를 받으려면 긴 줄을 서서 차례를 기다려야 했다. 답답한 심정에 줄을 서서 기다렸다.
 머리, 어깨, 등, 옆구리를 두드리면서 예언을 하듯 말했다. 내 차례가 되었다. 다른 사람들과 동일하게 몸을 두드리면서 말씀했다.
 "야, 남자는 깡다구가 있어야 해. 뭣이 겁나냐? 밀어붙여!"
 신기하게 내 마음을 읽고 있는 것 같다. 그런 연유인지 매주 화요일은 거의 빠지지 않고 갔다. 갈 때마다 그렇게 예리하게 잘 맞춘다.

어떨 때는 "좀 참고 기다려봐."라고 하기도 하는데 예언 비슷한 말들이 내 상황에 거의 맞다. 어느 화요일 인근에 있는 어느 교회에서 얼마 전에 은퇴하신 목사님이 간증했다.

내가 알고 있기로는 성도 150명가량의 교회 목사였다. 간증 말미에 한 말이다.

"내가 오늘까지 앞만 보고 열심히 목회했는데, 어느 듯 은퇴할 때가 되었습니다. 그런데 막상 은퇴하게 되니 거처할 집이 없습니다. 그래서 하나님께 간절히 기도드렸더니 하나님께서 3억 원 상당의 아파트 한 채를 주시고 통장에 현금 1억 5천만 원을 꽂아주셨습니다."

불끈 주먹에 힘을 주며 외치니 모여 있던 오백 명가량의 주로 할머니 성도들이 아멘이라고 크게 소리쳤다. 참 은혜로운 목사님이다.

얼마 후 그 은혜로운 목사의 교회에 출석하던 안수 집사 한 사람이 우리 교회로 옮겨왔다. 호 집사다. 성격이 나와 비슷하고 연배도 비슷한 관계로 나와 친구처럼 친하게 지내게 된 사람이다.

어느 날 둘이 차 마시면서 이야기하던 중에 얼마 전까지 자신이 섬기던 교회의 목사 이야기를 했다. 앞서 말한 기도원에서 간증했던 그 목사였다. 3억짜리 집과 1억 5천 현금 이야기를 하니 집사님이 몹시 흥분하며 화를 냈다.

"탕 집사, 웃기는 소리 하지 마라. 그 목사는 내 처삼촌인데,

4억 5천만원에 교회를 팔고 그 돈을 위로금이라고 자신이 챙겨서 나갔다. 교회의 매매 거래에는 출석하는 성도의 수가 크게 작용한다. 그래서 내가 그 교회를 떠나 지금 이 교회로 온 것이다."

또 다른 목사를 통해 들은 이야기다. 4억 5천만 원에 교회를 사서 온 목사는 경남 나전시 출신인데 아버지와 형들을 상대로 재산 소유권 소송을 해서 승소하여 재산을 다 가져간, 그 동네에서 지독하다고 소문난 사람이라고 했다.

불과 3~4년 후 교회를 매입해 온 그 목사는 자신이 투자했던 4억 5천만 원을 받고 그 교회를 사임하고 그 근처에서 또 다른 교회를 신축건립했다.

오랜 세월을 공무원으로 근무하고 퇴직한다고 가정하면 그 정도의 보상을 받을 수 있을까? 라는 생각이 들었다. 그러나 그곳은 재정이 열악한 시골의 조그만 교회다. 4억 5천만 원이라는 거금은 교회의 순수 부채로 남는다.

희망교회 바로 앞에 성도가 성인 15명 정도 모이는 조그만 개척 교회가 있었다. 역사는 40년 정도된 소망교회였다.

내 처숙모님이 그곳에 출석하고 계셨는데 어느 날 사택으로 오셔서 하소연했다.

"어느 날부터 교인들이 빠져나가기 시작하더니 지금은 나만 남았는데 그 목사님이 자꾸만 다른 교회로 가라 한다."

뭔가가 이상했지만, 일단은 우리 교회로 오시라고 하여 희망교회에 등록을 시켜드렸다. 그리고 한 주간이 채 되기 전에 소망교회 목사는 교회를 팔고 어디론가 갔다. 그곳에는 카 센터가 들어섰다. 무슨 사연이 있었는지는 모르지만 참 안타까운 현실이다.

호 집사가 우리 교회로 이적한 삼 주 뒤 어느 주일날, 교회의 분위기가 술렁거린다. 호 집사가 십일조 헌금을 하였는데 전 성도 중에 최고의 금액이라고 했다. 그런 호 집사가 주일예배에 불참했다.
교역자실에 초비상이 걸렸다. 담임 목사의 명령에 따라 지금 어디에 있는지 왜 안 왔는지를 파악하느라 바쁘게 움직였다.
잠시 후 집안에 일이 생겨 부산에 다녀왔고 다음 주에는 출석한다는 확인을 받고 비상이 해제되었다. 과연 우리 목자는 어떤 목자이며, 저 양은 어떤 양인지 너무 궁금했다.
88세의 고령에도 불구하고 지붕 위까지 올라가셨던 할아버지가 한 달을 넘게 결석하여도 그 사실을 모르던 사람들이었다. 그런데 젊은 집사 한 명이 한 주 안 나왔다고 야단법석을 떨고 있었다.

정금 기도원의 원장 권사의 아들은 서울 유명 신학대학교 교수 목사인데 가끔 기도원에서 설교했다. 어느 날 교수 목사의 설교 내용이 이상하다.

"성도 여러분, 출애굽 당시의 고라가 예수님의 예표입니다."

과거 여름 성경학교 때 초등학교 4학년 아이가 제일 불쌍하다고 말한 그 '고라' 다.

"예수님께서 우리 모두의 죄를 뒤집어쓴 것처럼 고라도 당시의 이스라엘 백성들의 모든 죄를 자신이 뒤집어쓰고 순교했으니, 우리도 고라의 길을 따라가야 합니다."

오백 명가량의 거의 할머니들이 더욱더 큰소리로 아멘이라고 소리치며 환호했다. 설교 후 어머니인 원장 권사님이 목청 높여 기도했다.

"고라에게 그런 깊은 뜻이 있는 줄 미처 몰랐습니다. 우리도 고라를 닮게 해 주십시오."

그날 이후 그 기도원에는 더이상 가지 않았다.

지금까지 이곳 기도원에서 내 경험은 과연 무엇인가? 어떻게 그렇게 내 형편과 속마음을 정확하게 알아 맞혔던가? 그 기도원에서 기도한 세월 속에 어딘가 한 곳에는 하나님께서 나에게 전하시는 메시지가 있을 것이라는 생각이 들었다.

80년대 초반 경북 지방에 있는 모 사찰이 생각났다. 내 친구 중 한 명이 결혼해서 아이가 없자 정성을 드린다며 매주 그곳에 갔다.

당시에는 너무 영통하다고 소문이 나서 전국적으로 수많은 대형 버스가 엄청난 신도들을 태우고 왔다. 길흉은 물론이고 사업의 흥망 여부와 대학 진학의 가부, 특히 불임 부부에게 아이를 점지해 준다고 했다.

어느 날 지금은 폐간된 부산의 모 일간신문 사설에 그곳의 비리를 파헤친 기사가 실렸다. 기자 한 명이 신도를 가장하고 접근을 하였다.

큰스님의 접견을 하려면 접견 신청서를 내야 하고 수일 후에 접견 날짜가 잡힌다. 그런데 그 기자가 접견 신청을 해 놓고 추적을 해보니 접견일까지 며칠간을 거의 탐정 수준으로 접견 신청자 주변을 탐색해서 그 사람의 신상과 앞으로 할 사업의 성공 가능성, 시험 합격 가능성 등을 파악하여 정확한 데이터가 큰스님 앞으로 전달이 되어 있었다고 폭로했다. 그러니 귀신같이 알아낼 수가 있었던 것이다.

신문 사설에 실린 내용이었다.

그 내용을 친구에게 일러주니 나에게 일침을 가했던 그 말이 생각난다.

"이미 불순분자들의 테러가 시작되었으니 신도들은 동요하지 말라는 주문이 내려왔다. 너도 입조심하고 함부로 말하지 말라."

이것과 비슷한 것이 아닐까? 그러나 모든 여건을 보면 그렇지는 않음이 확실했다. 그러나 또 다른 어느 곳에서는 이런 일이 없겠는가? 아마도 생각보다 많이 있을 것이다.

어느 해 5월, 교회 인근에 있는 아파트 경로당 할머니들을 모시고 경로잔치를 대신해서 부산에 갔다. 자갈치 시장에서 회도 대접하고 태종대, 광안대교 등을 둘러보고 왔다.

교회에 출석하지 않는 할머니들이지만 교회에서 대접하고 교회 차량을 타고 있으니 조금은 어색한 듯 보였다. 출발하면서 내가 마이크를 잡았다.

"오늘만큼은 집안 걱정 모두 다 잊어버리고 즐겁게 놀다 옵시다."

라고 말하고 먼저 노래를 한 곡 구슬프게 불렀다.

"연분홍 치마가 봄바람에 휘나~알 리~이는데…."

그때부터 할머니들은 특유의 신바람으로 즐겁게 하루를 보냈다. 광안대교를 거쳐서 태종대, 자갈치 시장에서 생선회와 약주도 한잔하시고 시장 구경도 했다. 일정을 마치고 돌아오는 길에 마지막으로 흥겹게 노시다가 할머니 한 분이 가수 이미자 씨의 「여자의 일생」을 구슬프게 부르시고 깊은 탄식을 하면서 한마디 했다.

"아이고, 세상이 이렇게 좋아졌는데 나는 이렇게 늙어버렸으니 우짜면 좋노."

긴 한숨을 내쉬고는

"이렇게 재미있는 세상인데 한 30년만 뒤로 돌려놓아 줬으면 좋겠다."

라고 울먹이시니 뒤에 계시던 할머니가 큰 소리로 외쳤다.

"에구, 얄궂어라. 니는 그 고생의 세월을 다시 30년씩이나 더 하고 싶나."

'그래 맞다.', '그래 맞다.' 라는 소리가 곳곳에서 나온다.

그러자 처음 말한 할머니가

"니 말이 맞다. 그러면 한 삼십 년 더 살았으면 좋겠다."

또 다른 할머니가 끼어드신다.

"야이, 할마시야! 지금도 앉았다 일어나면 힘들어 죽겠는데 앞으로 점점 더 할 낀데, 우짤라고 그런 소리 하노."

버스 안에는 순간 침묵이 흘렀다.

아! 저분들을 어떻게 위로해야 하나? 무슨 말을 해야 마음에 평안을 찾을까?

마태복음 16장 19절 말씀이 생각난다.

"내가 천국 열쇠를 네게 주리니 네가 땅에서 무엇이든지 매면 하늘에서도 매일 것이요. 네가 땅에서 무엇이든지 풀면 하늘에서도 풀리라 하시고."

주는 그리스도시요 살아계신 하나님의 아들이시니이다. 라고 고백한 베드로에게 하신 말씀이다.

저분들은 이 땅에서 지나간 고통에 매이고 또 닥쳐오지도 않은 고통에까지 저렇게 매여 사시는데, 그대로 두면 하늘에서도 매일 것이라 했으니 이 세상에서 풀어야 할 텐데 영적 지도자들이 하나님 말씀으로 저분들에게 천국의 소망을 심어줘야 할 텐데, 아! 저분들은 시간의 여유가 너무 없구나.

안타까운 마음을 가지고 교회로 돌아왔다. 누가 그 일을 해줄 수 있겠는가? 심각하게 고민도 해봤다. 내가 받은 은혜로 이제는 전도해야겠다고 생각했다.

어느 날 한국전기안전공사에서 신축 건물 전기 점검을 나왔다. 과장과 실무자, 이렇게 2명이 왔다. 실무자는 전기실로 들어가서 점검하고 과장과 둘이 앉아있게 되었는데 나는 커피 한 잔 대접하고 그에게 살며시 내 간증을 시작했다.

"내가 처음 교회에 갔는데 너무 황당하더라. 죽은 사람이 어떻게 살아나는가? 또 죽은 사람을 어떻게 살리나, 물 위로 걸어가는 것 아무리 연습해 봐라 되는가? 처녀가 아이를 낳을 수 있다고 생각합니까?"

이런 식으로 이야기를 시작하니 그의 반응이 너무 좋다.

"선생님 말씀이 내 생각과 딱 일치합니다."

너무 즐거워하고 있었다. 그 역시 교인들이 너무 어리석다고 열변을 토하면서 무슨 뜻인지 모르지만 나에게 고맙다는 표현까지 했다.

"교회 안에서 이렇게 말하는 사람 처음 봤습니다."

이제부터 반전으로 들어가야 한다고 생각하는 순간 전기실로 들어간 실무 요원이 점검 끝내고 나왔다. 그러자 과장이 일어섰다.

"말씀 잘 들었습니다."

순간 너무나 황당했다.

이대로 저 사람을 보낸다면 나는 어떻게 되고 저 사람은 또 어떻게 되겠는가? 너무 급한 나머지 나가는 사람을 붙들고 사정해서 약 2~3분 만에 초스피드로 복음의 진실을 전했다. 복음 전하는 것도 지혜롭게 해야 한다는 것을 확실히 깨달았다.

교회 앞에 알루미늄 새시 시공을 하는 조그만 점포가 있다. 그곳 사장과 친분이 있고 가끔 한 번씩 일거리를 제공하는 터라 식사도 함께하며 꽤 친하게 지내는 사람이다. 먼저 저 사람을 전도하자고 마음을 먹고 어느 날 평소와는 다른 진지한 모습으로 그를 교회로 불렀다.

부드러운 듯 강경한 어투로 말했다.

"주 사장, 이제는 교회에 나와라."

"저 교회에 자주 오는데요?"

"그렇게 오는 것 말고 정식으로 등록하고 주일날 예배드리러 와라."

강하게 부탁했다.

"예, 저도 그렇게 하고 싶습니다. 그런데 저는 술을 너무 좋아하기 때문에 안 됩니다."

"나도 과거에는 그렇게 했다. 당신도 교회에 출석하면서 조금씩 끊어라."

"집사님, 저는 양심상 술을 마시면서 교회에 나올 수 없습니다. 술을 완전히 끊고 오겠습니다."

"내가 술을 완전히 끊게 해줄 테니 그러면 교회에 출석하겠나?"

무슨 자신감인지 그렇게 말했다.

"예, 그렇게 하겠습니다. 술을 완전히 끊게 해주십시오."

교회 사무실 앞에 비치한 의자에 앉게 한 뒤

"그러면 지금부터 내 말을 따라 해라."

"예."

"하나님, 저는 교회에 나오고 싶습니다. 그런데 술 때문에 나올 수가 없습니다."

"술만 끊으면 교회에 나오겠습니다. 술을 끊게 해 주십시오."

여기까지 잘 따라 했다.

"앞으로 술을 마시면 죽어도 좋습니다."

순간 그분은 밖으로 뛰어나가면서 소리쳤다.

"그것은 절대 안 됩니다."

그렇게 외치며 가버렸다.

잠시 후에 우편집배원이 우편물을 가지고 교회로 왔다. 그는 그 유명한 대구 00사 주지승의 자가용 운전기사를 하던 사람이었다. 손목에 염주를 감고 다닌다. 그에게도 똑같은 말을 했다.

"박 주사, 이제는 교회 나와서 신앙생활을 같이 하자."

"나는 하루도 안 빠지고 교회 오는데요."

신기하게도 그 역시 술이 문제였다.

그에게도 똑같이 했다. 그분은 마지막 말에 '오 마이 갓' 하고는 도망가 버렸다. 너무나 공교롭게도 이웃 청년 한 명도 똑같이 말하며 마지막 말은 따라 하기를 거부하며 도망치듯이 나가 버렸다.

어느 날 교회 집사 한 사람이 나에게 하소연했다.

"탕 집사님! 저는 아직 술을 끊지 못해서 고민입니다."

나는 얼마 전 그 세 분처럼 똑같이 했다. 그런데 이 집사님은 끝까지 따라 했다.

"앞으로 술을 마시면 죽어도 좋습니다."

"예수님 이름으로 기도드립니다. 아멘"

나는 너무 놀랐다. 도대체 무슨 생각일까? 순간 내 머릿속에 이 사람은 이제 틀림없이 술을 마시고 곧 죽을 것이라는 생각이 깊숙이 들었다. 술을 쉽게 끊을 사람이 아니었다. 나는 돌아서서 하나님께 간절히 기도드렸다.

"하나님, 이것은 제 잘못입니다. 제가 너무 잘난 척했습니다. 저의 오지랖을 용서해 주십시오. 저 사람 틀림없이 술을 마실 사람입니다. 술을 마셔도 제발 죽지는 않게 해 주십시오."

진짜 간절하게 기도했다. 그 집사는 그 후 몇 년간 사업상 힘들었지만 죽지는 않았다. 사업상 문제가 생겨 국내에 거주하지 못하고 외국에서 방황하다가 3년가량 후에 귀국했다.

이것은 무엇을 의미할까? 곰곰이 생각해 봤다. 이런 기적 같은 일들이 불과 며칠 사이에 네 번이나 일어난 이유를 잘 모르겠다. 하나님의 뜻이 어딘가에 있을 터인데….

　나름대로 내린 결론이다. 교회에 출석하지 않는 사람이 하나님을 더 두려워한다. 반대로 교회에 열심히 나오는 사람일수록 하나님을 두려워하지 않는다. 교회에 출석하는 성도 중에 많은 사람에게 하나님은 우리가 기도하면 들어주시는 도깨비방망이에 불과할 뿐이다.

　특히 직분이 높을수록 더 하나님을 만만하게 생각하고 있는 것 같다. 믿음의 자손인 우리는 이 세상 사람들 앞에서는 당당하게 살아야 한다. 하나님의 아들이고 딸이니까.

　하나님의 아들답게, 딸답게 당당하게 살아야 한다. 그러나 하나님 앞에서는 무릎을 꿇어야 한다. 하나님 앞에서는 겸손하게 살아야 한다. 그런데 반대로 하고 있지 않는가? 교회 안에서 직분이 높을수록 더욱더 그렇다. 대한민국의 다양한 교회에서 내가 너무 많은 일들을 겪었기 때문에 하는 말이다.

　세상 앞에는 특히, 돈 앞에서는 무릎을 꿇고 바둥거리고 하나님 앞에서는 저토록 당당하고, 도대체 왜 그런지 모르겠다. 성령님의 체험이 없어서 그렇다고 나는 생각한다.

　"꼭 나처럼 세상의 복, 즉 인생 욕구만 추구하다가 지옥 입구까지 끌려가 봐야 알겠나?"라고 말해주고 싶다.

　나는 두 번 다시는 검은 망토를 뒤집어쓰고 가는 흑암의 그 길을 가지 않을 것이다. 그렇게 되려면 진심으로 예수님을 믿고 예수님의 명령을 따라야 한다. 마지막 그날까지 나에게 맡기신 일을 최선 다해 수행해야 한다고 생각한다.

그리고 나를 알고 있고 내가 알고 있는 모든 사람도 하늘의 복을 받고 흑암의 그 길로 가지 않기를 바라는 마음이다. 혹시 그 길로 가고 있다면 꼭 타일러서 돌이켜 세우고 싶다.

4월 어느 토요일, 남전도회에서 부부 동반 남이섬으로 야유회를 갔다. 남전도회는 대다수의 장로가 소속된 기관이었다. 워낙 장거리라 새벽 일찍 출발했다. 나의 모든 업무가 끝나고 잠자리에 들 때까지 돌아오지 않았다.

다음날 주일 새벽에 나가다 보니 100L 소각용 쓰레기봉투 하나와 대형 BOX 두 개가 마당에 놓여있었다. 그대로 두고 올라가서 새벽 기도회를 마치고 내려와서 보니 일반쓰레기와 먹다 남은 도시락, 반찬, 음료수, 통닭, 피자, 휴지 등이 한가득 뒤엉켜 있었다. 음식물 쓰레기와 일반 소각용 쓰레기가 뒤섞여 있었다.

잠시 후면 성도들이 오기 시작할 것인데 너무 급하게 분리 작업하느라 온몸이 양념 등으로 범벅이 되었다. 급하게 치우고 집으로 들어와 오물로 범벅이 된 몸을 씻으면서 생각했다.

야유회 장소의 주변 사람과 관광버스 기사에게는 신앙인으로서의 아름다운 모습을 보여줬을 것이다. 이렇게 깔끔하게 치우고 왔으니. 그러나 나에게는…, 그러나 나는….

아! 세상에 이렇게 치욕적인 삶이 있을까? 탄식이 나왔다. 내가 생각할 때 현재 나의 삶은 '치욕적인 삶'이지만 저들이 볼 때 나의 삶은 '비천한 삶'으로 보이겠지 생각하다가 과연 하나님 보시기에 나의 삶은 어떤 삶일까 생각해봤다.

하나님께서는 이렇게 살아가는 나의 삶을 '영광스러운 삶'으로 말씀해 주시리라 믿어진다. '그렇다. 영광스러운 삶이다.' 라고 생각하기로 하니 마음이 한결 가벼워졌다.

그렇다면 하나님 보시기에 치욕적이고 비천한 삶을 사는 사람은 누구겠는가? 궁금해진다.

그리고 이성을 찾으니 그 쓰레기들을 보이지 않는 곳에 잠시 감추어 두었다가 좀 한가해지면 천천히 정리했어도 되는데, 이런 생각이 들어 순간적으로 혈기를 부린 마음을 회개했다.

그러나 하나님 보시기에는 이것이 '영광의 삶'이 아닐까? 라는 생각은 계속 내 머릿속에 맴돌았다. 이 이야기가 그분들에게 작은 교훈이라도 됐으면 하는 바람이다.

월요일은 아침 일찍부터 주일날 방마다 어질러진 모든 쓰레기를 마당에 모두 끄집어내 놓고 분리수거를 했다. 다 끄집어내 놓으면 엄청난 분량이다. 재활용 플라스틱 제품, 음식물 쓰레기, 파지, 소각용 쓰레기, 매립용 쓰레기, 이렇게 분리를 한 후 각각의 자리로 배출한다.

여느 날과 마찬가지로 마당에 다 내놓고 분리수거를 하는데 교회 지킴이 권사가 지나가다가 거들어주었다. 그분은 지금까지도, 아니 영원히 잊지 못할 고마운 사람이다. 항상 나를 도와주었다. 교회 마당을 서서 다닌 적이 거의 없다. 항상 허리를 굽히고 뭔가를 줍고 다니셨다.

권사님이 내 옆에 쪼그리고 앉아서 많은 쓰레기 중에서 폐지를 골라내 주었다. 폐지는 이웃에 사시는 어려운 할머니께서 가져갔다. 요즘은 그렇지 않지만, 당시에는 교회에서 나오는 폐지를 가져가는 것도 약간의 권세로 여겨질 때였다. 시골 할머니답게 꼼꼼하게 골라냈다. 그러다가 일어났다.

"에이!"

"권사님! 왜요?"

"화장실에서 나온 휴지네요."

수돗가에 가서서 손을 씻으시는데 시골 할머니 스타일로 한 손으로 꼼지락꼼지락 씻으시고 바로 앞 할머니들의 쉼터로 들어갔다. 얼마나 찝찝하실까? 생각하며 작업을 하는데 십 분이 채 못 되어 권사님께서 접시를 하나 들고나오셨다. 사과를 한 접시 깎아 오셨다.

"집사님, 이거 잡숫고 해."

순간 손 씻으시던 모습이 생각나서 한사코 거절했다.

"권사님 고맙습니다만 저는 일할 때는 절대로 아무것도 먹지 않습니다. 권사님 잡수세요."

너무 강력하게 말씀드리니 다시 가지고 들어가셨다. 안도의 한숨을 쉬고 분리수거를 다 끝내고 사택으로 들어가는데 권사님이 급히 부르신다.

"집사님! 잠시 들어와 봐."

무슨 일인가 싶어서 급히 들어가 보니 조금 전 그 사과 접시에 티슈 한 장을 덮어서 보관했다가 주었다.

"이제 일이 끝났으니 잡숴."

티슈를 벗겨보니 조금 전까지 하얗던 사과가 약간 누런색으로 변해있었다. 권사님의 성의를 더 이상 무시할 수 없기에 이상한 냄새가 나는 것 같기도 한 사과를 순교하는 마음으로 맛있게 먹었다. 이것도 성도 간의 교제다.

성도들은 주일날 교회에 오면 매주 거의 같은 자리에 앉는다. 교회를 관리하는 나는 성도들이 각각 앉는 자리를 어느 정도 알고 있다. 이 자리는 김 집사, 저 자리는 최 권사 등등. 통상적으로 자기가 앉던 자리에 앉기 때문이다.

그들의 평소 성품을 나는 다른 사람들보다는 더 정확하게 알고 있는 편이다. 모든 성도가 나에게 대하는 태도는 거의 가식이 없기 때문이다. 성도들끼리는 체면도 차리고 격식도 갖춘다.

특히 목회자 앞에서는 거의 제자들 수준으로 얌전하다. 그러나 사찰인 나에게는 있는 그대로 대하기에 그들의 본심을 읽을 수 있는 것이다.

교회 머슴 같은 나에게 격식이나 예의를 차릴 필요가 없다. 본심 그대로 나에게 대하기 때문에 사람 됨됨이를 거의 정확하게 알고 있는 편이다.

본당을 쓸고 닦을 때 믿음이 좋고 성품이 온화한 분이 앉았던 자리에 무슨 얼룩의 흔적이 있다면 나는 이렇게 생각하며 기도한다. 아! 이분이 눈물의 기도를 했구나.

"하나님 저는 그 기도의 내용은 잘 모르지만, 하나님은 아시지요? 하나님 이분의 기도를 들어주십시오."

이렇게 조용히 기도를 한 뒤 얼룩을 지운다. 또 한편으로 믿음도 시원찮아 보이고 성품도 좋지 않은 분의 자리에 얼룩이 있으면 '아! 이 인간이 본당에서 뭘 마시다가 흘렸구나!' 라고 생각하며 그냥 닦는다.

교회 청소하는 사찰 집사인 나도 알 수 있는 이런 사실을 전능하신 하나님께서 그것을 모르실 리가 있겠는가? 하나님은 우리의 모든 것을 보고 계시고 또 알고 계신다.

본당을 청소하기는 힘이 많이 든다. 장의자를 다 밀어내고 쓸고 닦아야 하기 때문이다. 그러나 그곳에서 예배드리는 사람이 내 가족, 내 부모, 내 형제라고 생각하면 힘들 이유가 없다. 내 가족이 예배드리면서 찬송을 부르고 기도할 때 코와 입으로 들어가는 먼지를 제거하는 일인데 왜 힘이 들겠는가? 그렇게 생각하니 즐겁고 신나는 일이 되었다.

교회의 천장 높이는 약 7미터 정도다. 그곳에 전등이 100개 이상 설치되어 있다. 그 전구의 수명이 다하였거나 고장이 나면 교체해야 했다. 그냥 불이 켜지지 않는 경우는 약간의 시간적 여유가 있다. 그러나 전등이 깜박거리면 즉시 교체해야 한다. 예배 때 신경 쓰이고 집중하는데 방해가 되기 때문이다.

7미터 정도 높이의 전구를 교체하려면 A자형 2단 사다리를 끝까지 뽑아 올려서 사용하는데 상당히 위험하다. 밑에서 한 사람이 붙들고 있어야 한다. 사람이 제일 높은 곳까지 올라가면 앞으로 넘어질 가능성이 있기 때문이다.

어느 날 전등 두 개가 동시에 고장 나 깜박거렸다. 마침, 교회에 온 청년에게 부탁해서 그 청년이 밑에서 사다리를 붙잡아 주었다. 한 개를 교체하고 내려왔다.

"집사님! 나머지 한 개는 제가 올라가서 교체하겠습니다. 집사님은 밑에서 붙들어 주십시오."

젊은 자신이 밑에서 붙들고 있는 게 미안했던 모양이다. 내가 밑에서 붙들고 있는데 이 청년은 올라가면서부터 다리를 후들후들 떨고 있었다. 올라갈수록 떨림이 심해졌다.

그러면서 거의 다 올라서자, 아래를 내려다보지도 못한 체 말했다.

"집사님 흔들지 마세요."

"내가 흔드는 게 아니야, 왜 나를 도와주는 너를 높은 곳으로 올려보내 놓고 내가 사다리를 흔들겠나?"

순간 우리들의 삶이 이렇다는 생각이 들었다. 우리들이 부족하고 연약해서 그리고 두렵고 떨려서 흔들리는 것이다. 우리의 시기, 질투와 우리의 욕심 때문에 흔들리고 있으면서 "하나님 왜 흔드시나요?"라고 하는 것과 같다.

하나님은 사랑하는 자녀를 높은 곳에 올려놓고 결코 흔드시는 분이 아니다. 어렵고 무섭고 떨릴 때 하나님을 원망해서는 안 된다.

내가 무엇 때문에 떨고 있는지, 왜 힘든지, 곰곰이 생각해 보면 그 이유를 알 수 있을 것이다. 추운 겨울, 옷도 입지 않고 돌아다니면 감기 걸린다. 과거에 나처럼 죽을 뻔할 수도 있다. 그런데 하나님 왜 나에게 감기 걸리게 했나요? 하나님 왜 나를 지옥으로 끌고 가셨나요? 이렇게 원망하는 것과 같다.

전염병이 유행하면 사람이 많이 모이는 근처에 가지 않으면 된다. 그런 상황에서 그 근처로 가면 위험하다. 어느 분은 그것도 순교라고 하는데 그것은 순교가 아니라 미련이다. 미련한 사람이 천국에 간다는 말은 성경 어디에도 없다.

잠언 14장 3절 말씀이 생각난다.

"미련한 자는 교만하여 입으로 매를 자청하고 지혜로운 자의 입술은 자기를 보전하느니라."

오늘도 우리는 이렇게 간절하게 기도하고 있다.

"하나님! 한국 교회를 왜 이렇게 힘들게 만드십니까?"

어느 날부터 몸무게가 빠지기 시작했다. 당뇨가 심해지면서 육안으로 느껴질 정도로 몸이 수척해졌다. 고민하던 중 어느 날 아침에 일찍 일어나 화장실에 가서 변기에 앉는데 그날따라 유별나게 엉덩이가 변기 속으로 빠져들어 가는 게 아닌가?

"아! 하나님 어찌하여 하룻밤 사이에 어떻게 이렇게까지 살이 빠지게 만드십니까?"

약간 원망스러워하며 기도했다.

"내가 뭘?"

하나님의 장난기 어린 응답이 들렸다. 일어나 보니 변기의 가운데 뚜껑까지 올려놓고 앉아 있었다. 겸연쩍은 표정으로 웃으면서 기도했다.

"하나님 죄송합니다."

통상적으로 매일 하루에 3시간 이상을 기도하던 중 어느 날부터 교회에 탁구대가 설치되어 탁구를 치기 시작했다. 당연히 기도하는 시간이 줄어들었다. 하나님께 죄송한 마음에 이렇게 기도했다.

"하나님 영적인 훈련도 중요하지만, 육신의 단련도 해야 합니다. 하나님 이해해 주십시오."

하나님께서 즉시 환상으로 보여주셨다. 나와 아내가 마당 수돗가에서 밀대 걸레를 빨고 있는데 장로 한 사람이 우리 쪽으로 걸어오고 있었다. 나를 힘들게 하는 사람 중 한 명이다. 그때 하나님의 음성이 들렸다.

"너는 영적 훈련도 중요하지만, 육신의 훈련 또한 중요하다고 했는데….”

내 머리에 손을 얹고 내 영혼을 쑥 뽑아 "자 보아라!" 하시며 내 영혼을 앞에서 걸어오는 장로 머리 위로 콱 집어넣으셨다.

그 장로가 아내의 손을 잡고 '여보, 밥 먹으러 갑시다.' 하며 아내를 데려가 버렸다.

육신은 영이 명령하는 대로 행동한다. 목이 마르면 물을 마시라고 조종한다. 피곤하면 쉬고 싶은 마음을 주고 잠을 자게 만든다. 그것이 건강한 영이다.

"너는 육신을 더 귀중하게 여기지 말라."는 말씀이다. 최소한 현시점에서 나에게 영혼을 더욱 소중하게 생각하라는 하나님의 명령이다.

잠언 4장 23절, "무릇 지킬 만한 것보다 더욱 네 마음을 지키라. 생명의 근원이 이에서 남이니라." 영지주의가 아니라 하나님의 말씀에 입각한 것이다.

9

교회 탁구장이 참 아름답게 꾸며졌다. 매주 목요일 인근 교회 목사들이 보통 열 분 이상 모여서 탁구를 친다. 〈목탁회〉라고 내가 이름을 지었다.

오후에 모여서 저녁 때까지 운동한 후 식사를 하고 헤어진다.

다른 스포츠 모임에는 대체로 그 종목의 최고수가 분위기를 주도하지만, 목회자들 모임에는 실력과는 관계가 없다.

교세가 큰 교회 목사가 주도한다. 이곳도 마찬가지다. 가장 교세가 큰 목사가 식사 자리에서 대화를 주도하던 중 이런 말을 했다.

"우리 교회가 신축 중인데 건물이 완공되면 저희는 성도 이만 명을 목표로 삼을 것입니다."

그 자리에는 목사 열 명에 나 혼자 집사다. 그것도 가장 천하게 여기는 사찰 집사다. 다들 인근 교회 목회자들인데 그저 부러운 듯이 고개만 끄떡이고 있었다. 내가 단호한 어투로 한마디 했다.

"목사님! 방금 그 말씀 취소해 주십시오."

"집사님 왜요?"

"이곳 영산시 전체의 개신교 교인들 다 합해도 이만 명이 안 되는데 이만 명을 목표로 삼으면 여기 계신 목사님들과 또 다른 교회 목사님들 어떻게 합니까? 이만 명을 전도하는 걸로 목표를 정하시는 것이 좋을 것 같습니다."

그 목사님이 나를 물끄러미 쳐다보셨다.

"아! 예 죄송합니다. 이만 명을 전도하겠습니다."

과연 배포가 큰 목사구나. 하는 생각이 들었다. 하나님과 동행하는 삶을 살면 이런 순발력과 대범함을 주신다. 일 년에 한 번씩 희망교회에서 지역 주민을 초청해서 탁구 시합을 개최한다. 본 교회 출석은 하지 않더라도 탁구를 즐기는 지역 주민이면 누구든지 참석할 수 있다.

그해에도 믿지 않는 이웃 주민들과 탁구를 좀 치신다는 분들 포함해서 50명가량 참석했다. 1, 2, 3등을 뽑아서 상금을 현금으로 시상하기에 더욱 열정적으로 시합에 임하는 편이다.

장자 교단이라고 자부하는 교단의 지방 신학대학교의 학장 출신 왕 목사가 있었다. 치열한 각축전 끝에 학장 출신 왕 목사와 이웃 초등학교 6학년 어린이가 결승전에서 맞붙었다. 그 왕 목사님이 승부욕이 너무 강하다. 심판의 판정에 약간의 의심이 가면 조금의 양보도 없었다. 아주 강하게 어필하여 판정 번복을 시켜버렸다.

엎치락뒤치락하다가 결국은 아슬아슬하게 왕 목사가 우승했고 왕 목사는 유럽 축구 리그의 빅매치 때 결승골을 넣은 프로 축구 선수처럼 무릎을 꿇고 두 팔을 하늘로 뻗는 포즈를 취하고 환호성을 지른다.

상대했던 초등학생과 주변의 관중들과 선수들, 그리고 주최 측의 진행요원, 봉사 요원의 눈초리에는 아무런 관심도 없다. 시상식 때 왕 목사의 우승을 축하하는 박수 소리보다 주변에서 혀 차는 소리가 유독 크게 들렸다.

"쯧, 쯧."

그는 그 나름대로 살아가는 인생철학이 있을 것이다. 목회 철학도 있을 것인데, 그게 뭘까? 궁금해졌다.

어느 날 부흥 집회를 하는데 강사 목사는 최근에 아주 유명해진 목사였다. 자신의 간증을 하시는데 너무 속이 시원해졌다.

일반 목사들과는 차원이 다른 아주 화끈한 목회를 했기에 교회가 급성장했다고 했다. 물론 자신도 큰 축복을 받았다고 말하면서 설교 중에 자신의 아들이 한국 최고의 대학교에 입학했다고 했다.

그 정도로 끝냈으면 참 은혜가 됐을 것인데 그 뒤에 한 말씀이 내 귀에 확 거슬렸다. 자신이 살고 있는 면 소재지에서 최초로 자신의 아들이 하나님의 도움으로 그 대학교에 입학했다고 했다.

내 사촌 형의 처남, 그러니까 나의 사돈이 그 면에서 그 대학교에 입학, 졸업한 지가 이십 년이 넘었다. 왜 이런 간증을 해야 하는지 나는 모르겠다. 지금까지의 간증도 의구심이 생기고 존경하던 마음도 사라졌다.

어느 날 기녹신문 칼럼을 읽던 중 이런 내용의 기사가 실렸다.
"한국 교회의 당회실 분위기는 세상 재판정 분위기다. 담임목사는 피고의 위치에 있고 장로들은 판검사 같다."

참 용기 있는 행동이라고 생각하고 있었는데 어느 날 칼럼을 쓴 그 목사와 탁구장에서 대화할 기회가 생겼다.
"목사님 존경합니다. 어떻게 그런 칼럼을 쓸 용기가 났습니까?"

"집사님! 우리나라에는 그렇게 마음 놓고 과감하게 그런 글을 쓸 목사는 없습니다."

"목사님께서 직접 쓰셨지 않습니까?"

"나도 당회에 허락받고 썼습니다."

"??"

어느 해 연초에 〈목적이 이끄는 삶〉을 주제로 40일 연속 특별 새벽 기도회가 진행되었다. 특별 새벽 기도회가 진행되는 새벽 시간에는 내가 차량 운행을 했다. 내가 운행하는 코스는 거의 대추밭 사이로 다니는 밭길이 많은 동네다.

한겨울 새벽 네 시경에 대추밭 사이 길을 달렸다. 어느 집에서 대추나무에 마네킹을 걸쳐놓았다. 맨머리 상태로 몸에 도포를 걸치고 대추나무에 약간 느슨하게 묶어놓았다.

대추나무밭으로 들어오는 고라니를 쫓기 위해 약간의 흔들림이 있게 보이기 위함이라고 했다. 그곳이 커브 길이었다. 깜깜한 곳을 자동차 라이트가 커브를 따라 돌아가는데, 바람에 흔들리던 그 마네킹이 내 눈에 확 들어왔다. 정말 놀랐다. 심장마비 걸리는 줄 알았다.

특별 새벽 기도회가 진행되는 40일 동안 그것을 알고 있었지만, 볼 때마다 섬뜩했다. 40일이라는 제법 긴 일정이라 강사 목사님 점심 식사는 중직자들이 돌아가면서 대접했다. 말주변이 없는 중직자의 요청으로 나는 열 번가량 합석했다.

나는 매일 밤 마무리 점검을 할 때 일단 건물에 들어가서 현관문을 잠그고 지하실 출입구를 잠근 뒤 5층으로 올라가서 점검하고 4층, 3층, 2층, 1층 이렇게 내려오면서 점검한다. 그래야 한 명도 남아있지 않은 것을 확인할 수 있다.

금요일은 금요집회가 끝나면 보통 12시다. 어느 금요일 밤 1시쯤에 점검했다. 그날 금요일은 비가 부슬부슬 내리고 있었다. 여느 때처럼 1층 현관문을 잠그고 5층으로 올라갔다. 5층 점검 후 4층, 3층, 2층까지 내려왔는데 3층에서 이상한 소리가 났다. 여자의 흐느끼는 소리 같기도 하고 아닌 것 같기도 했다. 분명히 아무도 없었는데…?

올라가 볼까? 그냥 내려가 버릴까? 고민이 됐다. 그래도 내가 남잔데 생각하고 소리 나는 쪽으로 조심조심 올라갔다. 3층 여자 화장실에서 소리가 났다. 가까이 다가가서 불을 켜니 소리가 그쳤다.

"거기 누구 있어요?"

소리쳐도 반응이 없다. 일부러 발소리를 크게 내고 들어가서 두 칸 중 한 칸을 열어보니 아무도 없다. 나머지 한 칸은 잠겨있었다. 문을 두드리고 소리쳐 봐도 반응이 없다.

작은 문 틈새에 빨간색이 보인다. 옆 칸으로 들어가서 변기를 밟고 올라서서 칸막이 위를 통해서 보니 웬 여학생이 한 명 있었다. 내가 알고 있는 여학생이었다. 컵라면을 들고 있었다. 뜨거운 컵라면 국물 마시는 소리였다.

"너, 사람 놀라게 왜 그래?"

"집을 나왔습니다."

"데려다 줄 테니 가자."

"지금은 아버지가 술에 취했기 때문에 안 됩니다. 가면 맞습니다."

교회의 빈방에서 재우고 다음 날 아버지에게 인계했다.

어느 날 야간 점검을 하려고 본관 건물 지하실로 내려갔다. 지하실은 불을 켜지 않으면 글자 그대로 암흑세계다. 귀찮아서 불을 켜지 않고 손전등을 의지해서 내려가는데 한쪽 구석에 하얀 운동화가 한 켤레 놓여있었다.

얼핏 보아도 고가품이고 새것 같은데 누가 벗어두고 갔을까? 옷이라면 모르고 그럴 수가 있지만 신발을 모르고 벗어두고 가는 것은 이해가 안 되었다. 손전등으로 그 신발을 비추며 이런저런 생각을 하는데 어라! 신발이 꼼지락꼼지락 움직였다.

깜짝 놀라서 위를 비춰보니 신발만 있는 것이 아니고 사람이 서 있었다. 옷이 온통 검은색이었다.

"당신 여기서 뭐 하고 있소?"

"마누라 기다리고 있소."

대답하는데 술 냄새가 코를 찌른다.

"나는 나대로 놀라고 당신 또한 컴컴한데 플래시 불빛이 당신 발만 비추고 있으니 얼마나 놀랐겠소. 우리 이러지 맙시다."

"알았소."

나가는데 발걸음은 경쾌하다. 옷에다 술을 뿌린 것이다. 절도하다가 발각되면 술 취한 척하기 위함이다. 눈에 보이는 것만으로 전체를 파악하지 말고 주변도 같이 봐야 한다는 교훈이다.

어느 주일날 유치부 아이들이 마당에서 빗자루 가지고 장난을 치고 있다가 나를 보고는 얼른 마당을 쓰는 척했다. 모른 체하고 말을 걸었다.

"너희들 뭐하니?"

"예, 마당 쓸고 있어요."

"오 그래, 착하구나. 그만 쓸고 이제 가거라."

"예."

하는 소리를 듣고 사택으로 들어갔다. 사택 창문을 통해서 내다보니 그 아이의 엄마가 왔다.

"아들! 집에 가자."

"안 된다, 마당 다 쓸고 가야 된다."

"누가 너 보고 마당 쓸라고 했어?" "응, 관리 집사님이."

그 엄마가 사택 쪽으로 힐끗 쳐다보며 아이를 데려갔다. 그분은 지인들을 만나면 이 일을 어떻게 설명할까? 신경 쓰인다. 순간 따라 나가서 해명하고 싶은데 그렇게 하면 더 우스운 꼴이 될 것 같아서 참았다.

어느 금요일 밤, 마지막 점검 때의 일이다. 평소와 마찬가지로 현관문을 잠그고 5층, 4층, 3층, 2층으로 내려왔다. 2층 점검을 다 하고 1층 계단으로 한 걸음 내딛는 순간 1층 로비에서 전 건물에 울려 퍼지는 이상한 소리가 났다. 큰 종소리와 늑대 울음소리를 섞어 놓은 듯한 소름끼치는 소리였다.

만약에 위층에서 그런 소리가 났다면 그날 나는 그대로 두고 가버렸을 것이다. 나는 2층에 있고 소리는 1층에서 났다. 달리 피해 갈 길이 없었다.

아! 이것도 순교에 속할까? 라는 생각으로 내려갔다. 눈을 질끈 감고 현관 쪽으로 몸을 획 돌려도 소리는 그대로 나고 있다. 조심스레 실눈을 뜨고 보니 아무것도 없었다. 소리 나는 쪽으로 쳐다보니 로비에 걸려있는 대형 괘종시계에서 나는 소리였다.

열두 시를 알리는 괘종소린데 배터리가 거의 다 소모되어 그런 소리를 낸 것이었다. 참 용감하다고 자부하는 내가 내 자신에게 너무 쪽팔렸다.

어느 날, 밤 9시 반에 본당에서 기도하던 중 또다시 이상한 기도가 나도 모르게 나왔다.

"하나님, 한 번만 뵈면 안 되겠습니까?"

하나님 음성을 자주 듣는지라 좀 용감해진 것 같다. 하나님 음성이 들렸다.

"죽어도 괜찮겠나?"

순간 내 몸속에서 무서움이 꿈틀 일어났다. 그 무서움은 일반적인 무서움과는 확연히 다르다. 어두운 본당에서 신발 신을 틈도 없이 신발을 들고 엉금엉금 기어 나와서 집으로 갔다.

다음날부터 눈앞이 어두워지면 온몸이 떨렸다. 해가 지고 어둑해지면 사택에서 나가질 못했다. 어차피 밤중에도 나가야 한다. 그때는 아내가 꼭 동행했다.

아내가 부재중일 때는 어쩔 수 없이 딸이나 노모라도 동행해야 나갈 수 있었다. 창피하지만 한 보름 정도를 그렇게 보냈다. 마냥 그렇게 할 수는 없지 않은가?

혼자서 어두울 때 나가기 위해서 어느 집사님이 키우던 반려견을 한 마리 분양받았다. 체구는 작지만 아주 용맹하다는 슈나우저 새끼 한 마리를 분양받아 밤에 데리고 다녔다. 그런데 얘는 더 겁이 많았다. 내 다리 밑에서 부들부들 떨면서 따라다닌다. 그래도 심장이 뛰는 짐승이 옆에 있으니 조금은 나아졌다.

어느 날 평소처럼 청년부실에서 먹다 남은 피자, 통닭 등 간식을 버리려다 그날은 너무 아까운 생각이 들어 집으로 가져가니 가족들이 너무 잘 먹었다.

"그것들은 버리려다 가져온 것인데…."

말끝을 흐렸다.

"아빠 괜찮아. 깨끗한데 뭐. 그리고 아직도 약간 따뜻해."

딸은 괜찮다며 맛있게 먹는다. 아! 여기서 앞으로는 굶는 일은 없겠다고 생각했다.

희망교회는 역사가 오래된 교회다. 당시에 80년 된 교회였다. 당연히 본당 건물도 오래됐다. 내가 오기 1년 전 본당 리모델링을 했다. 모든 창문을 다 가리고 조그만 창문 몇 개만 있다. 밤에 전등을 끄면 그야말로 암흑이었다. 전자시계의 붉은 불빛만 비쳤다.

본당 뒤쪽 맨 윗방이 방송실이다. 그곳에서 뒤쪽 창문의 커튼을 걷으면 길 건너편 전봇대 불빛으로 인해 어두운 본당에서 바라보면 방송실의 움직이는 윤곽은 정확하게 보였다.

어느 주일, 밤늦은 시간에 마무리 점검차 본당에 들어갔는데 어둡지만 익숙한 터라 불을 켜지 않았다. 그런데 강대상 위에서 방송실 쪽으로 바라보는 순간 심장이 멎어버릴 만한 장면이 목격되었다.

바깥 도로변 가로등에 의해 비치는 실루엣인데 완벽한 형상이었다. 더 이상 표현할 수 없는 모습이었다. 나는 모든 열쇠를 가지고 있기에 가만히 올라가서 현장을 기습해서 혼쭐을 내려고 조용히 올라갔다.

방송실에는 잠금장치가 있는 문이 두 개다. 살그머니 입구 문을 열고 다가서는데 민망한 모습으로 맞닥뜨릴 생각을 하니 순간적으로 마음이 약해졌다. 시간적 여유를 주고 싶어서 발소리를 크게 내고 헛기침하면서 다가가서 문을 열었다.

어이없게도 어느 부목사가 여고생을 데리고 있었다.

"지금 여기서 뭐 해요?"

시치미 딱 떼고 큰소리로 물었다.

"아! 예, 상담하고 있습니다. 지금 나갈 겁니다."

너무 속이 상했다. 자신은 내가 밑에서 본 것을 모르는 눈치였다. 그냥 도망치듯 나가버렸다.

하나님께서 그 여고생에 대한 배려로 내 마음을 다스리신 것 같다. 이러지도 저러지도 못하고 있는데 제 버릇 개 못 준다는 말이 현실로 다가왔다.

얼마 뒤 또 다른 여학생을 성추행했다고 했다. 그 여학생의 어머니가 아내에게 찾아와 상담했다. 얼마 전부터 아내는 희망교회 교육 전도사로 시무하고 있었다.

아내는 너무 황당한 내용이라 어떻게 응대하지 못하고 나에게 의논했다. 이전 사건도 있고 하여 아내에게 그 어머니와 같이 담임 목사에게 가서 사실 그대로 이야기하라고 했다.

얼마의 시간이 지나 아내가 돌아와서 말했다.

"담임 목사님께서 억울하게 생사람 잡지 마세요, 그분은 절대 그럴 분이 아니라고 우리에게 역정을 내셨어요."

너무 화가 나서 바로 목양실로 달려갔다. 얼마 전 방송실에서 있었던 그 이야기를 해줬다. 그 부목사는 며칠 뒤 사직했다. 알고 보니 그 여학생이 다니던 학교에 그 부목사의 행실이 공공연하게 소문이 나 있었다.

희망교회 인근에 거주하며 교회에 열심히 출석하시는 할머니 두 분이 있었다. 한 분은 91세로 체격이 작으시고 얼굴이 동그랗다. 나는 그 할머니를 '똥글이 할머니' 라 불렀다. 다른 한 분은 89세로 덩치가 커서 '곰 할머니' 로 불렀다.

두 분은 서로 이웃에서 홀로 사시며 친하게 지냈다. 그런데 한 번씩 다투면 교회를 따로 왔다. 한 분만 교회로 오시면 아! 또 다투었구나 생각하면 맞았다. 그리고 통상적으로 며칠만 지나면 다시 같이 어울려 다녔다. 그런데 한 번은 꽤 오랜 시간을 따로 다니더니 어느 날 두 분이 같이 나를 찾아오셨다. 내가 항상 어머니처럼, 할머니처럼 대해드리니 나와는 친했다. 집에 모셔드릴 때는 밥을 얻어먹고 올 때도 있었다.

똥글이 할머니는 만주에서 태어나고 어린 시절을 보내서 중국말에 능숙했다. 두 분이 말로 싸울 때는 곰 할머니가 항상 우세했다. 경상도 특유의 사투리로 빨리 말하면 똥글이 할머니는 언어적으로 감당이 되지 않는다.

그때마다 똥글이 할머니는 중국말로 '너는 바보다.' 라고 자주 소리쳤다. 곰 할머니는 그 소리를 워낙 많이 들어서 외웠다가 어느 날 이웃에 있는 중국 음식점에 찾아가서 물어보고 그 말뜻을 알아버렸다. 그리하여 크게 싸우고 외면하고 지내다가 서로가 답답해서 나에게 판결을 내려달라고 찾아온 것이었다.

나의 판결은 간단하고 명료했다.

"두 분 할머니는 오래 사셨지 않습니까? 이제 언제 하나님이 부르실지 모르는데, 지옥에 가고 싶으면 계속 싸우시고 천국에 가고 싶으면 빨리 화해하세요. 똥글이 할머니는 언니니까 동생을 사랑해 주시고 곰 할머니는 똥글이 할머니를 언니처럼 여기고 존중해주세요. 그렇게 하지 않으면 나도 모르겠습니다."

워낙 강경하게 말하니 두 분이 슬그머니 손을 잡았다. 참 착하신 할머니들이다. 그리고 곰 할머니가 나에게 하소연하듯이 말했다.

"집사님요! 우리는 예수 잘 믿고 천국에 가고 싶어서 열심히 교회를 다니는데 당최 목사님 설교 말씀이 귀에 들어오지 않습니다. 목사님에게 말씀드려서 설교 좀 쉽게 해달라고 해 주소."

내가 답을 해줄 상황이 아니었다.

"예, 한번 말씀드려보겠습니다."

두 할머니를 보내고 교역자실에 가서 그 이야기를 하니 앞에 말한 방송실 사건의 주인공 부목사가 나서며 말한다.

"집사님, 다음 주부터 그 할머니들을 주일학교로 보내세요."

이전 사건의 편견 때문인지 그 말에 반감이 생겼지만, 편견을 버리고 생각해 보면 그것도 하나의 방법 같기도 했다.

10

2008년 4월 어느 월요일 영남 지역 목회자 축구대회가 부산

삼락 체육공원에서 개최되었다.

경북 지역 목사들은 희망교회에서 집결하여 29인승 버스 한 대로 아침 일찍 내려갔다. 물론 운전은 내가 했다. 월요일은 주일 예배 뒷마무리 청소를 해야했기 때문에 마음이 너무 바빴다.

교회가 엉망이라 빨리 올라와야 할 텐데 걱정이 태산이었다. 이 경기는 6개 팀이 참석하여 풀 리그로 진행되었다. 정규 구장이 2개라 그나마 조금은 안심이 되었지만 끝나면 목욕하고 저녁 먹을 것이 당연했다.

목회자 친목경기인지라 참석자는 거의 목사들이었다. 눈에 띄는 집사는 나 혼자다. 사찰 집사의 이런 고민을 염두에 두는 사람은 아무도 없었다.

우리 팀의 첫 번째 경기가 시작되고 전반 중반쯤 진행되었을 때 우리 팀에서 첫 골을 넣었다. 그런데 상대 팀에서 반칙이라 주장하여 주심이 골로 인정하지 않았다. 그러자 우리 팀에서 반칙이 아니라고 격렬하게 어필하다가 받아들여지지 않자, 볼을 들고 경기장 밖으로 나오고 있었다.

순간 나의 두뇌가 초고속으로 회전했다. 이것으로 경기가 중단되고 철수한다면 너무나 좋은 일이지만 그렇게 될 리는 만무하다. 교회로 돌아가는 시간만 더 늦어질 뿐이었다.

이런 생각이 들자 급하게 뛰쳐나가 불호령을 쳤다. 삼국지에서 장비가 장판교 위에서 조조와 그 휘하 장군들에게 호령하는 듯한 기세였다.

"여보시오, 목사님들! 공을 차다 보면 오심도 있을 수도 있지 않습니까? 그리고 지금은 그것이 정확하게 구별할 수도 없지 않아요. 그런데 세상 일반 사람들도 그 정도는 그냥 넘어가던데 목회자들이 이게 무슨 꼴입니까? 부끄럽지도 않아요?"

호통을 치니 나오던 발걸음을 멈추고 머뭇거린다. 때를 놓치지 않고 더 큰 소리로 악을 썼다.

"빨리 안 들어가고 뭐 하고 있어요?"

주춤거리며 다시 들어가서 게임을 진행했다. 시간을 꽤 단축한 것 같다. 그 후부터는 어지간해서는 경기 중에 어필을 하지 않았기 때문이다.

경기를 마치고 목욕탕에 가서 나를 힐끔힐끔 쳐다보는 눈초리가 많았다. 식당에 가서 저녁 식사할 때 한마디 했다.

"목사님들, 오전에 내가 큰소리친 것 미안합니다. 사과드리겠습니다. 저는 올해 오십둘인데 혹시 저보다 연장자인 목사님 계십니까? 계신다면 정중히 사과드리겠습니다."

"아닙니다, 집사님 괜찮습니다. 이제 지나간 일인데요. 그리고 집사님보다 나이 많은 사람 없습니다."

"아! 예 고맙습니다. 그리고 오늘 참 열심히 잘했습니다."

"짝, 짝, 짝."

박수로 일과를 마치고 돌아왔다. 이 일로 인해서 나는 영산시 및 경북 일대 교회에서 별난 관리 집사로 소문이 났다. 그런 연유인지 잘 모르겠지만 인근 교회 사찰 집사들과 친해졌다.

그중에 한 명이 이웃에 있는 영산제일교회 정 집사이다. 사찰 경력 18년 차 베테랑 사찰 집사였다. 나보다 두 살 더 많았지만, 친구처럼 대하며 지냈다. 전국의 모든 교회 사찰 집사들이 그렇듯이 그도 참 힘들게 사역하고 있었다.

어느 날, 낮에 같이 식사하면서 탄식하듯 나에게 하소연했다. 자신은 새벽 기도회 시간에 25인승 차량을 운행하고 있다고 하면서 말을 이어갔다.

"어느 장로님이 내 차량을 이용하는데 운행하는 코스 중간 부분에서 탑승하는데 늘 신경 쓰이게 해서 너무 힘들다."

"왜 어떻게 하는데?"

"매일 새벽 4시 10분경에 탑승하시는데 며칠 전 나오지 않으셔서 1분가량 기다렸다가 어쩔 수 없이 그냥 출발했다. 다음 정류소 도착 직전에 전화해서는 왜 기다리지 않고 출발했냐? 내가 지금 나와 있으니 빨리 돌아오라면서 화를 내서 급하게 돌아가서 태우고 운행했다."

"참 힘들겠구나."

"이런 일이 자주 발생한다. 이런 사람이니 평소의 갑질과 횡포는 말로 표현할 수 없을 정도다."

정 집사는 광부 출신인데 참 순진한 사람이다. 정 집사의 아내는 사찰로 온 뒤 '나는 이런 꼴 보기 싫으니 나를 택하든지, 사찰을 택하든지 둘 중 하나를 택하라.' 해서 '당장 나가면 갈 곳이 없으니 좀 참자.' 라는 정 집사를 두고 떠나버렸다.

"그런 일들을 겪고 난 뒤에 하나님께 기도드릴 때는 언제나 눈물이 난다."

이 말을 하면서 정 집사는 또 울컥했다. 1년 전쯤 어느 날 그 장로가 소유한 4층 건물 1층에서 불이 나서 1층에 입주한 점포가 다 타버렸다고 했다. 정 집사는 그 장로가 이제 기가 좀 죽었겠지, 생각했는데 천만의 말씀, 더 심하게 변했다고 했다.

"더욱더 심해진 갑질을 1년 정도 버티면서 피눈물을 흘리며 기도했다."

"집사님! 참 힘들게 사역하고 있구나."

"그런데 얼마 전 또 불이 나서 건물 전체가 다 타버려서 그 장로님 거지가 됐어."

'아! 이렇게 순진한 사람을 괴롭히면 저렇게 되는구나.' 라는 생각이 들었다. 그렇지만 하나님이 '나는 쟤를 모른다.' 고 했던 분보다는 조금은 더 낫다는 생각이 들었다.

정 집사와 수시로 만나서 진지한 신앙 이야기도 나누고 사찰 업무에서 겪는 어려움이나 황당한 일들에 대해 여러 가지 조언도 해주었다.

정 집사는 전국적으로 결성된 사찰 집사들의 모임에도 참석한다. 그곳에서 나의 이야기를 가끔 했다고 한다. 다른 교회 사찰로 근무하던 사람들이 가끔 찾아와서 여러 가지 이야기를 나누고 가기도 했다.

어느 날 경북 감천시 믿음교회 사찰로 근무하는 나이 육십 대 중반인 공 집사가 직접 나를 찾아왔다. 감천시 믿음교회 12년 차 사찰 집사인 공 집사가 상담하고 싶다며 찾아온 것이다.

자신이 섬기는 교회는 성도 수가 800명가량 되는 중형 교회인데 교회를 섬기는 일에 자신의 모든 것을 바쳐서 최선을 다해 섬기고 있다고 한다.

약 삼천 평 정도 되는 교회 부지에 자신의 손길이 닿지 않은 곳이 없고 건물 내부 예배당과 모든 부속실도 완벽하게 관리했다.

못 하나 박힌 자국도 알고 있을 정도로 최선을 다해 섬기던 중 어느 날 밤 방마다 문단속, 불단속, 점검을 할 때 평소처럼 아무 생각 없이 목양실을 전자키로 열고 들어갔는데 순간 깜짝 놀라서 뒤돌아 나왔다고 했다.

"집사님 왜요?"

"담임목사인 길 목사와 청년부 자매가 불을 끈 채 소파에 앉아 있다가 급하게 일어납디다. 그날은 마침, 내 아내도 같이 있었습니다."

"너무 급한 나머지, 아이구 목사님 죄송합니다 하고는 급하게 돌아서 나와 버렸습니다."

어찌해야 할 바를 몰라 전전긍긍하고 있는데 다음날 길 목사가 공 집사를 불러 얘기하더란다.

"공 집사님 오해는 하지 말았으면 좋겠습니다. 어제는 그 자매님과 신중한 상담을 하고 있었습니다."

"목사님! 오히려 제가 송구스럽습니다. 조심성 없이 함부로 들어간 제가 잘못했습니다. 용서해 주십시오."

"집사님, 그렇게 말씀해 주시니 고맙습니다. 서로 잊어버립시다."

"예, 목사님."

안도의 한숨을 쉬고 이제부터는 조심해야겠다고 생각하고 있었는데 한 달가량 지난 어느 날 교회에 긴급한 문제점이 생겼다. 4박 5일 일정으로 멀리 출타한 길 목사에게 문자를 보냈다.

"목사님, 문자 보시면 급히 연락 바랍니다."

즉각 문자로 답변이 왔다. 그런데 이상하게 왔다.

"왜 무슨 일이야? 지금은 아내와 같이 있어서 통화하기가 좀 곤란해 나중에 통화해. 보고 싶다. ♥♥♥♥"

이건 또 무엇인가? 의아해하고 있는데 바로 전화가 왔다.

"집사님, 무슨 일입니까?"

대충 상황을 설명하니

"부목사님께 연락할 테니 상의하세요."

"예, 알겠습니다."

전화를 끊고 곰곰이 생각해 보니 그날 밤에 같이 있던 그 자매 이름이 공 집사의 이름과 비슷하다고 했다.

상황이 이렇게 되어 어떻게 처신해야 할지 몰라서 의논하러 온 것이다.

"집사님! 길 목사님 왔습니까?"

"아니요. 내일 올 예정입니다."

"당분간 가급적이면 집사님께서 마주치지 않도록 피하시는 게 좋을 것 같습니다. 조금 심각해질 수도 있을 것 같습니다. 우리 함께 기도합시다. 그리고 혹시 무슨 상황이 발생하면 저에게 연락해 주세요."

"예, 알겠습니다. 미안하고 고맙습니다."

돌아서 가는 그 모습이 너무 애처로워 보였다. 나의 기도 우선순위 1번에 당연히 공 집사의 기도가 자리 잡았다. 그다음 주 월요일 오전에 공 집사로부터 전화가 걸려 왔다.

"진 집사님! 길 목사님이 조금 전에 불러서 갔더니 교회 사직하고 다른 일자리를 알아보라고 하십니다. 어떻게 해야 합니까?"

"집사님 생각은 어떻습니까?"

"나는 솔직하게 아무 생각도 나지 않습니다. 내 나이에 다른 교회 사찰로는 받아 줄 곳도 없고 다른 직장을 구하려고 해도 당장 살 집이 준비되어 있지 않습니다."

뾰족한 방도는 없지만 공 집사를 이 위기에서 구해주고 싶었다.

"집사님! 길 목사에게 가서 그러면 일전에 보낸 문자를 성도들에게 보여주고 얼마 전 있었던 일들을 모두 이야기하겠다고 말하세요."

"저는 떨려서 그런 말 못 합니다."

"그러면 갈 곳이 없는데 쫓겨나면 어디로 갈 겁니까?"

"그렇게 말해도 괜찮겠습니까?"

"당장 이사할 집이 없는데 어떻게 하겠습니까? 그렇게 해서라도 일단 급한 불부터 꺼놓고 대책을 세우는 것이 좋을 것 같습니다."

"예, 떨리지만 그렇게 해보겠습니다."

"담대해지세요."

"고맙습니다. 수고하세요."

그 후 공 집사와 자주 통화를 했다. 통상적인 안부 정도의 통화였고 별다른 문제점은 없었다. 거의 한 달쯤 지난 주일 밤늦게 전화가 왔다.

"진 집사님! 이상한 일이 일어날 것 같습니다."

"무슨 일입니까?"

"오늘 우리 교회 오후 예배 때 이단 문제를 연구하는 목사님이 오셔서 설교하는데 요즘 신천지에서는 교회 관리집사를 포섭해서 교회를 분열시키는 경우가 많다고 말하고 갔습니다. 분위기가 이상합니다."

"예? 그래요! 일단 침착하게 계십시오. 상황이 어떻게 돌아가는지 두고 봐야 하겠네요. 다시 또 연락합시다."

이렇게 말하고 전화를 끊고 난 뒤 유튜브에 올라온 그 강사 목사의 동영상을 검토해 봤다.

신천지의 침투 방법은 목사, 장로, 권사, 집사로 가장하여 침투한다는 말은 많이 있지만 관리 집사를 포섭해서 침투한다고 말 한 적은 단 한 번도 없었다.

'아, 고도의 전략으로 들어갔구나!' 라는 느낌은 들었지만, 그것을 일일이 해명하고 다닐 수는 없는 일 아닌가? 딱히 대처할 방법은 생각나지 않는다. 길이고 진리이신 우리 주님을 의지하는 방법뿐이다.

공 집사님과는 약 100km 떨어진 거리라 자주 만날 수도 없었다. 사찰이라는 직분이 더더욱 그렇게 하기에는 장애물이 되었다. 다음날부터 매일 수차례 전화가 왔다. 성도들이 자신을 대하는 태도가 달라졌다고 했다.

인사를 해도 대꾸도 하지 않고 괜히 눈을 흘겨보기도 하고 어떤 성도는 마주치면 도망가듯 피해 버리기도 했단다. 그리고 수시로 감시하는 듯한 눈빛도 생겨났다고 했다. 며칠 뒤 공 집사가 울면서 전화를 걸어왔다.

"진 집사님, 도저히 못 버티겠습니다. 피가 말라 죽을 것 같습니다."

"공 집사님, 이번 주 쉬는 날 이쪽으로 오세요. 얼굴 보면서 이야기해 봅시다."

"예, 알겠습니다."

며칠 후 아침 해뜨기 전에 공 집사가 도착했다. 본당 입구 휴게실에 마주 앉았다.

"공 집사님, 그만둘 때 그만두더라도 그렇게 오명을 뒤집어쓰고 나갈 수는 없지 않습니까? 당회 장로님들도 어느 정도는 알고 있어야 할 것 같습니다. 그리고 그것을 증명할 수 있는 법적 조치도 필요한 것 같습니다. 이것 한번 읽어보십시오."

전날 내가 작성해 둔 서류를 조용히 내밀었다. 지금까지 공 집사님과 나눈 대화를 토대로 A4 용지 넉 장 분량으로 적은 내용증명이었다.

"읽어보시고 내용이 정확하다고 생각이 되면 우체국에 가서서 발송하십시오."

공 집사는 한참 동안 유심히 읽어본 뒤 그렇게 하겠다고 말하고 감천으로 돌아갔다. 다음 날

"진 집사님, 발송했습니다. 우체국 담당자가 내용물을 검토할 때 심장이 터지는 것 같았습니다."

"집사님, 수고했습니다. 이제 기도하며 기다립시다."

"예, 알겠습니다. 수고하세요."

삼 일 뒤 전화가 왔다.

"집사님, 길 목사가 지금 만나자고 합니다."

"예, 집사님. 만나서 사실 그대로 이야기하십시오. 지금 당장 그만두면 갈 곳이 없다. 이제부터 거처할 집을 구해야 한다. 가진 돈이 없으니 근무할 기간을 조금 더 늘려 주든지, 아니면 위

로금이나 보상금 조로 집 한 칸 구할 수 있도록 조치를 해 달라. 그러면 그만두고 나가겠다. 이것도 저것도 아니면 나도 내가 어떻게 할지 모르겠다. 이렇게 강력하게 말하십시오."

"예, 알겠습니다. 아무래도 우황청심환 먹고 가야겠습니다. 고맙습니다."

"그렇게 하세요. 힘내시고, 화이팅."

다음날 밝은 목소리로 전화가 왔다.

"집사님! 좀 더 근무하기로 했습니다. 성도들에게 오해를 풀어준다고 합니다. 이제부터 열심히 노력하겠습니다. 고맙습니다. 은혜는 잊지 않겠습니다."

"네, 집사님. 힘내세요."

그 후 공 집사와 가끔 전화 연락을 했다. 2년 뒤 공 집사는 담보 대출을 받아서 아파트를 구입하여 사직하고 유치원 통학버스를 운전하며 행복하게 살아가고 있다.

공 집사님과 통화의 마지막 내용이 가슴 깊이 파고든다. 마지막 정리하고 위로금 조로 약간의 돈을 쥐어주면서 길 목사가 한 말이란다.

"공 집사님! 그동안 수고했고 앞으로 행복하게 사세요."

여기까지는 대화가 참 아름다웠는데 다음 말이 의미심장했다고 한다.

"지금까지의 일들은 기억 속에서 완전히 지워버리세요. 참! 이번에 서울에 사는 아들의 돌 지난 아이가 참 잘생겼더군요.

잘 키우라고 하세요."

한 번도 언급하지 않았고 그런 손자가 있는 줄도 모르는 사람의 입에서 나오는 소리라 이상하게 들렸다고 한다. 집사의 느낌과 내 느낌은 같았다. 피가 거꾸로 솟구치는 것 같지만 내색하지 않고 말했다.

"집사님, 그런 말들은 신경 쓰지 마시고 앞으로 열심히 사시면 됩니다. 요즘 세상은 그렇게 만만하지 않습니다. 그리고 혹시 지인 중에 경찰이나 검찰 쪽에 아시는 분 계십니까?"

"예, 서울에 있는 아들 친구 중에 서울 경찰청 외사과에 근무하는 친구가 한 명 있습니다."

"그러면 괜찮습니다. 걱정하지 마세요."

"예, 집사님 고맙습니다."

전화를 끊고 바로 나만의 기도실로 올라갔다. 가슴이 먹먹해져서 제대로 되지 않는 기도지만 피를 토하는 느낌으로 울분에 찬 기도를 했다.

"나를 사랑해 주시는 하나님, 내가 사랑하는 하나님! 하나님은 공의의 하나님 맞습니까? 정의의 하나님 맞습니까? 왜 이렇게 양같이 살고 있는 저 연약한 아들에게 이런 고통을 주십니까? 저 짐승보다 못한 인간이 저렇게 활보를 치는 것을 왜, 왜, 왜! 그냥 보고만 계십니까? 거룩하신 하나님을 아버지라 부르는 저희는 어떻게 살아야 합니까? 말씀 좀 해 주십시오. 제발, 제발, 제발 말씀 좀 해 주십시오. 속이 터져 죽겠습니다. 주여, 주여, 오! 주여."

옷을 찢고 머리에 재를 뒤집어쓰는 심정이 이해가 갔다. 머릿속에는 아무런 생각도 없이 눈물, 콧물을 흘리면서 몸부림을 치면서 기도했다.

그 순간 화려한 환상이 보였다. 미국이나 영국, 독일 정도는 돼야 있을 법한 푸른 잔디가 아름답게 깔려있는 초대형 메인스타디움이 보였다. 그 중앙에 웅장한 전광판이 있고 그 전광판에 큰 글자가 기록되어 있었다.

〈에스겔서 34장〉

에스겔서는 설교에 잘 인용되지 않는 성경이다. 바로 일어나서 본문을 찾아보았다.

1. 여호와의 말씀이 내게 임하여 이르시되,

2. 인자야, 너는 이스라엘 목자들에게 예언하라 그들 곧 목자들에게 예언하여 이르기를 주 여호와께서 이같이 말씀하시되 자기만 먹는 이스라엘 목자들은 화 있을진저 목자들이 양떼를 먹이는 것이 마땅하지 아니하냐.

3. 너희가 살진 양을 잡아 그 기름을 먹으며 그 털을 입되 양떼는 먹이지 아니하는도다.

4. 너희가 그 연약한 자를 강하게 아니하며 병든 자를 고치지 아니하며 상

한 자를 싸매 주지 아니하며 쫓기는 자를 돌아오게 하지 아니하며 잃어버린 자를 찾지 아니하고 다만 포악으로 그것들을 다스렸도다.

5. 목자가 없으므로 그것들이 흩어지고 흩어져서 모든 들짐승의 밥이 되었도다.

6. 내 양떼가 모든 산과 높은 멧부리에 마다 유리되었고 내 양떼가 온 지면에 흩어졌으되 찾고 찾는 자가 없었도다.

7. 그러므로 목자들아, 여호와의 말씀을 들을지어다.

8. 주 여호와의 말씀에 내가 나의 삶을 두고 맹세하노라. 내 양떼가 노략 거리가 되고 모든 들짐승의 밥이 된 것은 목자가 없기 때문이라. 내 목자들이 내 양을 찾지 아니하고 자기만 먹이고 내 양떼를 먹이지 아니하였도다.

9. 그러므로 너희 목자들아, 여호와의 말씀을 들을지어다.

10. 주 여호와께서 이같이 말씀하시되 내가 목자들을 대적하여 내 양떼를 그들의 손에서 찾으리니 목자들이 양을 먹이지 못할 뿐 아니라 그들이 다시는 자기도 먹이지 못할지라. 내가 내 양을 그들의 입에서 건져내어서 다시는 그 먹이가 되지 아니하게 하리라.

본문을 읽어나갈 때 하나님의 음성이 터져버릴 것 같은 내 심장의 문을 열고 파고들었다.

"내 사랑하는 탕아! 너무 그렇게 슬퍼하지 마라. 나는 3000년 전부터 가슴 아파하던 일들이다. 그러나 나를 사랑하는 아들딸들이 아직도 많이 있기에 지금까지 참아왔다. 그러니 이제는 눈물을 거두어라."

"아! 하나님, 미안합니다. 한 치 앞도 못 보는 부족한 이 죄인을 용서하여 주시옵소서. 아버지의 그 아픈 가슴을 저희가 어떻게 헤아릴 수 있겠습니까?"

15. 내가 친히 내 양의 목자가 되어 그것들을 누워있게 할지라. 주 여호와의 말씀이니라.

16. 그 잃어버린 자를 내가 찾으며 쫓기는 자를 내가 돌아오게 하며 상한 자를 내가 싸매 주며 병든 자를 내가 강하게 하려니와 살진 자와 강한 자는 내가 없애고 정의대로 그것들을 먹이리라.

"주님 하루속히 그날이 올 수 있게 해주시옵소서."

길 목사는 그 교회 아무것도 모르는 성도들이 보기에는 〈영광스러운 삶〉으로 보이겠지만 나와 공 집사를 포함한 뭔가를 아는 몇몇 성도들에게는 〈치욕적인 삶〉으로 보일 것이고 하나님이 보시기에는 〈비천한 삶〉이 아닐까 하는 생각이 들었다.

과연 자신은 어떻게 자신의 삶을 평가하고 있을까? 궁금하다. 그 누구보다 자신을 더 잘 알고 있을 테니 말이다.

그 후 얼마의 시간이 지난 어느 날부터 나도 희망교회에서 이상한 소문에 휩쓸리기 시작했다. 감천시 믿음교회의 사건이 희망교회 장로들에게 전해진 것 같았다.

탕 집사는 돈을 받고 해결사 역할을 하는 사람이라고 소문이 났다. 권모술수로 사람을 곤란하게 만들어 보상금을 받게 해주고 그중 절반가량을 착취했다고 희망교회에 소문이 나기 시작했다. 공 집사의 사건을 전해 들은 누군가 음모를 꾸민 것이었다.

어느 날 담 장로가 은밀히 나를 불러서 가보니 평소와는 전혀 다른 인자한 모습으로 나에게 말했다.

"탕 집사님! 사람이 돈맛을 알게 되면 그때부터 마음이 악해집니다."

"??"

그는 교회에서 거의 으뜸가는 재산의 소유자다. 그가 납부하는 재산세가 내가 매월 수령하는 급료보다 많다는 것을 우연히 알게 되었다.

교회에서 흘러나오는 것은 쇠꼬챙이 하나까지도 집으로 가지고 가는 사람이다. 그 사람의 집을 가봤기 때문에 할 수 있는 말이다.

본관 건물 지하실 바닥 기름보일러를 철거할 때 1톤 화물차로 몇 번씩 왕복하며 신나게 싣고 가신 분이었다. 그런 분이 찢어지게 가난한 나에게 하는 말이다.

헤로도토스가 쓴 『역사』 중에 등장하는 리디아의 마지막 왕 크로이소스가 생각난다.

당대 최고의 부를 가졌지만, 아테네의 현인 솔론이 인정해 주는 행복한 사람에 들지 못했다. 페르시아의 크세르크세스 대왕

과의 전쟁에서 패한 뒤 족쇄에 매인 채 장작더미 위에서 화형을 기다리던 중 자신의 엄청난 재산은 행복과 아무런 관계가 없는 것을 깨달았다. 그 후 뉘우치고 극적으로 살아났다는 이야기를 담 장로에게 해주고 싶었다.

돈이라면 '아니오'를 '예'로 바꿀 수 있는 사람이었다. '크로이소스 콤플렉스'라고 이름 지어주고 싶다. 너 자신을 알라는 말을 나는 이렇게 해석하고 싶다. 나 자신을 알기는 어렵다. 나 자신을 아는 것은 하나님께서 나를 어떻게 생각하고 계실까를 아는 것이다.

하나님을 믿는 사람이라면 그것을 판단하기 어렵다면 다른 사람이 나를 어떻게 보고 있는가를 아는 것도 나 자신을 아는 것이라 생각한다.

담 장로는 그런 생각은 전혀 하지 않고 살아가는 사람이었다. 그 정도로 돈이 많은 사람이 찢어지게 가난한 나에게 이런 말을 하니 참 어이가 없었다.

그해 성탄절에 외부 장식을 하던 중 마당을 둘러싼 벚꽃 나무에 점멸등을 설치하고 있었다. 관리부장인 동 장로가 왔다. 그는 특성이 그런 사람이라 이것저것 봐주는 척하다가 급한 일이 생겼다며 가야 한다고 했다. 마침, 사다리 위에서 작업을 하고 있던 나는 동 장로에게 전기 차단기 좀 내려주고 가라고 부탁했다.

동 장로는 차단기가 있는 쪽으로 가더니 내려져 있습니다. 하고는 그냥 갔다. 전선을 연결하려고 하다가 혹시 싶어서 살짝 접촉해 보니 굉음과 함께 섬광이 번쩍이며 케이블이 녹아 버렸다. 분명히 내려져 있었다고 했는데? 순간 내 머리에 '살인'이라는 단어가 스쳐 갔다. 설마, 그럴 리가 없겠지? 생각해 봤지만, 며칠 전의 일들이 내 가슴을 더욱더 뛰게 만들었다.

며칠 전 둘이 사무실에서 이야기를 나누다가 내가 무 장로의 얼마 전 독거노인들 반찬 사건 때 '저 인간 누가 장로로 뽑았노?' 하던 이야기가 생각이 나서 그 이야기를 해주었다.

'무 장로는 하는 언행으로 따져보면 사람이 아니다.' 혼잣말로 중얼거렸는데 마침 무 장로가 사무실로 들어오니 동 장로가 재빠르게 말했다.

"무 장로님, 탕 집사님이 장로님은 사람이 아니라는데요."

"??"

어이가 없어 빤히 쳐다보니 웃음을 띤 얼굴로 말했다.

"방금 그랬잖아요?"

제발 농담으로 듣고 넘기기를 바랐다. 차단기 사건은 착오였기를 바랄 뿐이었다. 그러나 농담치고는 영혼을 죽일 수 있는 농담이고 착오치고는 육신을 죽일 수 있는 착오였다. 지금까지는 치욕, 비천, 슬픔, 허탈, 분노를 느꼈는데 그 순간만큼은 외로움이 느껴졌다. 그러나 이 외로움이 나의 인생, 또 다른 전환점이 된 것은 사실이다.

최소한 나로 인해 다른 사람이 치욕, 비천, 슬픔, 허탈, 분노,

외로움을 느끼게는 하지 말아야겠다, 생각하고 지금까지 최선을 다해 그 생각을 지키고 있다.

무 장로와 함께 장로 임직을 받은 장로가 있었다. 변 장로이다. 그는 과거에 희망교회에서 사찰로 근무한 경험이 있었다. 나의 사찰 선배였다. 그는 직업의 특성상 평일 낮 시간에는 거의 교회에서 보낸다.

"내가 사찰로 근무할 때는 지금보다 더 힘들었다."
라며 종종 당시의 일들을 이야기했다.

"나를 인간적으로 괴롭히는 여전도사가 한 명 있는데 그 인간이 얼마나 나를 괴롭혔으면 저 사람이 만약에 천국에 가 있다면 나는 지옥으로 갔으면 갔지 아무리 좋은 천국일지라도 저 사람과 같이 있어야 한다면 가기 싫다."

그런 분위기 때문에 자연적으로 가깝게 지냈다. 아! 이 사람은 장로가 됐으니, 진심으로 나를 위로해 주겠구나. 라는 큰 착각을 했다.

그 역시 장로가 되니 돌변했다. 처음에 임직받고 나에게 한 첫마디 말이다.

"탕 집사님! 내가 관리부장을 맡을 것 같은데 이제부터는 나만 의지하고 따라오세요!"

'아니요, 주님만 의지하고 주님만 따라갈 겁니다.'
마음속으로만 그렇게 대답했다.

어느 주일 아침, 전날 내린 폭우로 인해 본관 지하실이 물바다가 되었다. 새벽부터 나와 아내, 그리고 새벽기도 마치고 나오던 복 장로 이렇게 셋이 물을 퍼내고 있었다. 그때 지하실 뒷문 쪽으로 오던 변 장로를 보고, 아! 한 명이라도 더 오니 다행이라고 생각했다. 하지만 그는 우리의 모습을 보고 무정하게 휙 돌아가 버렸다.

그런 사람이었다. 물론 내가 보고 있다는 것을 몰랐을 것이다.

11

2010년 여름 어느 날 당시 87세이신 어머니가 뇌병변으로 쓰러지셨다. 파티마 병원에서 입원 치료 후 퇴원했다가 얼마 되지 않아 실족으로 인한 골반 관절 골절의 중상을 입고 인공관절 대체 수술 후 집에서 요양 중이었다.

2011년 무더운 여름날 열대야 현상으로 인해 집안이 너무 더워 벽걸이 선풍기 1대 사 달라고 관리부장인 변 장로에게 부탁했다. 사택이기 때문이다. 그러자 잠시 후 낡은 선풍기를 한 대 가져다주었다.

"이것 가져다 쓰세요."

그 자리에서 작동시켜 보니 소리가 너무 시끄러웠다.

"도저히 이것은 시끄러워 사용할 수가 없겠습니다."
"싫으면 관두세요."

선풍기를 들고 나가 즉시 쓰레기장에 내다 버렸다. 곧바로 폐지 수집하는 할머니가 가져갔다. 그것으로 끝이었다. 그 모습을 스마트폰 카메라로 찍어두었다. 얼마나 비참한 심정이었으면 사진 촬영까지 했겠는가?

사택의 개념도 모르고 인격의 의미도 모르는 사람이다. 자기 집에서 얻어먹고 사는 거지라 할지라도 그렇게 인격을 모독하면 세상에 지탄받을 것이다. 요즘은 반려동물도 학대하면 처벌을 받는다.

그해 7~8월 사이에 교회에서 많은 벽걸이 선풍기를 교체했다. 그중 한 개 정도는 사택에 달아줄 수도 있는데 그냥 넘어갔다. 설마 이사갈 때 떼어갈까 봐 그런 것일까? 그 많은 선풍기 포장용 박스를 사택 코앞에 있는 쓰레기장에 내다 버리면서, 사택 쪽으로 힐끗 쳐다보면서, 과연 무슨 생각을 했을까?

교회 본당 오른쪽 벽면에 대형 공간 세 곳이 있다. 그중 한곳에는 교회의 전도 슬로건을, 또 다른 한곳에는 그해 교회의 목표를, 나머지 한곳에는 그달의 행사 내용이 기록된 큰 현수막을 붙인다.

첫 번째 현수막은 고정이고, 두 번째 것은 일 년에 한 번 교체한다. 마지막 현수막은 한 달에 한 번 교체하는데 높이가 제법 높았다.

천장 전구 교체용 사다리로는 현수막의 좌우 폭이 넓어 작업하기 힘들었다. 가장 긴 사다리를 놓고 작업을 해야 하는데 약 1M 정도가 짧다.

긴 장의자 뒤편 책 받침대 위에 사다리를 세우고 올라가서 작업하는데 상당히 위험했다. 중심이 조금만 흐트러져도 추락이다. 그 세 곳 중에 한 달에 한 번씩 교체하는 곳에 현수막 거치대를 장착해 달라는 부탁은 끝까지 들어주지 않았다. 안전 불감증은 가히 최상급이었다.

본당 예배당 전면 좌우측 천정에 대형 스피커 2개가 가느다란 와이어 로프에 매달려있었다. 로프 고리에 걸려있는데 그 우측 스피커 고리가 하중에 의해 조금씩 벌어지고 있었다. 신임 방송부장 집사가 발견하고 나에게 말했다. 관리국장인 변 장로에게 이야기했다.

"걱정하지 마세요. 저 고리는 그렇게 쉽게 빠지지 않습니다."

일축해 버렸다.

"새로 임명된 방송부장이 지적해 줬습니다."

"그래도 괜찮습니다."

더 이상 들으려 하지도 않았다. 그 스피커 밑은 성가대석이다. 달리 방법이 없어서 성가대 대원으로 봉사하는 권사 중 입김이 제법 센 한 사람에게 슬쩍 흘렸더니 바로 다음 날 변 장로가 기술자 2명을 불러서 로프 고리를 교체했다.

이것을 어떻게 해석해야 할지 진짜 모르겠다. 자신의 가족 중에 성가대원이 한 명도 없어서 저럴까? 라는 생각도 들었다. 저 사람의 머릿속에는 과연 무엇이 들었을까? 많이 궁금해졌다. 개념과 고집이 생명보다 고귀하다고 생각하는 걸까? 이렇게 해서라도 나는 위험한 상황에서 나의 직분을 지켜나갔다.

어느 날부터 이곳 장로들의 특징인 비열한 방법으로 바뀌었다. 당시 이웃에 거주하는 여자분이 얼마의 사례비를 받고 청소를 도와주었다.

외부 화장실과 교육관 청소를 맡겼는데 그 화장실에 가끔 이상한 사람이 왔다. 양변기 배출구를 화장지로 뚤뚤 말아서 구멍을 완전히 틀어막고 그 위에 대변을 본 뒤 물을 내려 변기에 물이 가득 차게 해놓고 가버렸다.

그렇게 해놓으면 정말로 처리하기 힘들다. 그때는 내가 가서 치운다. 약간의 물과 변을 퍼내고 화장지를 빼고 씻어 내려야 했다. 처음에는 그 사실을 모르고 변기 물을 내렸다가 내용물이 넘쳐서 큰 난리가 났었다.

어느 날 역시 그렇게 해놓고 나오다가 호 집사에게 붙들렸다.
"진 집사님! 잡았습니다. 빨리 화장실로 오세요."

급히 가보니 덩치는 곰 같은데 약간의 지적 장애가 있는 사람이었다. 크게 호통을 치고 다시는 그러지 않겠다는 다짐을 받고 돌려보냈다.

얼마 후부터 내가 그런 짓을 한다고 교회에 소문이 났다. 나를 완전히 변태로 몰아가고 있었다. 그런 소문을 퍼뜨리는 일은 아주 간단했다. 입이 가벼운 한두 사람에게만 이야기하면 소문은 날개 돋친 듯 팔려나간다.

감천교회에서 있었던 이상한 소문과 변태로 몰아가는 소문이 합해지니 견딜 수 없었다. 아무리 흉악한 범죄를 저지른 악인일지라도 변론할 기회는 주어진다. 설사 사실이라 할지라도 왜 그랬느냐고 이유라도 물어볼 만도 한데 여기는 그런 아량은 전혀 없었다. 그냥 단정 지어 버렸다. 가장 고질적인 폐단이다.

지금까지 수많은 성도가 고백하는 신앙 고백에 등장하는 본디오 빌라도도 예수님께 변론할 기회를 주었는데 빌라도보다 더한 인간들이라는 생각이 든다.

어떤 교인은 눈 마주치기 무섭게 그냥 차갑게 외면하며 피해 버렸다. 거의 전 교인이 그렇게 하니 견딜 수가 없었다. 그 후로 나는 주일에는 교회에서 운행 등 꼭 해야 하는 일 외에는 집에서 꼼짝도 하지 않고 있었다. 물론 점심도 그 후부터 사임하는 날까지 한 번도 교회 식당에서 먹은 적이 없었다.

미처 예상하지 못한 수법이었다. 이 상태로 간다면 얼마 못 가서 더 이상 버티지 못할 것 같았다. '이제는 나도 그만두고 나가야겠구나.' 생각이 들었지만 나 역시 당장 나가면 어디서 살까? 고민이 되었다. 창피하지만 당장 그만두고 나가면 거주

할 공간에 대한 아무런 대비책이 없었다.

또 다른 어느 교회에서 근무할 사찰직을 찾는다는 것은 생각도 하기 싫었다. 부끄럽지만 지인들은 과거 통기타 호프집을 할 때 너무 많은 민폐를 끼쳤기에 도움을 청할 곳은 단 한 곳도 없었다.

어떻게 할까? 사울 왕을 피해 골리앗의 고향인 가드 땅으로 도망가서 미친 척했던 다윗처럼 나도 미친 척할까? 라는 생각도 해봤다. 그러나 그것은 내 스타일과 너무 맞지 않을뿐더러 이곳의 거룩한 저분들은 가드 왕 아기스 같은 아량은 전혀 소유하고 있지 않은 사람들이었다.

일단 다시 아버지께 여쭈어봐야 했다.

"하나님, 나는 혼자고 저쪽은 담임 목사 포함 13명입니다. 나 혼자의 힘으로는 감당할 수 없습니다. 팔은 안으로 굽지 않습니까?"

그 순간 하나님의 음성이 들려왔다.

"팔은 밖으로도 굽는다."

"팔이 밖으로 굽는 것은 저로서는 이해할 수 없습니다. 설명 좀 해 주십시오."

"내가 팔을 부러뜨리면 밖으로도 굽는다."

"하나님, 알겠습니다. 담대하게 나아가겠습니다."

내가 이곳에서 견뎌내는 방법을 찾아야 한다. 내가 상대해야 할 이 사람들의 특징은 뭔가? 그것을 찾는 데는 그리 오랜 시간이 걸리지 않았다. 비겁함이었다. 이들은 강한 사람 앞에는 극도로 비굴해진다. 일단 전세금이라도 만들기 위해서 과거 부산에서 거래하던 우체국에 3년 기한으로 적금을 들었다.

"이제부터 3년을 다시 계약합시다. 3년 후에는 무조건 사직하고 나가겠습니다."

용 목사를 비롯한 모든 장로가 함성을 지르며 찬성했다. 새로운 계약서를 작성하고 날인했다. 나의 과거 이력과 희망교회 부임한 후의 나의 행동들이 참조된 것 같다. 내 인생 최고의 무서운 표정으로 말했기 때문에 성사된 것이었다. 자신들은 앞으로 3년만 버티면 해방이라고 생각한 것 같다.

2번째 작성된 계약서다.

관리인 고용 계약서

대한예수교 장로회 희망교회에 속한 모든 시설을 원만히 유지 관리하기 위하여 본 교회(갑)는 관리인(을)을 임명하고 아래와 같이 본 계약서를 작성한다.

- 아 래 -

1. 계약기간 : 2009년 12월 1일부터 2012년 11월 30일까지 (3년)

2. "을"은 위 1항의 계약기간이 만료됨과 동시에 교회 관리인의 직을 사임하고 퇴거한다.

3. "갑"은 "을"에게 교회가 정한 생활비(이에 준한 제 복지비 포함)를 지불한다.
가) 2010년 회계연도의 임금은 본 교회의 2010 회계연도 지출 예산에 책정된 관리인의 임금과 제반 복지비를 지급하기로 한다.
나) 2011년, 2012년 회계연도의 임금은 전 회계연도 말에 열릴 본 교회 예결산위원회의 예산 편성안을 거친 공동의회의 결정에 따른다.

4. 관리 업무- 교회의 통상적인 사찰 관리 업무

2009년 12월 9일

갑 : 대한예수교 장로회 희망교회 당회장 용○○ (인)
을 : 관리인 진돌탕 (인)

다시 3년 계약을 체결하고 나니 그나마 조금은 괜찮아진 것 같다. 계약기간인 향후 3년간은 모든 지급 금액은 그대로 지급하고 사례비만 연 5% 인상하기로 하고 계약서를 새롭게 작성했다.

3년이 지나면 어떠한 이유도 안 통한다. 무조건 나가야 했다. 사실은 더 이상 있고 싶은 마음도 없었다. 쓰라린 마음을 다시 정리하고 훗날을 대비하며 새롭게 살려 했으나 2011년 2월 나에게 지급되는 금액 중 자녀 학자금이 누락되어 입금되었다.

당회실에 있던 도 장로와 변 장로에게 물었다.

"그럴 리가 없습니다. 당회에서는 그렇게 결의된 적이 없어요."

재정부장 장로에게 찾아가서 다시 확인했다.

"출납 담당 집사님이 메모해 준 대로 내가 입금했습니다. 착오가 있는 것 같으니 조금 기다려 보시면 곧 입금될 것입니다."

해서 기다리는 중 신임 서기인 가 장로에게 연락이 왔다.

"자녀 학자금 지원이 4년이 넘었기에 올해부터 지급이 중지되었습니다"

"딸아이는 지금도 재학 중이고 해당 연도 예산을 위한 공동의회도 만장일치로 통과된 예산이고 재정부장 장로도 모르고 있는 이 일은 과연 누가 집행했나요?"

"교회 내규에 따른 것이고 담임 목사의 아들도 4년이 지났기에 같은 조치를 했으니 좀 참아 주십시오."

이 사람은 당회원 중에서도 가장 젊었지만 가장 온화한 모습과 인자한 언어를 쓰는 사람이다. 걸음걸이 자체도 온화하게 보였다.

이런 사람의 입에서 어떠한 소문이 나오면 성도들은 아무런 의심 없이 믿을 것이다. 그런데 이 사람은 평소 당회실에서는 '사찰 집사 근로 계약이 만기가 되면 아무리 발버둥을 쳐도 내가 책임을 지고 쫓아낼 터이니 혹시 내가 잊어버리고 있더라도 그 계약 만기일 3개월 전쯤에 나에게 알려주세요.' 라며 입버릇처럼 말하고 다녔다고 당회원 중 한 명이 알려주었다.

정작 내 앞에서는 가장 온화한 모습으로 나를 기만하는 완벽한 이중인격을 가진 사람이었다. 가면 뒤의 가장 가증스런 모습의 소유자다. 내가 많이 무서웠던 것 같기도 했다.

얼마 전 엄청 심각한 문제로 나와 대화 중 이렇게 말한 적이 있었다.

"교회에 분란을 일으키지 말아 주십시오. 부탁합니다."

만약에 그가 나와 관련된 일에도 그런 온화하게 보이는 모습에 걸맞은 행동을 했다면 나는 내 자신이 고칠 점이 많을 것이라는 생각도 들었을 것이다.

"아무리 교회의 내규일지라도 그럴 수는 없습니다."

말은 그렇게 했지만, 다른 한편으로는 담임 목사 자녀도 그렇게 했다 하니 하나님의 뜻에 맡기며 조용히 기도만 했다.

그러던 중 그해 5월 첫째 주 수요 예배 후 임시 당회가 열렸다. 자녀 학자금 지원은 매년 2월, 5월, 8월, 11월에 지급된다. 임시 당회가 끝나고 당회실 청소하러 들어갔는데 당회실 행사 안내 화이트보드에 그날 임시 당회의 안건이 적혀있었는데 안건 중 1번이

'담임 목사 자녀 학자금 지원안' 이었다.

그리고 어느 고마운 사람이 회의 자료를 당회실 회의 테이블 위에 두고 갔다. 나에게 보라고 의도적으로 그렇게 한 것을 느낄 수가 있었다.

임시 당회 주요 안건 1번이 담임 목사 자녀 학자금 지원이었다. 뭔가 이상하다고 생각했는데 그해 연말 공동의회 시 결산보고서상에 담임 목사 자녀 학자금 천만 원이 5월에 지급됐다고 기록되어 있다.

학자금 중단 3개월 만에 이루어진 일이다. 세상천지에 이런 비열한 행위가 또 있을 수 있나라는 생각도 들었지만, 다른 한편으로는 시원하다는 생각이 드는 이유는 모르겠다.

2010년 10월 용 목사가 진 장로, 담 장로와 동남아 선교 여행을 다녀온 후로 당회 장로들과 담임 목사 사이에 이상한 기류가 흐르더니 급기야 용 목사가 사임하고 교회를 떠났다.

아무리 못된 짓을 해도 장로들이 눈감아 주면 살아남지만 아무리 열심히 해도 장로들의 눈에서 벗어나면 쫓겨나는 것이 대한예수교 장로회에 소속된 교회에 청빙된 대다수 목사들의 현실이었다.

역시 프로크루스테스의 침대의 법칙은 살아있었다. 이렇게 쫓겨나는 목사는 예전 4억 5천만 원에 교회를 팔고 나간 목사의 전별금과는 차원이 다르다. 그야말로 푼돈 몇 푼 쥐고 떠나야 한다.

성전 미문에 앉아 베드로와 요한을 바라보는 앉은뱅이처럼 처량한 모습의 눈빛으로 장로들을 바라봐야 전별금을 조금은 더 챙겨서 나갈 수가 있었다. 대한예수교 장로회 소속 교회에 청빙된 목사들의 진면목이다.

개척 목회와 청빙 목회는 그런 차이가 있다. 그곳 단기 선교지에서 무슨 일이 있었는지 심증은 가지만 확실한 물증은 없어서 더 이상 기록할 수가 없다.

〈나쁜 목사를 쫓아낸 못된 장로들, 그리고 그 못된 장로들을 응징하는 별난 사찰 집사〉

지금까지의 상황을 겪은 내가 내린 결론이고 나의 생각이었다.

용 목사를 내보낸 당회 장로들은 진짜 임자를 만났다. 복 목사가 담임 목사로 청빙되어 온 것이다. 무지막지하고 참 잔인하다고 생각되는 사람이었다.

복 목사는 위임식이 끝나고 모든 당회원들과 식당에서 식사하던 중 그곳 종업원이 자신의 식사를 가장 늦게 배식하자 당회실에 돌아와서 장로들에게 호통을 친 사람이었다. 담임 목사인 자신에게 제일 먼저 배식을 해야 한다는 내용이었다. 나이로 보면 장로들은 거의 아버지뻘이었다.

"목사님! 미안합니다. 그 종업원이 모르고 그랬습니다."

선임 장로가 정중히 사과했으나 복 목사는 쉽게 누그러지지 않았다.

"그 종업원이 모르고 그랬더라도 장로들이 빨리 바로 잡아줘야 하지 않습니까?"

어느 날 당회를 하기 직전에 장로들에게 자신들의 휴대전화를 모두 꺼내어 전화번호 저장란에서 담임 목사의 전화 번호가 기록된 부분을 찾아 놓은 상태로 휴대전화를 각자 테이블 앞으로 올려 놓으라고 했다.

휴대전화에 자신의 이름을 어떻게 기록해서 저장했는지를 확인하기 위함이었다. 이름 석 자만 기록했다면 꾸중감일 것이다. 복 목사 이렇게 저장했으면 경고를 받는다. 복 ○○ 담임 목사 이렇게 저장한 장로는 칭찬을 받았다. 누가 귀여움을 받고 누가 지적을 당했는지 짐작이 갔다. 확실한 기선제압이다. 약육강식, 적자생존이라는 단어가 생각났다.

당회 장로들을 그렇게 취급하는 사람이 사찰인 나를 어떻게 대하겠는가? 머슴 정도를 넘어서 자신이 키우는 가축 정도로 보는 듯한 느낌이다. 나와 꽤 친한 장로가 그런 현실에 울분이 터져 전해준 이야기였다.

복 목사 부임 후 얼마 지나지 않은 어느 날, 아내가 전도사로 사역하던 교회의 사모로부터 아내에게 전화가 왔다. 아내는 일 년전 쯤부터 평소 친분이 있던 근처 성삼교회에서 파트타임 교육전도사로 시무하고 있었다.

"전도사님! 전도사님과 탕 집사님에게 너무 좋지 않은 소문이 우리 교회에 쫙 퍼졌습니다."

짐작이 가는 사람이 있어 복 목사에게 상담을 요청하고 그 이야기를 했다. 내 짐작으로는 변 장로가 그랬을 것 같다고 했더니 그 자리에서 변 장로에게 전화를 걸어 내가 말한 내용을 물어봤다.

"탕 집사님이 지금 나에게 와서 이렇게 이야기하는데 장로님이 그런 말을 한 적이 있습니까?"

그러자 변 장로는

"작년 6월에 전세 버스를 타고 부산에 가다가 옆자리에 앉게 되었던 그 교회 안수 집사에게 몇 마디 한 것밖에 없습니다."

작년 6월이면 나와의 관계가 원만히 이루어져 있던 때였다. 아! 그때도 그렇게 했다는 말인가? 나는 사이좋게 지내고 있다고 생각하는데 그것이 아니라는 말인가? 나에게도 문제점이 있는 것 같아 고민이 되기도 했다. 그 시간부터 변 장로가 안수 집사에게, 안수 집사가 교회 담임 목사에게, 담임 목사가 내 아내에게 전화가 걸려오는 데는 삼십 분이 채 걸리지 않았다. 물론 질타의 내용이었다.

상황이 이렇게 되니 아내는 더이상 그 교회에서 사역할 수 없는 처지가 되어 바로 다음날 사임했다. 그 다음날 복 목사를 찾아갔다.

"일을 어떻게 그렇게 처리하십니까?"

"그게 내 방식입니다."

사랑과 화평, 자비와 은혜는 온데간데없고 투쟁, 시기, 암투만 난무하고 있었다. 이런 방식에는 나도 내 방식대로 대항해야 한다는 생각이 물밀듯이 밀려왔다. 과거 교회에서 조폭 세 명과 싸울 때처럼 대범하게 두 눈을 부릅뜨고 강하게 바라보며 복 목사에게 말했다.

"살아가는 방식치고는 참 쓰레기 같은 방식입니다."

내 방식대로 당회장 앞으로 내용증명을 작성하여 발송했다.

그중 한 부분이다.

    분명히 말하건대 나는 교회의 분열을 조성하는 것을 원하지 않는다. 새롭게 거듭나기를 바라는 바이다. 그렇게 되기 위해서는 환부를 도려내는 아픔을 겪어야 할 것이다. 산고를 겪지 않고 탄생의 환희를 느낄 수 없는 것과 같다.

    자녀 학자금 건은 분명히 계약 파기 행위라고 통보하였고 재차 확인까지 하였으나 그것을 제대로 회답하지도 않으면서 당회에서는 계약이 완료되면 탕 집사는 내가 책임지고 앞장서서 쫓아낼 테니 혹시 내가 모르고 있더라도 계약 만기일 3개월 전에 좀 일러 달라, 그때부터 시작하겠다고 당회 서기인 가장로가 말한 것으로 알고 있다.

    가 장로는 나이도 가장 젊고 앞으로 희망교회의 당회를 이끌고 나가야 할 사람으로 생각했는데 장로의 권한만 내세우려 하고 책임을 회피하는 그런 부책임한 처사를 자행하였다.

    본 내용 증명을 작성하고 나서 발송하기 전에 그래도 당회 서기 장로에게 다시 한번 대화하고자 요청했다.

"그래봤자 당신만 상처 입을 뿐입니다. 당신은 개인이고 우리는 단쳅니다. 어떻게 개인이 단체를 이길 수 있겠습니까?"

그런 사고방식으로 어떻게 지도자의 자리를 생각하겠는가? 자진해서 장로 직분에서 사퇴하기를 촉구한다.

앞서 악행이 좀 더 자세히 거론된 진, 무, 변, 잔, 담 장로들은 두말할 것도 없이 사퇴를 해야 하나님의 교회가 제자리를 유지할 것이라 생각한다.

그리고 그동안 유린되어 온 내 인격을 회복시키기 위한 협상 테이블이 마련되어야 한다고 생각한다.

본 내용 증명이 발송된 일로부터 한 달 이내로 회신 바란다.

그렇지 않을 경우 한 달이 지난 다음 날부터 당신들의 처신 여하에 따라서 이 내용 증명이 언론 매체 등 다른 여러 가지 매체를 통해 세상에 알려질 수도 있다는 것을 통보하는 바이다.

당신들이 나를 향해 무차별적으로 쏘아대고 찔러대는 그 총과 칼을 막아보기 위하여 나는 조그만 조약돌을 하나 집어 들었다. 그러나 그 조약돌이 골리앗을 향해 날아가는 다윗의 물맷돌이 될 수도 있을 것이고 느부갓네살왕의 꿈속에 나타난 잡종으로 만들어진 신상을 부서뜨린 손대지 아니한 돌이 될 수도 있을 것이고 베드로와 같은 반석이 될 수도 있을 것이다.

이 일로 인해 연약한 성도들의 영적인 피해가 없길 바란다.

- 끝 -

위 본인 진돌탕

잔인한 복 목사의 진두지휘 아래에 있어서인지 아니면 만성이 되었는지 별 반응이 없었다. 이제는 아예 아무런 대응도 하지 않는다. 계획적인 것 같기도 했다. 기한을 정해준 한 달이 다 가오니 연락이 왔다.

"어떡하면 좋겠습니까?"

"담임 목사를 포함한 모든 당회원들과 나와 한자리에서 대화합시다."

그렇게 하자는 통보가 왔다.

그다음 주 수요일, 수요 예배 후 담임 목사, 장로 11명, 나 탕 집사, 이렇게 13명이 모였다. 나는 이제야 모든 것이 해결되겠구나, 라는 기대감을 가지고 있었다.

이 사람들의 특징인 딱 잡아떼는 습성도 당사자들이 다 모여 있으니 그렇게 하지 못할 것이라는 기대감이 컸다. 담 장로, 무 장로, 변 장로와 함께 있을 당시 무 장로와 내가 언쟁할 때 담 장로가 '그것은 탕 집사 말이 맞습니다. 그렇게 하세요.' 라고 하니 무 장로가 선임인 담 장로에게 '이것은 내 관할 부서의 일이니 참견하지 마세요.' 라며 둘이 서로 크게 음성을 높이며 삿대질까지 하면서 언쟁을 벌인 적이 있다.

그런 무문까지 부인하지는 못할 것이라 기대했는데 그것은 순진한 나의 착각이다. 그런 이야기는 모르쇠로, 기억이 나지 않는다로 일관했다.

얼마나 화가 나던지 그 자리에서 큰 소리로 호통을 쳤다.

"에라이! 양심에 화인 맞은 사람들아!"

그런 소리에도 모두가 입을 꾹 다물고 있는 것을 보면 단합과 인내력은 가히 금메달감이었다.

누가복음 23장 12절 말씀이 생각났다.

"헤롯과 빌라도가 전에는 원수였으나 당일에 서로 친구가 되니라."

그날의 모임은 아무런 소득 없이 끝나 버렸다. 이제는 어쩔 수 없구나. 생각하고 있을 때 역공을 당했다.

어느 날 교회에서 신임 당회장인 복 목사 명의로 나에게 내용증명을 보냈다.

근로계약 및 고용관계 종료 사실 통보

직책 및 직위 : 교회 관리집사(관리인)

성   명 : 진 돌 탕

근로계약기간 : 2009. 12. 1. ~ 2012. 11. 30.

상기인은 2012년 11월 30일부로 희망교회와의 근로 계약 및 고용 관계가 종료됨을 통보하오니 양지하여 주시기 바랍니다.

그동안 교회 관리 및 교회 발전을 위해 수고를 아끼지 않으신 귀하의 노고에 진심으로 감사를 드리는 바입니다.

2012년 10월 29일

희망교회 당회장 (대표) 복 ○○ 목사

즉각 나도 그동안의 사정들을 기록한 내용증명 답변서를 발송했다. 내용증명을 발송한 뒤 어떠한 내용이든 간에 답변을 기다리고 있었다.

그렇지만 상황은 바뀌지 않는다는 것은 알고 있었기에 나름대로 준비는 하고 있었다. 3년간 모은 돈으로는 고향 부산에서 집을 구하기가 힘들었다. 그것보다 아내가 부산으로 돌아가는 것을 원치 않았다.

과거 아름답지 못한 사건들이 생각나고 아직까지 건재한 당시의 내 친구들을 의식한 것 같다. 여러 군데 전셋집을 구하러 다녔지만 여의치 않았다.

대구 동구 효목동에 있는 일반 주택이 그나마 괜찮은 편이라 전세 계약을 했다. 계약금 치르는 날 그 집에서 주인과 만나던 중 화창하던 날씨가 갑자기 먹구름이 끼고 장대 같은 소낙비가 내리기 시작했다.

순간 안방에 들어가 보니 천정에서 물이 방울방울 맺혀 흘러내린다. 아! 하나님께서 원하시지 않는 터전이구나! 직감적으로 느낄 수 있었다. 대청소하신 두 분 누님과 형수님에게는 대단히 미안하지만 바로 계약을 취소했다.

그 후 조금 오래된 집이었지만 담보 대출을 가능한 한 많이 받을 수 있는 아파트를 매입했다. 때마침 주인이 이사하고 비어 있는 집이어서 도배, 장판, 청소도 깔끔하게 해놓을 수가 있었다. 희망교회에서 약 5 Km 떨어진 곳이었다.

그렇게 조치를 해놓고 지내던 중 11월 둘째 주 금요일 교회 사무를 보던 안수 집사님으로부터 전화가 걸려 왔다.

"탕 집사님 무슨 일 있으세요?"

"무슨 일?"

"다음 주 주보 교정을 보는데 교회 소식란에 탕 집사님이 사임했다고 기록되어 있던데요."

복 목사 자신만의 확실한 잔인한 방법이었다. 한마디 말도 없이 아무런 준비 없이 내가 아무것도 모른 채 주보의 교회 소식란을 보았다면 내 심정이 어땠을까? 연락해 준 집사가 정말 고마웠다. 복 목사의 그 잔인한 자신만의 방법이 오래가지 못할 것이라고 나는 생각했다. 즉각 이삿짐 센터에 전화를 걸었다.

다음날 토요일 새벽 6시에 이삿짐 센터에서 차가 와서 이삿짐을 옮겼다. 세상 사람들이 흔히 말하는 손없는 날이라 이삿짐차가 쉽게 잡혔다. 그동안 오랜 세월 정들었던 성도들과 인사 한마디 없이 새벽 일찍 아무도 모르게 도망치듯 이사를 하면서 깊은 생각에 빠졌다.

처음 이사 온 뒤 계약서 사건 때 하나님께서 주신 말씀 시편 65편 4절 "주의 뜰에 살게 하신 사람은 복이 있다."라고 하신 말씀이 생각났다.

과연 나는 주의 뜰에서 나의 별난 성격 때문에 탈락인가? 만약에 탈락이라면 나의 잘못을 찾아내어 빨리 회개해야 할 것이다. 아니면 충분한 훈련을 거쳤으니 다음 임무를 위한 졸업인가? 그렇다면 다시 한번 더 하나님 앞에 엎드려서 인도하심을 받아야 할 것이다.

지금까지의 나의 행보와 앞으로의 나의 행보가 그것을 말해줄 것이라는 결론을 나름대로 내린 후 이사를 했다. 이곳 희망교회에서의 시간들은 여러 가지로 부족했던 나에게 〈십자가의 도〉를 깨우쳐준 시간이다. 그렇지만 나는 내가 생각해도 상당히 별난 것같다.

그것을 위해 하나님께서 이 사람들을 채찍 도구로 사용하신 것이고 이제 교회 안에서 양의 탈을 쓴 늑대같은 가짜 지도자들에게 〈십자가의 도〉를 깨우쳐주기 위해 나를 채찍의 도구로 사용하실 것이라는 생각이 들었다.

12

희망교회의 사택에서 새벽에 부랴부랴 이사를 나온 뒤 전화한 통화도 없이 주일, 월요일, 화요일 이렇게 3일이 지나갔다. 틀림없이 그들은 승리의 축배를 들고 있을 것이다. 그 잔 속에 자신들의 양심을 담아 둔 채로 말이다.

그동안 나는 인터넷 다음 사이트에 카페를 개설하고 그동안 있었던 일들을 기록하고 있었다. 그리고 수요일 교회 인근에 있는 광고업체를 찾아가 대형 현수막을 제작했다.

사랑하는 희망교회 성도님께!

10년가량의 세월 동안 부족한 저를 보살펴 주신 성도님들에게 진심으로 감사드립니다. 그리고 제가 인사도 제대로 못 드리고 도망치듯 이사 나온 것을 사과드립니다. 이렇게 된 사연을 일일이 전해드려야 하나 여건상 불가능하여 어쩔 수 없이 인터넷 상으로 정리하여 여러분의 궁금증을 풀어드리고자 합니다.

아래 주소로 클릭해 들어오시면 그동안의 일들을 차츰차츰 정리해 놓겠습니다.

다음 카페 주소 oooooo.daumcafe 진돌탕 드림

현수막을 제작해 놓고 다음 주일 새벽에 교회 앞 도로변에 설치하고 그 앞을 내가 지키려고 계획하고 있었다. 내가 지키고 있지 않으면 틀림없이 새벽에 현수막을 훼손할 것이라는 생각이 들어서였다.

현수막 서두에 '사랑하는 희망교회 성도님께' 라고 기록한 것은 최대한의 파멸을 막아보려는 나의 작은 배려였다. 현수막 제작 업체가 희망교회를 잘 알고 있었다. 틀림없이 이 이야기가 희망교회로 흘러 들어갈 것이라 예상했다.

역시 그 예상이 적중했다. 복 목사 이하 모든 장로들에게 초비상이 걸렸다. 전화기에 불이 날 정도로 전화가 걸려왔다. 나는 일절 전화를 받지 않았다. 더 이상의 만남이나 대화는 아무

런 의미가 없을 것 같아 피했다.

경북 북부 어느 지방에 전국적으로 유명한 목사가 있다. 양 목사다. 한국 교회를 바르게 변화시키는 사업에 깊이 관여하는 목사로 나와는 어떤 연유로 인해 약간의 친분이 있었다. 교회를 바르게 변화시키자라는 말이 나의 생각에 가장 부합하는 뜻이라 생각했기에 존경하는 마음도 가지고 있었다.

당시에 나는 신대원을 졸업하고 강도사 고시, 목사 고시를 통과하고 목사 안수만 보류해 놓은 상황이었다. 사찰로 근무하면서 목사 안수를 받는다는 것이 선뜻 내키지 않았기 때문이었.

먼저 목사 안수를 받고 시골에서 개척한 동기이자 친구인 목사가 자신의 교회 근처에 거주하며 많은 토지를 소유하고 있는 권사가 자신이 소유한 땅 일부에 교회를 짓고 섬기고 싶다고 해서 내가 생각나서 소개하고 싶다고 했다. 나는 내 형편과 처지를 생각해서 엄두도 내지 못하고 있었다. 어느 날 양 목사와 대화하던 중 무슨 좋은 해결책이 있을까 기대를 가지고 말씀드렸더니 양 목사가 반색했다.

"그 권사님 나를 소개해 줘."

이 말을 듣고 존경하는 마음이 많이 줄어들었다. 양 목사가 아침 일찍 나에게 전화했다.

"탕 집사, 오늘 시간이 되면 점심 식사를 같이해."

약속을 정하고 시간이 되어 집에서 출발해서 고속도로에 진입하는데 앞에서 가는 차가 어디서 많이 본 차였다. 아! 복 목사 차다. 직감적으로 느낌이 왔다.

'같이 만나는구나.'

역시 내가 가는 그 길을 계속 앞장서서 달렸다. 목적지에 거의 도착할 즈음 의도적으로 약간의 거리를 두어 약속 장소에 1~2분 간격으로 들어갔다.

복 목사와 양 목사는 나를 알기 훨씬 전부터 아는 사이였다. 아는 정도가 아니라 거의 부자지간이라고 해도 될 정도의 사이였다. 간단한 인사치레 후 식사가 끝나고 본론으로 들어갔다.

"집사님! 복 목사는 내 아들 같은 놈인데 잘 좀 봐주세요."

"목사님! 민망합니다. 이러지 마십시오."

복 목사가 나섰다.

"집사님, 어떻게 해 드리면 됩니까?"

"복 목사님, 이것 때문에 나를 이렇게 불렀나요?"

복 목사가 손사래를 치면서 말했다.

"아니, 결단코 아닙니다. 우연입니다."

'나는 너를 아는데 너는 나를 모르는구나.'

하는 생각이 들었다.

"나는 당신들에 의해서 실추되고 오염된 내 명예만 회복시키면 됩니다. 그것은 교회로 돌아가서 이야기하도록 하십시다."

양 목사가 한마디 거들었다.

"탕 집사님, 오해는 하지 말았으면 좋겠네. 그런 이유로 부른게 아니라네."

제발 그렇다면 좋겠다는 생각과 나는 강도사인데, 하는 생각이 동시에 들었다. 어쨌든 그렇게 식사 후 돌아왔다.

양 목사를 잠시 이야기하고 넘어가야겠다.

그다음 해 어느 날 양 목사의 교회 부속 건물이 완공되어 완공 예배를 드린다고 초청하여 참석하였다. 목사 안수를 받은 뒤였다. 교회 입구에 들어서니 예쁜 한복을 차려입은 성도들이 안내하고 있었다.

방명록을 작성하라고 하여 작성하는데 성명란 옆에 직분 란이 있어 목사라고 기록을 하니 안내하는 사람이 나를 자세히 보더니 왼쪽 가슴에 꽃을 꽂아주었다. 아! 목사들에게는 꽃을 꽂아주는구나. 라고 생각하며 로비에 들어서는데 양 목사가 어디선가 달려와서 물었다.

"이 꽃은 어디서 꽂았나?"

호칭은 생략됐다.

"예! 저기 입구에서 안내하시는 분이 꽂아주셨습니다."

그러자 꽃을 쏙 뽑아가면서 중얼거렸다.

"이 꽃, 꽂을 자격이 없어."

역시 또 호칭은 생략됐다.

그 안내원 역시 그 자리에서 사람 잘 보고 꽃을 꽂아주라는 꾸지람을 들었다. 순간 나는 없어진 내 자격을 생각하는 것보다 동행했던 아내를 포함한 일행들에게 미안한 마음이 더 앞섰다.

꽃이 아까워서 그러셨나? 아니면 내가 괘씸해서 그러셨나? 알 길이 없었다. 꽃을 꽂을 자격보다 천국의 주님 곁으로 갈 수 있는 자격을 따져 보고 싶어졌다. 과연 누가 갈까? 그런 사람이 한국 교회를 변화시킨다고 하니 걱정보다 분노가 앞섰다.

갈멜산 위의 엘리야 선지자가 생각났다. 과연 하나님의 불은 어느 쪽으로 향할까? 화려한 450명일까? 아니면 초라한 단 한 명일까?

교회로 돌아와서 복 목사와 이야기했다.

"탕 집사님, 어떻게 해 드리면 됩니까?"

"당신네가 추락시킨 나의 명예를 회복시켜 주십시오."

"어떻게 회복시켜 드릴까요?"

그들과의 어떠한 약속도 믿을 수 없었다. 내가 직접 나서야겠다는 생각이 들었다.

"전 교인 앞에서 내가 설명할 수 있도록 자리를 만들어 주십시오."

"말씀만 하십시오. 다 들어드리겠습니다."

"주일 오후 예배 시간에 제가 고별인사도 할 겸 그동안의 상황들을 간증 형식으로 전할 수 있도록 해 주세요."

"예, 그렇게 하도록 하겠습니다."

아무래도 인터넷보다는 면전에서는 심하게 하지 못할 것이라는 생각한 것 같았다. 현수막 업체를 통해 알아낸 인터넷 카페의 주소로 어느 정도 내용을 봤을 수도 있을 것이다.

이렇게 하여 2012년 연말 어느 주일 오후 예배 시간에 강대상에 서게 되었다. 이제부터 나의 반격이 시작되었다. 그 시간을 활용해서 완전한 진실을 밝혀야 한다고 다짐하고 깨알 같은 원고를 작성했다.

주어진 시간이 한 시간 남짓이라 추려낼 것은 추려내고 가능한 한 충격적인 부분만 압축하고 발음 연습까지 했다. 거의 박살을 내버리겠다는 심정이었다. 더욱더 리얼하게 보이기 위해 몸동작까지도 신경을 썼다. 밤 열 시가 넘어서 준비가 거의 끝나서 잠들기 전에 TV를 켰다. 당시 인기 프로그램인 「그것이 알고 싶다」가 방영 중이었는데 내용이 너무 충격적이었다.

어느 사이비 교주의 비행을 다룬 내용인데, 대놓고 여성 성도들에게 자신의 씨를 받으라고 하는 창기 십자가로 불리는 사이비 집단에 관한 내용이었다.

데카메론에 등장하는 젊고 혈기 왕성한 수도사 루스티코가 자기의 몸에 붙어있는 사탄을 어린 자매 알리베크가 가지고 있는 지옥에 가두는 내용을 인용한 것 같은 느낌이 들었다.

요즘은 흔히 접할 수 있는 사건들이지만 당시에는 상당히 큰 충격이었다. TV를 끄고 자리에 누웠지만 잠은 오지 않았다. 만감이 교차했다. 순간 내 마음속의 성령님이 울고 계신다는 것을 느꼈다.

만신창이가 되어 십자가에 달려있는 주님의 그 손에, 그 발에, 내가 또 다른 대못을 박고 있는 것이 아닌가? 하는 생각이 들었다. 깊은 생각 끝에 원고는 접어두고 그냥 주님께서 인도하시는 대로 간증하기로 결심하고 잠이 들었다.

십 년 가까운 세월 동안 셀 수 없을 정도로 많이 오르내렸던 강단이지만 모든 교인 앞에서 강대상에 서니 너무 새롭게 여겨지고 긴장이 되었다.

고마운 집사 한 명이 동영상을 제작해 주었다. 원고도 없이 진행되었지만, 그 집사 덕분에 아직도 그 장면들을 생생하게 다시 볼 수 있다.

앞서 기록된 내용들과 다른 몇 가지의 고충을 설명한 뒤 그 상황에 해당하는 사람들은 하나님께 기도하고 잘못한 부분들이 있으면 회개하고 두 번 다시는 남의 눈에 눈물 흘리게 하지 말라. 남의 눈에 눈물 나게 하면 자신의 눈에는 피눈물 난다는 취지의 고별인사 겸 간증의 시간을 가졌다.

간증이 끝난 후 박수갈채를 받으며 귀가할 때는 유명 목사가 집회 후 돌아가실 때 배웅하는 정도의 환대를 받았다. 상당한 충격을 받았다는 뜻일까? 아니면 큰 은혜를 받았다는 뜻일까?

만약에 보카치오가 나와 동시대에 살았더라면 데카메론에 나의 이야기가 몇 번은 등장했으리라는 생각이 들었다. 특히 두 번째 날 이야기에는 나의 이러한 상황들이 틀림없이 기록되었으리라 생각이 든다.

며칠 후 뭔가 전달할 것이 있다고 다시 한 번 더 와 달 연락이 왔다. 마침 마무리도 제대로 못한 점이 있어 아쉬워서 다시 한 번 더 시간을 달라고 하니 그렇게 하자고 했다.

다음은 교육관에서 직분자들 앞에서 공로패를 수여한다고 하여 그런 줄 알았는데 공로패 수여 후 흰 봉투를 주었다. 순간 잘못하면 내가 돈을 노리고 이렇게 한 것 같은 인상을 심어줄 것 같다는 생각이 들어서 거절했지만 한사코 받아달라고 했다.

그러면 나의 요구 조건인 그동안 지급받지 못한 자녀 학자금만 받겠다고 했다. 봉투를 열어보니 2백만 원이 들어 있어서 40만 원은 그 자리에서 반납했다. 집으로 돌아오면서 깊이 생각했다. 내가 생각해도 나는 참 별난 인간이구나. 아내도 그런 취지로 몇 마디 거들었다. 160만 원은 왜 받아왔는지 후회가 되었다.

희망교회를 사임하기 2년 전, 2010년 어느 여름날 평소대로 새벽 기도회를 마치고 집에서 가정예배를 드리고 있었다. 나와 아내와 어머니 세 명이었다. 딸아이는 서울에서 대학을 다니고 있었다.

마지막 찬송을 부르는 중 어머니가 들고 계시는 찬송가에 붉은 선혈이 떨어졌다. 깜짝 놀라서 바라보니 어머니 코에서 피가 흘러내리고 있었다. 그뿐 아니라 어머니의 온 얼굴이 일그러지고 있었다. 순식간에 벌어진 일이라 당황해하다가 내가 일단 코를 솜으로 틀어막고 119를 불렀다. 그러는 사이 아내는 바늘로 어머니의 손가락, 발가락 끝부분 20곳을 찔러 피를 뽑아냈다. 침착하고 의미 있는 처치라는 생각이 들었다.

가까운 중소병원보다 좀 멀리 떨어진 대구 파티마 병원으로 모셨다. 거리로 인한 간병의 문제점은 자녀가 6명이기 때문에 걱정하지 않아도 되었다. 며느리와 딸들이 교대로 간병하면 된다고 판단했다.

6인실에 입원했고 온 가족의 간절한 기도 덕분에 그 병실에서 가장 늦게 입원하고 가장 빨리 퇴원했다. 약 한 달 보름간 입원했다. 퇴원하신 후 어머니는 산책 등으로 건강 관리를 열심히 했다. 어머니께서는 며느리에게 조금이라도 덜 신경 쓰이게 하기 위하여 가능한 한 몸소 했다.

1년가량 지난 어느 날 화장실에서 넘어져서 골반뼈가 부러지는 중상을 입으셨다. 다시 119 구급차로 파티마 병원에 입원했다.

8주가량 입원 치료를 하시고 퇴원했는데 당시 후유증으로 약간의 혈관성 치매 증상이 보인다는 의사의 말에 어머니께서는 사력을 다해 치매 방지 훈련을 하시는 것을 보며 생각했다.

"아! 저 정도의 노력이면 못할 것이 없겠구나."

그러나 두 번의 수술과 오랜 투병으로 몸이 허약해지는 것은 어쩔 수 없었다. 구순을 바라보는 노령이었다. 어느 날부터 식음을 전폐했다. 여러 가지 편한 음식을 만들어 드려도 드시지를 못하셨다. 어느 날 호흡이 가빠지고 거의 혼수상태까지 다다랐다.

'아! 마지막이구나.' 하는 생각이 들어 교역자실로 연락하여 부목사님을 한 분 모셔서 임종 예배를 드렸다. 그리고 어머니 몸을 바로 누이면서 차분하게 말씀드렸다.

"어머니, 제발 뭐라도 좀 드세요. 엄마가 이러시면 내가 가슴이 너무 아픕니다."

순간 어머니 입에서 가냘픈 대답 소리가 들렸다.

"응."

순간 뭐라고 표현할 수 없는 그런 느낌을 받았다. 어머니는 자식의 간병에 부담을 느껴서 당신 스스로 식음을 거부하신 것을 직감적으로 느꼈다. 나는 감히 장담한다. 하나님께서 인간을 사랑하심과 어머니의 자식 사랑은 비슷하다고….

요즘은 특별한 경우가 더러 있지만 태초에 하나님께서 인간을 창조하실 때는 그렇게 만드셨다고 나는 생각한다. 급하게 우유를 따뜻하게 데워 입속에 넣어드리니 바로 토했다. 인근에 있는 요양병원에 연락하니 잠시 후 앰뷸런스가 도착했다.

처음 열흘가량을 요양병원 중환자실에 입원하셔서 코에 호스를 꽂아 음식물을 주입했다. 차츰차츰 회복이 되어 휠체어에 의존하여 산책도 다닐 수 있게 되셨다. 그러나 몸의 근육이 점점 굳어져 가는 것은 어쩔 수가 없었다.

한 건물 안에 있는 요양원과 요양 병원 중환자실을 오가며 3

년이 넘는 세월을 거기서 보내셨다. 나는 3년의 세월을 하루도 빠지지 않고 어머니께 갔다. 눈이 많이 올 때는 밑에다 주차해 놓고 걸어서 갔다. 하루에 두 번 갈 때도 있었고 어느 날은 하루에 세 번 간 적도 있었다. 부산에 있는 일가친척이 올 때는 내가 동행해야 했기 때문이다.

어머니는 근육이 굳어져서 주먹을 꼭 쥔 채로 턱 밑에 두 손을 모은 채 더 이상 펴지도, 오므리지도 못했다. 눈도 제대로 뜨지 못하는 자세로 몸이 굳어가고 있었다. 그래도 아들이 말하는 것은 다 들으시고 고개를 흔들든지, 끄덕이든지 의사 표시는 했다.

2013년 어느 여름날 오후 시간에 어머니의 문병을 갔는데 간병인들은 한쪽에서 차를 마시고 있었다. 어머니 곁으로 다가간 나는 너무 충격적인 모습에 그 자리에 굳어버렸다.

두 손을 모으고 계시는 어머니의 오른쪽 눈에 파리 두 마리가 붙어 움직이고 있었다. 어떻게 표현할 수 없는 분노가 치밀어 올라 소리쳤다.

"아주머니."

차 마시던 간병인들이 달려와 파리를 쫓고서 미안하다며 공손히 사과했다. 하루에 한두 번씩 찾아뵙고 30~40분 정도로 보살펴 드리는 내가 너무 심하게 질책할 수도 없는 입장이었다.

"잘 좀 부탁합니다."

그렇게 말하고 돌아왔다.

오른쪽 눈가에 움푹 들어간 그 자리에 앉아 있던 파리와 그것을 어쩔 수 없어 참고 계시는 어머니를 생각하니 너무 가슴이 아팠다.

며칠 뒤 폐에 염증이 생겨서 다시 중환자실로 옮겼다. 요양병원 중환자실은 일반 요양원 입원실보다 좀 더 넓었다. 어머니 곁에 보조 의자를 가져다 놓고 어머니 옆으로 바짝 당겨 앉아서 어머니 귀에 속삭였다.

"어머니, 이제 예수님 계시는 천국으로 가세요."

차마 자식으로서 해서는 안 될 말을 했다. 아무런 반응이 없었다.

"어머니, 자식들이 걱정이 돼서 못 가십니까?"

고개를 끄떡이셨다.

"어머니 자식 6남매 모두 다 결혼하고 아들딸 낳고 다들 자기 집 장만하고 잘살고 있으니 걱정하지 마시고 이제 편안한 천국으로 가셔도 됩니다."

"……."

"그래도 걱정이 됩니까?"

고개를 끄떡이시며 아주 가냘픈 목소리로 "으~." 했다. 매일 찾아뵙고 자식들의 근황을 전해드렸다. 해가 바뀌고 2014년 1월이 되었다.

1월 23일 목요일 오후, 조용한 시간에 여느 때와 마찬가지로 어머니께 갔다. 부산에서 여동생 부부가 왔다. 그날따라 나는 평소에 하지 않던 행동을 했다.

"어머니, 어머니 좋아하던 노래 한 곡 들려드릴까요?"

고개를 끄떡이신다. 스마트폰으로 이미자의 「동백아가씨」를 들려드렸다. 애절한 노랫소리가 흘러나오자 어머니 옆 침대에 계시는 할머니께서 너무도 구슬프게 따라 부르신다.

'오늘 저 할머니께서 속에 있는 응어리를 푸시는구나!'

라고 생각하며 돌아왔다. 다음날 비슷한 시간에 문병을 갔는데 그 옆 침대가 비워져 있었다. 간호사에게 물어보았다.

"저기 계시던 할머니 어디 가셨나요?"

"어제 저녁에 돌아가셨습니다."

뭔지는 모르지만 야릇한 마음이 들었다.「동백아가씨」가 부르고 싶어서 이렇게 기다리셨나?

3일 뒤 2014년 1월 26일 주일에 그날은 어머니를 두 번 찾아뵈었다. 낮 시간에 다녀왔는데 오후 8시경에 대구에 계시는 큰누님과 매형이 오신다 하여 다시 갔다. 두 분이 면회한 후 내가 평소처럼 어머니 귀에 속삭였다.

"어머니, 이제 자식들 걱정하지 마시고 예수님 계시는 편안한 천국으로 가세요."

순간 어머니께서는 분명하고 확실한 목소리로 말씀하셨다.

"그래 알았다. 이제 갈게."

그리고는 이내 입을 다물었다.

"어머니, 어머니."

아무리 불러도 반응하시지 않으셨다. 그때가 오후 9시경이다. 어머니의 그 말씀을 생각하면 나는 계속 그곳에 머물러 있었어야 했다. 그러나 그곳은 병원 중환자실이다. 병원 규정상 더 이상 머무를 수 없다. 마음 한구석에는 큰 아쉬움이 남지만 내일 아침 일찍 오겠다는 생각으로 집으로 돌아왔다.

다음날 2014년 1월 27일 새벽 3시 40분 전화벨이 울렸다. 직감적으로 느꼈다. '아! 억지로라도 어젯밤에 어머니 곁을 지키고 있었어야 했구나!'

"여보세요."

"병원인데요, 할머니 방금 운명했습니다."

급하게 옷을 챙겨 입고 달려가며 생각했다. 어머니께서는 이미 아시고 나와 약속하셨구나! 어머니는 지금쯤 흰 가운을 입으시고 즐겁게 거니는 곳으로 가셨겠구나. 내가 겪고 또 보아온 여러 가지 형태의 죽음에 따르면 우리 인간은 호흡이 끊어지기 직전에 자신이 가야할 곳을 자신은 알 수 있다.

검은 망토를 뒤집어쓰고 끌려가듯 갈 것인지 흰 가운을 입고 자유롭게 행동할 것인지를. 호흡이 완전히 멈추기 전에 알 수 있을 것이라 생각한다. 그리고 살아서 세상에 남아있는 사람도 돌아가신 분의 목적지를 어느 정도 유추할 수 있다고 나는 생각한다.

조문객의 진심 어린 안타까워하는 조문이 많다면 그분은 편한 곳으로 가셨을 것이고 그 반대로 조문객의 성의 없는 형식적인 조문이 많다면 그 반대의 곳으로 가셨을 것이라 나는 생각한다. 확실한 것은 아니지만 전혀 터무니없지도 않을 것이다.

그 후 복 목사는 자신이 살아가는 잔인한 방식대로 희망교회를 통치해 나갔다. 내가 알고 있는 하나님은 그 잔인함대로 살아가게 결코 그냥 내버려두시는 분이 아니시다. 복 목사가 교회 내에서 발생하는 모든 일들을 정확하게 알고 있는 그 모습은 차라리 경이롭게까지 느껴졌다고 소문이 나기 시작했다.

어떨 때는 사무엘보다 더 예리했고 또 어떨 때는 솔로몬보다 더 지혜로워 보였다고 했다. 그런데 꼬리가 길면 밟히는 법이다. 교회 요소요소에 도청 장치를 해놓은 것이었다. 자신들이 한 발언을 복 목사가 너무 정확하게 알고 있는 점을 이상하게 여긴 부목사가 따지자 그 부목사를 감금 폭행까지 했다고 한다. 의심을 품었던 그 부목사가 영산경찰서에 신고하여 수사관들의 조사로 인해 도청 장치가 발각되었다.

경찰 수사관들이 도청 장치를 찾아내는 것은 너무나 쉽다. 복 목사가 살아가는 방식이 바로 이런 잔인한 방식이었다. 잔인한 방식인 줄 이미 알고 있었지만 이렇게까지 잔인한 줄은 정말 몰랐다. 그 잔인한 방식에 대한 결과가 결정되는 데는 그렇게 오랜 시간이 필요치 않았다.

자비로우신 주님께서는 참을 수 있는 만큼은 참으시는 분이다. 만약에 내가 잔인한 사람이 잔인한 방식으로 살아가는 것에 대해 화를 낸다면 나 또한 잔인한 사람이 될 것이라는 생각이 들었다.

화가 나는 것이 아니라 너무 애처로웠다. 잔인한 사람의 마지막을 나는 알고 있기 때문이다. 검은 망토를 뒤집어쓰고 흑암의 길을 탄식 소리만 내며 끌려가듯이 가야 하는, 모든 희망을 버려야 할 그 길이다. 그 길을 따라가지 않는 것이 악에게 지지 않는 행동이고 악을 이기는 방법이다.

로마서 12장 "네 원수가 주리거든 먹이고, 목마르거든 마시게 하라. 그리함으로 네가 숯불을 그 머리에 쌓아 놓으리라. 악에게 지지 말고 선으로 악을 이기라."

숯불을 그 머리에 쌓아 놓았으니 얼마나 뜨겁겠는가? 과거에 나도 수많은 숯불을 머리에 쌓아 놓았다가 이제는 돌이켜 하나님의 은혜 속에 살고 있듯이 그 사람도 아직은 시간적인 여유가 있으니 하루속히 돌아섰으면 좋겠다는 생각이 든다. 내면 깊숙이 갇혀 있는 선을 끄집어내어 악을 이기시기 바라는 마음이다. 그러나 그는 그런 상황에서도 목사들의 소속 기관인 노회에서 부여해 준 교회 위임이라는 권한으로 버티다가 결국 2억 5천만 원을 받고 사임했다고 한다.

위임이라는 제도 속에서의 그 권한은 몰지각한 행패의 방패막이도 되겠지만 양심을 조금만 멀리하면 무소불위의 권력도 된다.

전국적으로 또 다른 곳의 목회 임지를 알아보는 일도 이미 퍼진 소문과 이명이라는 허가를 받아야 하는지라 다른 곳에서 목회하기는 상당히 어려울 거라는 생각이 들었다. 이명 허가라는 제도 또한 목사가 노회에 대항하지 못하게 채워놓은 족쇄다. 아직까지는 하나님께서 자신에게는 기회를 주시고 계신다는 것을 알았으면 좋겠다.

그 잔인함에 눌려있던 불쌍한 장로들은 해방이 됐겠지만, 연약한 성도들은 빚만 2억 5천만 원 짊어지게 되었다. 영적이든 육체적이든 부모는 잘 만나야 한다는 것이 나의 생각이다.

13

희망교회를 사임한 다음 해 3월 목사 안수를 받았다. 어머니가 소천하신지 두 달 뒤였다. 그 모습을 보여드리지 못한 것이 못내 아쉽다.

이제는 목회를 해야 할 것인데 중소 교단의 신학교 출신 목사는 청빙될 걱정은 하지 않아도 된다. 그런 경우는 거의 없기 때문이다. 타 교단에 편목을 해도 마찬가지다.

어느 유명 목사처럼 약간의 변칙적인 방법을 쓰든지 아니면 모 기업의 사장 목사처럼 높은 사람에게 아첨을 잘하면 그것이 가능해질 수는 있을 것이다. 그런 방면에 익숙하지 않은 나 같은 목사라면 목회는 오직 개척뿐이었다. 나는 교회 명칭을 어떻게 정할까? 많은 고민을 하면서 기도했다.

요한복음 10장 3~5절 말씀이 가슴에 와닿았다.

"문지기는 그를 위하여 문을 열고, 양은 그의 음성을 들나니 그가 자기 양의 이름을 각각 불러 인도하여 내느니라. 자기 양을 다 내어놓은 후에 앞서 가면 양들이 그의 음성을 아는 고로 따라오되 타인의 음성은 알지 못하는 고로 타인을 따르지 아니하고 도리어 도망하느니라."

주님의 말씀처럼 양의 이름을 각각 불러 우리 밖으로 인도하여 내놓은 후에 앞서가면서 양들이 따라오게 만들어야 하는데 성도가 많으면 이름을 외우기도 힘들 것 같다는 꿈같은 생각도 했다.

과거 어느 한 학생의 일이 생각났다.

희망교회에 처음 부임한 다음해 3월 대학부에 한 자매가 등록했다. 이름은 이현미다. 어딘가 힘이 없어 보였고 소심하고 외로워 보였다.

어느 날 대화를 하던 중 자신의 집은 경북 북부 해안 지방인데 아버지는 일찍 돌아가셨고 어머니가 고향에서 조그마한 식당을 경영하시면서 어렵게 자신의 학비를 보내주신다고 했다. 그 말을 듣고 보니 애처로운 마음이 들어 맑은 피부까지도 창백하게 보였다.

당시에 고등학교 2학년이었던 내 딸아이도 가난한 사찰집사를 아버지로 둔 탓에 혹시나 다른 사람들에게 그렇게 보이지 않을까 걱정이 되었다. 어떠한 방법으로든 저 아이를 도와줘야겠다는 생각이 들었다. 그때부터 현미를 만날 때마다 의도적으로 치켜세웠다.

"우리 청년대학부에서 현미 네가 제일 예쁘다."

실제로 그런 면도 있다. 특히 대학부 학생들이 많이 모여 있으면 모두가 들으라는 듯이 더욱더 큰소리로 외쳤다. 처음에는 많이 민망스러워했다.

"집사님! 창피하게 그러지 마십시오."

다른 아이들도 마찬가지였다.

"집사님이 장난으로 저러신다."

"아니야. 현미는 사람들이 참 호감을 느끼는 얼굴이고 특히 남자들에게 호감을 주는 얼굴이야."

너무 그렇게 하니 어떨 때는 약간의 짜증 섞인 말도 했다.

"집사님은 현미만 좋아하신다."

"너희들 현미의 얼굴을 스마트폰으로 촬영해서 영상으로 한 번 봐라. 어지간한 탤런트보다 예쁘게 보인다는 것을 알게 될 거야. 그만큼 화면발이 잘 받는 얼굴이야."

계속 이렇게 하면 자신이 진짜 탤런트같이 생각되는 게 인간 속성이다. 그 후부터 현미는 얼굴에 점점 자신감이 생기더니 어느 날부터 앞에 나서서 찬양 인도도 하고 대학부 회장까지 되어서 그 부서를 리드했다.

참교회라면 그 교회 담임목사는 영적인 아버지가 되고 장로, 권사들은 영적 어머니가 되어야 한다. 영적인 부모가 돼야 한다는 말이다.

내가 조금 덜 먹더라도 자식에게 더 많이 먹여주는 것이 부모의 도리다. 자식의 장점은 부각시키고 단점은 교정해 주고 힘들고 어려워하는 자식들에게 희망을 심어주는 것이 부모의 할 일이라고 생각한다.

진정한 목회를 하려면 나에게 오는 양들을 감싸안아 주고 그들에게 행복한 삶을 살게 만들어줘야 한다. 양들에게 행복한 삶을 만들어주고 목회자는 그것만으로도 즐거움을 느껴야 한다. 그런데 그것을 반대로 하는 목회자들이 있는 것 같다.

양들을 순간적인 즐거움을 만들어주고 자신은 점진적으로 행복해지는 목회를 하고 있는 것 같은 생각이 들어 심각하게 고민이 된다. 다른 한편으로는 자신의 부를 축적하고 욕정을 해소하고 자신의 명예를 한결 더 높이기 위한 도구로 활용하고 있는 것 같은 목회자도 가끔은 있는 것 같다.

과연 나에게는 어느 정도의 양들을 아름답게 인도해 줄 수 있는 능력이 있을까? 아마 나는 백 명 이상은 성품 파악도 힘들고 어쩌면 내 능력으로는 백 명 이상의 양들은 이름 외우기도 어려울 것 같다.

나의 힘으로는 백 명 정도가 가장 적합하다고 생각해서 백인(百人)교회로 이름을 정할까 생각이 들어 하나님께 여쭤보려고 오산리 금식 기도원으로 갔다.

내 생각은 개척해서 성도들이 등록하면 한 분씩 번호를 매겨서 백인(百人)이 넘으면 그곳은 다른 분에게 맡기고 나는 또 다른 곳에 다시 개척하겠다는 그런 엄청난 착각을 하고 있었다.

단테의 신곡 중에 한 대목이 생각난다.

"재주도 없으면서 진리를 낚겠다고 해안으로 가는 것은 불필요한 행위 정도가 아니라 나쁜 행위다. 자신의 판단을 너무 빨리 믿지 마라."

오산리 금식 기도원으로 가는 기차 안에서 차창 밖으로 아무 생각 없이 내다보는데 저 멀리 산 위에 한자로 백인(百忍)이라는 글자가 엄청 크게 보였다. 아! 하나님께서도 허락해 주시는구나. 그런데 백 명이라는 뜻의 백인이 아니라 백 번이라도 참으라는 뜻의 백인이구나 생각하고 4일간 기도 후 내려오는 기차 안 차창가에서 밖을 내다보던 중 먼 하늘에서 또 다른 대형 글자가 나타났다.

이번에는 영어였다.

"BACK IN."

무슨 뜻인가? 나름대로 해석해 보았다. "안으로 돌아가라." 내면의 세계, 즉 영적인 세계로 들어가서 나의 중심, 나 자신을 살펴라. 그리고 더러운 시기, 질투와 추악한 탐욕에 막혀서 밖으로 나오지 못하고 내 마음 깊숙이 갇혀 움직이지 못하고 있는 사랑, 소망, 믿음을 밖으로 내보내라는 뜻으로 해석됐다.

이렇게 세 가지의 뜻이 담긴 지구상에 하나밖에 없는 『백인교회』가 설립되었다. 백인교회 진돌탕 목사는 하나님께 간절한 기도를 드렸다.

"나의 아버지 하나님! 부족한 종에게 베풀어 주신 은혜를 감사드립니다. 하나님! 간절히 바라옵니다. 부족한 종이 감당할 수 있는 분량의 시련과 은혜만 내려주십시오. 시련 때문에 실족하지 않고 은혜로 인해 교만하지 않게 하여 주시옵소서. 실족하여 하나님과 멀어질까 두렵고 교만하여 백인교회가 〈백인교〉가 될까 두렵습니다. 목사가 교주처럼 되지 않게 해 주십시오. 부족한 종이 생각해도 그렇게 될 가능성이 있고 주변에도 그런 분들이 가끔씩 보이기도 합니다. 주님 꼭 지켜주십시오. 예수님의 존귀하신 이름으로 기도드렸습니다. 아멘!"

이제 예배드릴 처소가 필요했다. 넉넉지 못한 형편상 거기에 걸맞은 교회를 찾기가 어려웠다. 소속된 교단 노회장 목사가 있다. 목회 경력도 오래되었고 매주 치유 사역도 한다. 비록 규모는 크지 않지만, 내실이 탄탄한 교회 담임목사였다.

어느 날 대화를 하던 중 고민을 얘기했다.

"목사님! 나도 이제 예배드릴 처소를 찾고 있습니다."

"목사님! 잘됐습니다. 우리 교회도 이제 좁은 편이어서 다른 곳으로 옮기려고 하는데 우리가 옮기고 나면 여기로 오세요. 월

세도 아주 싸고 주차 공간도 넓습니다."

"아! 그렇습니까? 그것 참 좋네요. 우리에게 어울릴 것 같습니다. 때가 되면 신중히 생각해 봅시다."

차 한 잔 마시고 이런저런 이야기를 하다가 나올 때 그 목사가 내 귀에 대고 속삭이듯 말했다.

"목사님! 사실 이곳이 '터'가 아주 좋아요. 여기서 목회하시면 틀림없이 성공할 거예요."

아! 목사로서 해서는 안 되는 말을 그 목사가 했고 들으면 안 되는 소리를 내가 들어버렸다.

사촌 여동생이 서울에서 목사 안수를 받고 개척을 했다. 동생 역시 기도를 많이 한다고 소문이 났다. 주로 치유 사역, 예언 기도를 한다. 어느 날 개척한 교회에 승합차 1대가 필요했다. 그 문제를 놓고 기도를 하던 중 하나님께서 응답해 주셨다고 한다.

"이웃에 있는 최 아무개 집사에게 말해보라."

다음날 최 집사를 찾아갔다.

"최 집사님, 우리 교회에 중고 승합차 1대가 있었으면 좋겠습니다."

"마침 우리 남편 회사에 중고 승합차가 몇 대 있습니다. 그중에 적당한 것을 보내 드릴게요."

최 집사가 반색하면서 얘기했다. 너무 감사하다고 인사를 하고 돌아왔는데 그다음 날 집사 남편이 중고 승합차를 직접 운전해 왔는데 그의 명함에 "○○중고차매매상사 직원 ○○○"이라고 적혀 있었다는 것이다. 여동생은 슬픈 표정으로 내게 말했다.

"오빠! 일반 중고차 가격보다 조금 더 비싼 가격을 단돈 10원도 깎지 못하고 할부로 차를 샀어요."

거기에는 또 무슨 의미가 있었을까? 이 일은 나에게도 깊은 생각에 잠기게 하는 사건인 것이 분명하다.

어느 날 임시 노회가 개최되어 노회에 소속된 목사들이 50~60명가량 모였다. 노회 개최가 선언되고 선배 목사인 이정수 목사가 대표기도를 했다. 나는 수없이 많은 대표 기도 소리를 들었지만 그렇게 가슴이 뛰는 기도는 처음이었다.

통상적인 기도의 틀에 박힌 그런 기도가 아니었다. 가슴을 파고드는 듯한 기도에 왠지 모르게 눈물이 났다. 오래전에 청도 동산기도원에서의 일이 생각났다. 나의 기도 소리를 듣고 울었다던 두 집사도 이런 심정이었겠구나, 라고 느끼게 했다.

휴식 시간에 이정수 목사 옆으로 자리를 옮겼다. 나와는 별다른 친분이 없었고 그냥 같은 노회 소속일 뿐이고 나보다 나이는 여섯 살이 많지만, 졸업 기수로는 엄청난 선배다. 옆에서 조금씩 대화를 하던 중 점심시간이 되었다. 식사 자리는 참석한 모든 목사가 들어가서 방바닥에 앉아서 식사할 수 있는 넓은 공간이었다.

이정수 목사는 식사하지 않는다고 했지만 내가 자꾸 권했다.

"목사님, 사실은 내가 사람이 많은 곳에서는 식사하기 힘들어요."

"왜 그렇습니까?"

"내가 눈이 잘 안 보여요."

"예?"

"바로 앞에 있는 밥과 국 정도는 보이는데 조금 멀리 있는 반찬은 잘 안 보여요. 처음에는 그것 때문에 실수도 많이 했어요. 어떨 때는 집어 오다가 떨어뜨리기도 하고 또 어떨 때는 뭔지도 모르고 집어 와서 그냥 먹어요. 너무 짜서 혼난 적도 있고 그리고 신발을 벗고 들어가면 나올 때 신발 찾기가 힘들어서 그런 곳에는 들어가는 것을 꺼려요."

너무 슬픈 고백이었다. 아! 이제부터 이 목사를 내가 도와드려야겠다고 생각했다.

"목사님, 이제부터는 제가 형님이라고 부르겠습니다. 그리고 제가 옆에 있는 한 형님은 아무 걱정하지 마세요. 제가 도와드리겠습니다."

그리고 같이 식사하러 가서 반찬들을 조금씩 앞접시에 담아서 목사 바로 앞에 가져다 놓고 먹게 했다. 너무 고마워하며 맛있게 먹었다. 그 후 이정수 목사와 아주 가깝게 지냈다. 자주 연락도 하고 만났다. 통상적으로 내가 찾아가는 편이었다. 그를 가까이서 대하고 보니 참 존경스러운 사람이었다.

자신도 약간의 시각 장애를 가지고 있으면서 포항시 흥해읍에서 교회를 개척해서 목회를 하고 있다. 사택은 월 임대료가 삼십만 원 정도 나가는 임대 주택이었다. 과거에는 토지도 있었고 어장도 있었던 부유한 사람이었다.

20년 전쯤, 군에서 막 제대한 아들이 큰 교통사고를 당했다. 지금도 휠체어에 의지하고 살고 있다. 그 아들의 교통사고 보상금도 꽤 많이 받았다.

그런 많은 돈을 어려운 이웃에게 나눠주든지 빌려주고 자신은 기초생활수급자로 선정되어 수급비로 생활하고 목회를 하면서도 만족하게 살고 있다.

어떨 때는 참 미련하다는 생각도 들었다. 목사도 목사지만 사모님은 더 대단하신 사람이다. 그런 목사에게 아무런 질타 없이 직접 일군 채소를 시장에 내다 팔면서 끝까지 내조한 사람이다.

1년쯤 지난 어느 날 아침 이정수 목사로부터 전화가 왔는데 침통한 목소리에 떨리기까지 했다.

"아우님! 내가 췌장암 말기라고 하네. 얼마 못 산다고 한다."

청천벽력 같은 소리였다. 급하게 입원한 병원으로 가보니 너무 늦게 발견되어 길어야 한두 달밖에 못산다고 했다. 이정수 목사와 사모님은 담담했다.

"하나님의 뜻이 계실 것입니다. 어떠한 처분도 겸허히 받아들이겠습니다."

사모님은 갑자기 목사에게 무슨 일이 생길까 봐 잠시도 목사의 병상 곁을 벗어나지 않고 간호했다.

어느 날 목사의 출가한 딸아이가 면회를 왔다가 가는 길에 사모님이 병실에서 현관문까지 배웅하려고 잠깐 자리를 비운 사이 이정수 목사는 소천했다. 사모님이 그 잠깐의 시간을 너무 안타까워하여 어떻게 위로의 말을 할 수 없었다.

"형수님, 형님 목사님이 살아 생전에 그렇게 형수님을 힘들게 했으니 어떻게 형수님 보는 앞에서 먼저 가시겠습니까? 미안해서 형수님이 잠시 자리를 비운 사이에 후다닥 가셨을 겁니다. 잠시 뒤에 천국에서 만날 터이니 이제 형수님은 형님 뒷바라지를 그만하고 형수님의 삶을 사십시오."

"예, 맞는 것 같네요. 그렇게 해야겠습니다."

여장부 같은 사모님이 더욱 믿음 안에서 활기차게 사시니 과거 이정수 목사의 도움을 받았던 사람들의 도움으로 아들이 휠체어를 타고 현관 안에까지 들어갈 수 있는 새로운 아파트를 구입하고 지금도 열심히 살아가고 있다. 아내와도 친하게 지내며 가끔씩 연락도 하고 다 같이 식사도 한 번씩 한다.

많은 사람이 이 내용을 들으면 가족들은 생각하지도 않는 미련한 처사라고 손가락질할 수도 있을 것이다. 나 역시 그런 생각을 조금은 가지고 있었다. 그러나 자신도 제대로 볼 수 없는 상황에서 이웃을 위해 열심히 웃으면서 목회를 한 그는 내가 본받고 싶은 그런 목회를 하시고 간 사람이다.

이것이 진정한 제자의 길이라 생각한다. 이름도 없이, 빛도 없이, 새벽 하늘에 빛나는 별과 같은 그런 길!

사찰 집사로 근무하면서 신학을 하고 목사 안수를 받은 나는 특별한 대우를 받는 것 같다. 그것은 나의 자격지심일지도 모른다.

정기 노회 외에 2개월에 한 번씩 모이는 목자회가 있다. 그때는 돌아가면서 대표기도를 하는데 순서지에 대표 기도 바로 옆에 다음 모임의 대표기도 인도자를 미리 표기한다.

다음 회의 대표기도 "진돌탕 목사"로 기록되어 있었다. 흔치 않은 일이라 준비를 단단히 했다. 깨알같이 기도문을 작성하고 거의 외울 정도로 연습했다. 다음 회의 때 갔으나 그날 순서지에 대표 기도는 다른 사람 이름이 표기되어 있었다. 다른 동기 목사들은 관심조차 없었다. 친구 목사가 다가왔다.

"오늘 대표기도 너 아니냐?"

"응! 맞는데 뭔가 잘못된 것 같다. 좀 있어 보면 알겠지."

역시나 순서지의 그가 대표기도를 하고 그 모임은 끝났다. 어차피 자주 있는 일이라 놀랍지도 않았고 혹시 실수일지도 모르는 일이다. 별 대수롭지 않은 이 일이 왜 내 가슴속 깊은 곳에 자리 잡고 있는지 모르겠다. 여기에 이 내용을 할애해야 하는지 선뜻 이해가 가지 않아 삭제하려는 순간에 2004년 7월 동산 기도원에서의 대표기도했던 일이 생각이 났다.

대표기도의 중요성과 그것이 하나님의 인도하심이 아니라 내 개인의 욕망의 산물이라면 그 결과는 엄청난 차이가 있다는 것을 알았다. 여하튼 양복을 드라이클리닝한 육천 원이 너무 아깝다.

　나를 포함한 많은 목사가 빠지는 착각이 일단 개척만 하면 뭔가 크게 성공할 것이라는, 즉 자신을 너무나 과대평가하는 큰 착각이다.

　동기 목사 중 한 사람도 형편보다는 약간 분에 넘친 규모로 개척을 했다. 가장 먼저 개척한 동기생인 옥 목사는 시간이 흐를수록 만만치 않은 월세 및 교회 유지비 때문에 힘들어서 다른 사업도 몇 가지 병행을 했다.

　궁지에 몰리면 악수를 두게 된다고 했다. 사기꾼에게 걸려들었다. 어느 공장을 인수했다. 혼자가 아닌 세 명이 같이했다. 소속 교단 목사 중 한 사람과 자신의 교회에 출석하는 집사 한 사람이었다.

　어린이 장난감 제조 공장을 인수하였는데 어렵게 제작한 제품은 공장을 넘겨준 그 사기꾼이 다 가져갔다. 어떠한 판매처도 그에 대한 대비책도 없었기 때문이었다.

　처음에 공장을 인수할 때 그 제품은 OEM 방식으로 생산된다고 해서 인수했다고 한다. 그런데 이 세 사람은 OEM 방식이 뭔지를 몰랐던 것 같다. 그래서 그 사기꾼에게 완성된 제품을 모조리 맡긴 것이다. 생산된 제품은 출하되고 결제 대금은 입금되지 않는 날들이 길어지자 동업하던 집사는 이제 그만하겠다고 투자한 자금을 돌려달라고 요청했다. 옥 목사가 어느 날 밤늦게 나를 찾아왔다.

내용을 나에게 상세히 설명하고 그 집사의 자리를 채워달라고 부탁했다. 물론 그 사람이 투자한 만큼 투자를 하라는 뜻이다. 생산품을 휴대폰으로 촬영한 것을 나에게 보여주었다. 나의 과거 경험으로 비춰보면 OEM 방식이라면 그 사업에 참여해도 크게 염려될 부분이 없었다.

자재구매, 판매, 결제에 대한 걱정은 하지 않아도 된다. 제품만 생산하고 생산량만큼 금액을 계약된 모기업에서 결제를 받는 방식이다. 통상적으로 제품에 OEM 방식이라는 표기를 한다. 그런데 제품의 사진을 아무리 확대해 보아도 제품 상에는 OEM 방식이라는 표기가 없다. 수출입, OEM 방식은 과거 나의 전공 분야였다.

아! 사기를 당하고 있구나, 직감했다. 어차피 일은 많이 진행된 것 같고 이 밤에 별다른 조치도 취할 수 없었다.

"오늘은 너무 늦었으니 그냥 가시고 며칠 내로 내가 한번 찾아가겠습니다."

며칠 후 그 공장에 찾아갔다. 아뿔싸! 다른 동기생 목사인 홍 목사 내외가 작업복을 입고 생산 라인 앞에 서서 작업을 하고 있었다. 그날 밤 나에게 왔다가 바로 홍 목사를 찾아간 것이다. 홍 목사는 다음날 즉시 수천만 원을 입금하고 사업에 동참한 것이다.

내가 지금도 입버릇처럼 하는 말이 있다.

"나를 포함한 늦은 나이에 신학을 시작한 사람들은 영혼 구원의 열정은 대단하지만, 세상 물정을 너무 모른다."

이것은 순전히 나의 생각일 뿐이었다. 이제 그곳 사업장에는 세 목사만 남아있었다. 얼마 후 다른 한 목사도 슬그머니 빠지고 옥 목사와 홍 목사, 두 명만 남았다. 세상 물정 모르는 사람들이라 급기야 법정에서 다투게 되었다.

"조금씩 양보하세요. 그렇지 않으면 두 분 다 만신창이가 됩니다."

번갈아 가며 수없이 화해를 종용하였건만 끝까지 화해하지 않고 법정까지 가고 말았다. 법정으로 넘어가서 경찰의 조사가 시작되자 그 사기꾼은 즉시 구속되었다. 그만큼 확연한 사기 수법에 당했다는 뜻이다.

처음부터 시작했던 옥 목사는 벌금형을 받았고 마지막에 합류한 홍 목사는 뼈아픈 돈만 날렸다.

14

이 글을 쓰기 위해 펜을 들기까지 엄청나게 고민했다. 우측 손에는 칡뿌리를 쥐고 좌측 손에는 등나무 뿌리를 쥐고 마라톤 풀코스를 양팔을 흔들며 양쪽 뿌리를 번갈아 보며 뛰고 있는 기분이라고 생각하면서 수없이 고민했다.

어찌 생각하면 내가 소속된 조직에 대한 나의 배신이 아닐까?

라는 생각이 들어서 상당 시간 망설였다. 그러나 심각하게 고민해 보니 하나님의 섭리 안에서 처신해야 할 조직의 몇몇 수장들이 하나님을 배반한 것이고 이대로 시간이 지나가면 그 여파로 하나님과 연약한 성도들에게 엄청난 악영향을 미칠 것이라는 생각이 들었다.

내가 조직을 배신한 것이 아니라 조직이 하나님을 배신한 것으로 결론을 내렸다. 또 한편으로는 과연 나는 지금도 신실한 믿음을 가지고 살고 있는가? 라는 생각도 들었다. 그러나 나는 용기를 가지고 신실한 믿음을 가지려고 노력은 하고 있다는 점이 나를 위로해 주었다.

제대로 된 신학을 배우지 못했고 아직도 세상의 유혹에서 완전히 벗어나지 못한 내가 무슨 자격으로 하나님의 말씀을 인용하는가 라는 생각에는 지난 10년가량의 세월이 나에게는「실천신학」이었다는 자부심이 용기를 북돋아 주었다.

이 글에 등장한 그들이 만약에 나처럼 과거를 회개하고 새로운 삶을 살고 있으면 어떻게 할 거냐는 생각도 들었다. 그렇다면 그것은 참 감사할 일이다.

20년이 지난 이 시점에 새삼스럽게 고민을 하면서 망설이기도 했지만, 나의 건강 상태가 더 이상 기다려 주지 않을 것 같다. 하나님께서 나에게 베풀어 주신 이런 엄청난 은혜를 내 가슴에만 묻어놓고 하나님의 부르심을 받는다면 어떻게 될까? 걱정이 되었다.

이런저런 이유로 수없이 고민했다. 전체 내용이 너무 부정적인 것 같다. 검은 망토에 대한 과도한 콤플렉스 아닐까? 생각도 들었지만, 예수님께서 친히 하신 마태복음 4장 17절 말씀이 용기를 북돋아 주었다.

"그때부터 예수께서 비로소 전파하여 이르시되, 회개하라. 천국이 가까이 왔느니라 하시더라."

얼마 전 섬기는 시각 장애인 여집사를 돌보러 온 장애인 활동지원사가 '당신이 교회 나가는 분이라면 나는 당신을 케어하지 않겠다.' 라고 했다는 말을 듣고 이제는 망설일 이유가 없다고 느꼈다.

나의 살아온 삶을 뒤돌아보면서 내 나름대로 겪고 느꼈던 그 인생에서 진정한 답을 찾고 그것을 나누고 싶어졌다.

비록 내가 배신이라는 낙인이 찍히고 혹시 왕따를 당할지라도 다만 몇 사람이라도 나의 이야기를 통해 진정한 믿음의 의미를 깨닫고 내가 겪었던 검은 망토를 뒤집어쓰고 끌려갔던 그 길을 가지 않기를 바란다. 혹시 그 길을 가고 있다면 하루빨리 돌아서기를 바라는 마음에 펜을 들었다. 그러나 아직도 마음의 준비가 되어있지 않아서 그런지 진도는 나가지 않고 그 자리에서 맴돌고 있었다.

희망교회 사찰직을 사임하고 다음 해 3월에 목사 안수는 받았지만, 형편상 마땅한 목회 장소를 구하지 못하고 생계유지를 위해 〈장애인 심리 운동 치료센터〉에 차량 기사로 취직했다.

장애아들의 뇌파를 검사하고 적절하게 육체적인 운동을 시키는 곳이었다. 주 5일간 오후 2시부터 오후 8시까지 근무하고 월 급여 100만 원을 받았다.

희망교회의 사찰 업무에 비교하면 세상 말로 꿀 같은 직장이었다. 하루에 100개 이상의 열쇠를 가지고 다니며 매일 방마다 잠금장치를 확인하다가 이제는 아파트 현관문 한 곳에 장착된 전자키만 누르면 끝인 것이 너무 좋았다.

매일 20명가량의 장애가 있는 아이들을 데려오면 코치들이 운동을 시키고 끝나면 데려다주면 된다. 대부분 아이들은 자신들이 타고 내리지만, 가끔씩 부축을 해줘야 하는 아이도 있었다.

아이들 중에 6살 유치원생 은수라는 남자아이가 있었다. 6살이지만 은수는 너무 똑똑하고 말을 어른스럽게 잘했다. 가끔은 진지하게 말해도 대화가 될 때도 있었다. 집에 데려다 줄 때는 집에 아무도 없어도 혼자서 우편함 속의 열쇠를 꺼내 혼자 문을 열고 들어갔다. 걱정이 되어 괜찮겠냐고 물으면 걱정하지 말라며 들어가는 아이였다.

2014년 4월 16일 아침에 세월호 침몰 사고가 발생했다. 그날 아침 열 시경에 나는 헬스장에서 운동을 하다가 TV에서 반쯤 침몰한 세월호를 보았다. 어쩔 줄 몰라 마음을 졸이고 있는데 전원 구조라는 TV 자막을 보고 참 다행이라고 생각하며 계속 운동했다.

운동이 끝나고 보니 수백 명의 학생들이 탈출하지 못하고 배 안에 갇혀있다는 뉴스를 보고 너무나 분개했다. 반쯤 침몰한 선박 근처에서 가만히 서 있던 해경들을 생각하니 너무나 화가 치밀어 올랐다.

그날 오후에 출근해서 처음 인솔한 아이가 은수였다. 얼마나 화가 치밀었으면 은수에게까지 이야기했다.

"은수야! 인천에 사는 고등학생 형님과 누나들이 배를 타고 제주도에 수학여행을 가다가 배가 뒤집혀서 많은 사람이 실종 됐어. 너는 어떻게 생각해?"

은수는 잠시 생각을 하더니

"왜 수학여행을 그렇게 멀리 갔어? 가까이 차 타고 갔으면 괜찮을 건데."

아! 이 아이는 정말로 똑똑하구나 하는 생각이 들었다.

며칠 뒤 TV에서 한국 기독교 어느 단체의 부회장 목사가 인터뷰 중 '왜 수학여행을 인천에서 제주도까지 가서 이런 사고를 당해, 가까운 불국사에 가면 될 것을 그렇게 멀리까지 가서 이렇게 어렵게 만들어.' 라는 말을 했다. 그 모습을 보고 은수가 생각났다.

'아! 저 양반도 진짜로 똑똑한 아이구나.'

그해 12월 첫째 주 어느 날 MBC 뉴스데스크 시간에 유엔에서 북한 인권 문제를 다룬다는 기사로 뉴스가 진행되었다. 당시 뉴스 시간에는 IS 아니면 북한 인권 문제가 거의 톱뉴스로 언급되었다.

미국발 화면이라 정확한 내용은 이해할 수 없었으나 국내 앵커의 해석이 세계적인 종교단체 대표들이 북한에 대한 UN의 제재에 동의한다는 서명을 하고 있다고 설명하면서 천주교, 이슬람교, 불교 대표들이라고 멘트를 했다.

기독교는 어디 가고 없다. 과거에는 통상적으로 우리나라에서는 가톨릭을 기독교 안에 포함시켰는데 그날은 기독교가 가톨릭 안에 포함되어 있는 것 같았다. 세월호 사건 안에 깊숙이 개입된 구원파의 영향인 것 같다.

심리 운동 센터 근처에는 가톨릭 재단에서 운영하는 대규모 장애인 수용기관이 있었다. 그곳에서 매주 금요일 마지막 시간에 그곳 아이들 8명이 운동하러 온다. 내가 태워 오고 데려다준다.

나이는 20대 이상인데 중증 발달장애인들이다. 감당하기 어려울 정도의 장애를 가진 아이들이었다. 키가 180cm가 넘고 몸무게가 90kg 넘는 아이가 있었는데 아무도 힘으로는 당해낼 수 없는 아이였다. 그 아이는 흥분하면 선생님이 말리려고 팔을 잡으면 머리로 박치기를 해버린다.

그곳 시설에 근무하는 선생님도 코뼈가 부러지는 등의 사고를 많이 당했다. 그 아이 외에 7명도 만만치 않다. 서로 싸울 때는 맹수들이 싸우는 것을 연상하면 된다. 자신이 맞아서 코피가 터져도 끝까지 싸운다. 처음 인솔하러 갔을 때 원장님이 많이 걱정했다.

"진 선생님 혼자 가셔도 되겠습니까?"

"한번 해보죠. 뭐"

그 아이들을 태울 때는 하나님께 간절히 기도하고 운행했다. 그곳 선생님이 귀띔을 해 주었다.

"선생님, 이 아이들은 어린이 동요를 크게 틀어주면 좋아하고 조금은 잠잠해집니다."

그렇게 하니 차를 타고 운행할 때는 얌전했다. 그리고 도착하면 센터 코치와 원장이 내려와서 같이 데리고 들어갔다. 나는 항상 아이들의 눈을 바라보며 행동하기에 나에게는 특별히 위험한 행동을 하지 않는다.

"진 선생님 앞에서는 아이들이 이상하게 꼼짝을 못 하네요."

운동 선생님들이 신기한 듯 그렇게 말하곤 했다. 나는 내가 영적인 삶을 사니 이 아이들이 나의 영성에 눌려 꼼짝을 못 하는구나. 이렇게 생각하고 여유롭게 운전했다.

어느 날 그 아이들을 데려다주는데 거대한 덩치의 아이가 웃으면서 뒤에서 자신의 팔로 나의 목을 감아 졸랐다. 마침 그곳은 차량 통행이 거의 없는 새 도로였다.

자신은 별다른 감정 없는 장난 같은 행동이지만 나에게는 어마어마한 충격을 가하는 힘이었다. 이렇게 죽을 수도 있겠구나 하는 생각이 들어 사력을 다하니 빠져나올 수 있었다. 급하게 빠져나와 얼른 알사탕을 하나를 입에 물려주고 달래서 데려다주었다.

착각 속에 교만하다가 죽을 뻔한 사건이었다. 나만 위험한 것이 아니었다. 그 차에 탄 8명 모두 신경이 쓰였다. 장애를 가진 아이들을 진심으로 사랑해 주고 겸손하게 그들의 입장이 되어 하나님께 기도드리고 영적으로 교감할 때는 얌전하던 아이들이 내 마음속에 교만이 들어가서 차별을 하니 바로 행동이 바뀐다는 것을 느끼게 한 사건이었다.

이것도 성도의 교제 중 하나라고 생각한다. 하나님 앞에서는 장애, 비장애는 아무런 연관도 없다. 이제 어린이 동요를 크게 틀어줘도 조용한 건 잠시뿐이었다. 그 후부터는 운전이 제대로 안 되고 소화도 안 되었다.

음식만 먹으면 속이 뒤틀리고 울렁거려서 밥을 제대로 먹을 수가 없게 되었다. 나에게는 그 사건이 큰 충격이 된 것 같다. 결국 1년을 근무한 그곳을 어쩔 수 없이 그만두었다. 그 며칠 후부터 어린이 탑승 차량에는 인솔 담당 교사 탑승이 의무화되었다.

그곳 2층에 교회가 있었는데 그 교회 목사의 요청으로 약 6개월가량 주일예배 인도를 했다. 주로 이 책에 기록된 나의 간증이 담긴 설교를 많이 했다. 그 목사의 아들 부부가 매주 주일에

배에 참석했는데 그 부부는 영국의 명문대학 출신이고 얼마 전 한국의 대기업 연구 부서에 취직하여 근무 중이었다.

어느 날 그 아들이 나에게 이렇게 이야기했다.

"지금까지 들은 설교 말씀 중에 목사님의 설교 말씀이 가장 합리적이고 현실에 적합하다고 생각합니다."

합리적이고 현실적이라는 말이 칭찬인지 아닌지 약간 헷갈렸다.

"부끄럽네요! 보잘것없는 설교인데."

다음 말이 너무 가슴이 아팠다.

"우리가 서울에서 신앙 생활할 때 설교 진짜 잘하는 목사님들에게 너무 많이 속았습니다."

그 말의 뜻을 아직도 이해하지 못하고 있다. 6개월간 힘든 줄 모르고 최선을 다해 그 교회를 섬겼다.

장애인 심리 운동 치료센터를 그만두고 유치원 통학버스 운전기사로 1년간 근무했다. 천진난만한 아이들을 태워주는 일 역시 나에게 어울리는 직업이었다.

1년 정도 근무한 어느 날부터 한 번씩 시야에 붉은색 덩어리가 둥둥 떠다니고 사물의 초점이 잘 잡히지 않았다. 1년 차 어느 날, 오전 근무하고 오후에 사직했다. 운전 중 신호 대기를 하는데 앞차의 번호판이 살짝 두 개로 보이기 시작하고 원근 파악이 힘들어졌기 때문이었다.

그날 오전 근무 후 퇴사하고 2시경 집으로 오던 중 왕복 2차선 시골길을 고속으로 달리는데 멀리서 오고 있는 대형 덤프트럭이 갑자기 두 대로 보였다. 두 개의 차선 모두에서 트럭이 달려오고 있었다.

그 둘 중 어느 것이 실상인지 알 수가 없어 당황하던 중 급하게 들려오는 말씀이 있었다.

"한쪽 눈을 감아라."

급히 한쪽 눈을 감으니 하나로 보여서 피할 수가 있었다. 아브라함이 이삭을 제물로 바치기 직전에 하나님께서 급하게 외치셨던 "아브라함아, 아브라함아."라고 하신 그런 음성 같았다. 한 쪽 눈을 감고 힘들게 운전하여 집으로 왔다.

그때부터 8개월간 내 눈에는 하나라는 단어는 없어졌다. 밥그릇 국그릇 모두가 두 개였다. 아내도 두 명으로 보였다. 안구로 내려오는 두 개의 시신경 중에 6번 시신경이 막혀서 마비되었다고 했다.

8개월 동안 모든 것을 두 개로 보며 살았다.

"눈동자 운동을 자주 하면 빨리 회복된다."

담당 의사의 말에 엄청나게 많은 시간을 눈동자 굴리기, 먼 곳에서 차츰차츰 가까운 곳으로 보기 등 눈동자 운동도 열심히 했다. 모든 사물이 두 개로 보이면 눈 운동을 하지 말라고 해도 더 열심히 하게 되어 있다. 그 운동을 하면서 느낀 것이 있었다.

우리 눈으로는 우주를 바라볼 수도 있고, 대기권도 바라볼 수도 있고, 먼 산, 가까운 산, 이웃도, 바로 옆에 떨어진 낙엽도 볼 수 있다. 하지만 초점을 아무리 당겨 보아도 내 자신은 볼 수가 없다는 것이다. 그래서 '너 자신을 알라' 는 말이 나온 것 같다. 나 자신을 아는 것이 무척 힘들다는 것을 깨달았다. 눈이 회복된 후 장애인활동지원사라는 직업으로 시각 장애인을 돌보면서 집에서 가정 교회로 목회를 시작했다.

처음에는 가정에서 내가 돌보던 1급 시각 장애인 남자 성도 한 사람을 데리고 예배드리기 시작했다. 내가 목사라는 것을 알고 주일날 교회로 인도해 줄 것을 요청하여 가정에서 예배드리기로 결정한 것이었다.

그 남자는 당시 52세로 일반 중학교까지는 약시의 상태로 졸업하였으나 고등학교 진학할 때 완전 실명이 되어 태양 빛조차 느낄 수 없는 상태가 되었다. 선천성 녹내장이었다.

서울 시각 장애인 고등학교로 진학했고 그곳에서 침술과 안마 자격증을 취득하여 영산에 침술원을 개업한 적이 있었던 사람이다. 지금은 집사 직분을 받은 성 집사다.

성 집사는 흰 지팡이 하나만 가지고 혼자서 서울, 부산, 대구 등지를 자유롭게 다닌다. 어느 날 성 집사가 어머니에게

"이번에는 조금 멀리 갔다 올 테니 찾지 말고 올 때까지 기다리세요."

라고 말하고 어디론가 갔다고 했다. 자주 있는 일이라 별생각 없이 지내던 중 어느 날 성 집사의 숙모가 그 침술원 앞으로 지

나갔다.

"외출 중이라는 팻말이 붙었는데 자세히 보니 문이 안으로 잠겨 있더라."고 어머니께 연락해서 어머니가 급히 문을 부수고 들어가 보니 성 집사가 물 한 주전자 떠 놓고 이불 깔고 누워 있는데 호흡만 간신히 붙어있는 정도였다고 했다.

급히 경북대학교병원으로 이송했지만, 담당 의사가 회복이 불가능하니 다시 데려가라고 하였으나 어머니가 매달리다시피 사정사정해서 응급실에서 응급처치한 후 중환자실에 입원시키고 오랜 기간 어머니의 숭고한 사랑과 지극정성의 간병 덕분에 겨우 목숨을 건졌다.

그 당시에 생긴 욕창의 흔적이 아직도 또렷하게 남아 있다.

그 후 정신적인 문제로 종종 감정을 억제하지 못하고 심하게 흥분해서 어머니가 참 힘들어했다고 했다. 그러던 중에 내가 그의 활동 보조인이 되었다. 처음에는 가급적 그의 속마음을 표현하는 말을 많이 시키고 그의 말을 많이 들어주었다.

나는 주로 성경 이야기, 특히 예수님의 이야기를 많이 했다. 자신도 과거에는 교회를 다녔다고 말했다.

"어머니는 극심한 불자이니 집에서는 교회 이야기를 절대로 하지 마세요."라고 말했다.

그 후부터 그의 행동이 조금씩 달라졌다. 이전에는 약간의 장거리에 갈 때면 여벌 옷을 가지고 가야 할 정도였는데 이제부터는 그럴 필요가 없어졌다. 용변 문제 등 모든 문제점은 대화로

소통이 잘되었다. 본인이 그렇게 변하니 주변의 모든 사람도 변했다.

시각협회 회원들은 보지 못하는 분들이라 말하지 않으면 그 자리에 있다는 것도 모르는 실정이다. 특히 성 집사는 더욱더 그런 모습이었는데 이제 많은 회원과 말을 건네고 대화도 자주 했다.

집에서 화내고 흥분하는 횟수도 현저히 줄어들었다. 어느 날 성 집사의 어머니가 말했다.

"선생님, 우리 아들 교회에 좀 데려가면 안 되나요?"

정말로 기다리던 말이었다.

"다음 주일부터 당장 데리고 가겠습니다."

그 후부터 나와 함께 열심히 신앙생활을 했다. 성 집사는 틈만 나면 유튜브를 통해 여러 유명한 목사의 설교를 듣는다. 솔직히 그것이 나는 더 신경이 쓰였다. 나와 비교가 될까 봐.

성 집사는 지금까지는 되는대로 살았지만, 이제는 예수를 믿고 천국의 소망을 가지고 열심히 살고 있다. 매일 아침에 일어나면 한 시간씩 기도하고 나서 하루 일과를 시작했다.

성 집사의 변화된 모습에 또 한 명의 1급 시각 장애인 여성이 우리가 섬기는 백인교회로 오고 싶어 해서 데리고 와서 같이 예배를 드렸다.

강 집사다. 백인교회 성도는 두 사람이 되면서 배가 되었다. 45세인 강 집사는 공직에 근무했던 적이 있는 젊고 예쁘고 발랄

했던 청년이었으나 30세 되던 해에 수술 후유증으로 실명했다.

강 집사는 과거에는 볼링을 거의 선수급 수준으로 잘했고 밧줄을 타고 등반을 즐겼던 젊고 멋있는 여성이었다. 30년 동안 즐기던 세상을 이제 볼 수 없다고 하니 얼마나 낙심이 되었겠는가? 모든 중도 시각 장애인이 그러하듯이 강 집사 역시 실명 직후 스스로 목숨을 끊으려고 생각하고 있었다.

어느 날 평소 익숙했던 집안 창고 안에 있던 농약을 찾으려고 더듬거리고 갔으나 어머니께서 치웠는지 없었다고 했다. 한동안 그렇게 생각했는데 하나님의 사랑을 알고 난 뒤 생각이 달라졌다고 했다.

"전형적인 시골 할머니인 어머니가 어떻게 그것을 치우시려는 마음이 들었겠는가? 틀림없이 하나님께서 어머니를 통해 농약을 치워주셨다고 나는 믿는다."

그 후 강 집사는 평소 알고 지내던 착하고 늠름한 청년과 결혼했다. 실명한 후의 일이다. 아내가 될 사람이 이제는 세상을 볼 수 없다는 사실을 알면서도 내가 당신의 눈이 되어주겠다고 하며 섬기는 마음으로 결혼하겠다는 아름답고 건강한 마음씨를 가진, 부지런하고 잘생긴 청년이었다.

결혼 후 첫 번째 아들은 건강하게 태어났으나 둘째 아들이 엄마와 같은 시각 장애를 가지고 태어났다. 두 아이를 가진 엄마 집사가 된 것이다.

둘째 아들은 1급 발달장애라는 중복 장애를 가지고 태어났다.

신생아 때 눈에서 나오는 고름과 진물로 인해 고통스러워하는 아기를 보며 '의술로는 치료가 될 수 없으니, 통증이라도 없게 해 주자.'는 의사의 권유로 안구를 제거했기에 이제는 의학적 방법으로는 볼 수 있는 희망조차 가질 수 없는 상태였다.

11세까지 보지도, 말하지도 못하는 상태에다 발달장애 1급이라는 중복 장애로 지능은 한 살 영아 수준이었다. 자신도 보이지 않는 엄마가 이 아이에게 밥을 먹일 때는 한쪽 손으로 더듬어 입을 찾고서 다른 한쪽 손으로 밥을 떠먹여야 하는 모습은 우리가 바라보는 것조차 힘든 그런 모습이었다.

그 아들이 춥다, 덥다, 아프다, 배고프다, 그 정도만이라도 의사 표현을 할 수 있게 되는 것이 엄마의 소망이었다. 그런 아이의 나이가 열 살이 넘어가니 덩치도 커지고 힘도 세졌다. 볼 수 없는 엄마가 양육하기는 너무 벅찬 현실이었다.

어느 때는 아이가 휘두르는 손에 맞아 멍들 때도 있었다. 그럼에도 불구하고 엄마니까, 엄마라는 이유로, 아들을 꼭 안고 있는 모습을 보기만 해도 눈물이 흘렀다. 이 애통한 사정으로 인하여 우리의 기도는 더욱더 간절해졌다.

"하나님, 이 상태에서 우리가 하나님께 이렇게 좀 해 주십시오, 저렇게 좀 해 주십시오라고 기도조차 못 올려 드리겠습니다. 우리들의 연약한 믿음으로는 어떠한 요구의 기도조차 올려 드리지 못합니다. 아니, 올려 드릴 수가 없습니다. 하나님 보시면 아시겠지만, 우리가 해 줄 일이 없습니다. 주님께서 '애통한

자는 복이 있나니, 그들이 위로를 받을 것임이요.' 했지 않았습니까? 이보다 더 애통한 일이 있습니까? 하나님, 간절하게 부탁드립니다. 우리들의 방식이 아닌 하나님의 방식으로 이렇게 애통해하는 저 모자를 위로하고 해결 좀 해 주십시오. 저 가련한 엄마의 눈물을 하나님께서 직접 좀 닦아주십시오. 예수님의 존귀하신 이름으로 기도드립니다. 아멘!"

5년의 세월을 몇 명 되지 않는 성도지만 주일예배를 마친 후 모두가 울면서 간절하게 통성으로 눈물의 기도를 드렸다.

2016년 5월 어버이날 영산시 시각 장애인협회 주최로 시각 장애인 위문공연 행사를 대형 예식장을 빌려서 진행했다. 나는 성 집사를 데리고 참석했다. 당시에 근처에 있는 어느 교회, 안수 집사인 방 집사가 다른 시각 장애인 한 명을 돌보고 있었는데 방 집사는 터무니없이 남을 모함하는 등 질투심이 너무 많았다.

어떨 때는 별 이유 없이 화를 내기도 하여 많은 사람의 구설수에 오르기도 하고 욕을 듣는 경우도 많았다. 그런데 그는 여자와의 관계도 많이 어수선했다.

그날 우리는 조금 일찍 도착하여 나와 성 집사, 강 집사, 그리고 나를 잘 따랐던 김경화 씨와 그의 활동 보조인 등이 무대 앞자리 큰 테이블에 자리를 잡고 앉아 있었다.

방 집사는 늦게 온 탓에 뒷자리 끝부분 테이블에 자신이 케어하는 이용자와 자리를 잡았다. 조금 외로워 보였다. 즐겁게 오전 행사를 마치고 점심시간이 되었다. 뷔페식이라 보이지 않는 분들은 그 자리에 앉아 있고 활동 보조인들이 음식을 날라 주었다.

뒤에 앉아 있던 방 집사가 슬금슬금 우리 쪽으로 다가오더니 같이 동석한 김경화 씨의 뒤로 가서 그녀의 얼굴을 뒤에서 감싸 잡고 고개를 뒤로 젖혀 이마에 키스를 쪽 소리가 날 정도로 하고 도망가 버렸다.

김경화 씨는 방 집사보다 나이도 많이 어리고 남편이 있는 아름다운 미모를 가진 두 아이의 엄마였다. 그곳은 200명 이상 모인 행사 장소다. 그를 포함한 시각 장애인들은 볼 수 없지만 주변에 볼 수 있는 도우미들과 행사 진행 요원들이 많이 있었다.

그들은 모두 근처에 사는 이웃들이다. 그리고 그곳에는 수많은 CCTV가 설치되어 있었다. 이런 곳에서 그런 행동을 한 것이다. 놀란 김경화 씨가 나에게 물었다.

"목사님, 방금 누구예요?"

"어? 어! 방태영 선생님이다."

한숨을 내쉬면서 중얼거렸다.

"아! 내가 그렇게 쉽게 보였나?"

질투에 눈이 멀면 아무 생각이 없는 것 같다. 얼마 뒤 방 집사는 또 다른 실명된 지 얼마 되지 않아 누군가가 붙들어주지 않으면 한 발도 못 움직이는 50대 남자 시각 장애인과 대판 싸웠다. 역시 여자 문제였다. 서로 육두문자를 써가며 서로 죽인다고 고함을 질렀다. 아마 그날 그 남자 손에 방 집사가 붙잡혔으면 살아남기 힘들었을 것이라는 생각이 든다.

나는 그 방 집사의 터무니없는 질투심과 모략에 말려 성 집사를 도우는 일을 그만두게 되었다. 사탄의 시험에 내가 졌다고 생각했다. 방 집사도 가정에서는 훌륭한 남편이고 자상한 아버지일 것이다. 또 장인어른이고 시아버지며 할아버지일 것이다.

그 후 어린이집 통학버스를 운전하면서 성 집사와 강 집사를 데리고 가정예배는 계속 드렸다. 가정예배를 시작한 지 2년 정도 지난 후 시내에 있는 상가건물 4층을 임대하여 교회를 새롭게 개척하고 설립 예배를 드렸다.

목회에 전념하고자 그동안 하던 일을 그만두었다. 승강기도 없고 주차 공간도 없는 오래되고 열악한 환경이지만 저렴한 보증금 및 월세가 우리에게 적절하다고 생각하고 열심히 예배드렸다.

적은 금액이지만 월세와 기타 공과금 그리고 우리가 주일 점심을 해 먹을 수 있는 정도의 금액이 나의 국민연금으로 지급되었기 때문에 가능했다. 아파트 담보 대출금과 관리비 등 우리 가정의 생활비는 아내가 받는 직장의 보수로 가능했다.

그곳에서 장애인인 성도 두 사람에게 세례를 베풀고 집사 직분으로 임명도 했다. 2년 동안 아름답게 예배를 드리던 중 건물주의 이해할 수 없는 요구에 교회를 비워주고 형편상 다시 가정교회로 돌아와서 지금까지 이끌어 나가고 있다. 건물주는 절실

한 불교 신도였다.

"성도들이 계단을 올라올 때 발소리가 너무 시끄럽다. 건물 전체가 교회같이 보인다."

"옥상에 설치되어 있는 십자가를 떼라."

우리가 이전해 오기 8년 전부터 설치되어 있던 십자가였다. 여러 가지로 말도 안 되는 트집을 잡았다. 다른 트집은 참고 넘어갈 수 있었는데 그것은 너무 어이가 없어서 한마디 했다.

"십자가를 떼고 싶으면 직접 떼십시오."

어차피 교회를 옮기기로 작정했기 때문에 용감하게 말했다. 건물주가 다짐을 받는다.

"허락하신 것입니다."

"예, 허락했습니다."

대답은 했지만, 마음은 아팠다. 며칠 후 옥상에 올라가 보니 십자가 밑에 고정하기 위해 4개의 볼트가 장착되어 있는데 그 중에 한 개만 풀려 있었다. 뒤따라온 건물주가 겸연쩍은 듯이 말했다.

"우리는 도저히 못 떼겠으니, 목사님이 떼십시오."

역시 믿지 않는 세상 사람들은 하나님을 무서워하는 것을 또 한 번 느꼈다.

시각 장애인협회 회원 중 평소에 나를 잘 따르던 김경화 씨가 어느 날 전화가 와서 만났다. 얼마 전 경로잔치 때 동석했던 그 여자분이다. 김경화 씨 큰아들과 함께 세 명이 점심 식사하고 아들 문제를 상담하고 난 후 말했다.

"나도 오라버니 교회에 가고 싶어요."

우리들의 가정교회에 와서 예배드리고 싶다는 것이었다. 4년여의 세월 동안 백인교회에 와서 예배드린 집사 두 사람의 행동이 너무 밝게 변화가 되었다고 협회에 소문이 많이 나 있었다.

16년이 넘은 낡은 승용차 1대밖에 없는 우리의 형편상 방향이 완전히 다른 그 사람을 모셔 올 수가 없어서 인도하지 못했다. 강 집사의 아들을 내가 맡아서 돌봐주기로 하고 과감하게 소형 승용차를 추가로 마련했다.

나에게도 일자리가 생기면 비용 문제는 걱정하지 않아도 된다고 생각했다. 이제는 차량이 두 대가 있으니, 아내와 내가 한쪽 방향을 맡아서 나가면 되겠다고 생각했다.

준비를 마치고 김경화 씨를 교회로 데리고 와서 같이 예배를 드리기로 했다. 들뜬 마음으로 연락하니 며칠 전 소천했다고 했다.

소천하기 며칠 전에 김경화 씨가 나에게 전화를 걸어왔는데 영상통화로 걸려 왔다. 얼떨결에 전화를 받았다.

"너는 볼 수도 없는데 웬 영상통화냐?"

"아! 잘못 눌렀습니다."

겸연쩍게 말했다. 그녀가 소천하고 난 뒤 생각해 보니 마지막을 암시하는 행동이 아니었을까 생각이 들었다.

15

　한쪽에서는 성공한 목회자가 수천 억대의 재산을 감당치 못하고 연일 뉴스거리를 제공하며 제왕같이 군림한다. 또 다른 한쪽에서는 한 영혼을 구원시키려고 이렇게 애를 쓰고 있다. 현실을 바라보며 애통한 심정으로 하나님께 호소의 기도를 드렸다.
　"이렇게 어렵게 목회하는 분들의 노력이 헛되지 않게 해 주세요."
　힘들고 어렵게 목회하는 목사를 세상의 눈으로 볼 때 그들을 실패한 선지자로 보는 것 같다. 하지만 엄청나게 많은 부를 축적한 목사를 볼 때 성공한 목사로 볼 것 같다는 생각이 들었다.
　하나님의 판단은 과연 어떠실까? 혼자 생각해 본다. 과연 돈이 얼마나 있으면 만족할 수 있을까? 훗날의 역사는 그들을 어떻게 평가할까? 그들이 이 세상을 떠날 때 조문객들의 진심은 어떤 마음일까? 그렇게 많은 돈을 가지고 있으면 자신의 영혼까지 즐겁게 할 수 있었을까? 궁금해진다. 자신만이 알 수 있는 일이다.
　신곡에서 단테가 한 말이 생각났다.
　"제아무리 무거운 이자를 받는 고리대금업자라도 교회 재산에 광분하는 수도승만큼 하나님을 욕되게 하지 않는다. 교회가 가지고 있는 것은 하나님의 이름으로 자비를 구하는 가난한 것들의 것이지, 수도승의 가족이나 다른 사악한 것들의 것이 아니다."

내 기도의 응답을 토대로 예상해 본다면 하나님께서는 음부로 내려가는 길을 쉽게 내려가지 못하도록 험하게 만들어 놓으셨다. 그분들은 자신들이 축적해 온 많은 물질로 그 길을 편하게 갈 수 있도록 다리도 만들고 터널도 뚫는 토목 공사를 하고 있는 것 같다.

아니면 더 편하게 가려고 에스컬레이터를 설치하는 것 같기도 하다. 자신을 포함한 후손들의 편리함도 위해서 말이다. 욥의 일생을 정반대로 산다는 생각이 강하게 들었다. 신기루를 잡으려 허우적거리는 모습이 완연하다.

내 나름대로 느낀 진정한 목회는 이런 것이고 진짜 목회자는 이렇게 해야 한다고 전하고 싶으나 딱히 전할 방법이 없다.

현재 한국 기독교계에서는 어느 계통이건 완전히 성공해서 명성을 떨쳐야만 많은 사람들 앞의 단상에 설 수 있는 기회가 주어진다. 어렵게 복음만 전하는 목회자들에게는 그런 기회가 쉽게 주어지지 않는다. 충분한 액션도 섞어야 성도들이 신이 나기 때문일까?

특히 나의 이런 내용의 설교는 흔히 말하는 〈까는 설교〉로 분류되어 더욱더 배척당한다. 그리고 더 중요한 것은 만약 나에게 그런 기회가 주어져도 나는 언변이 약하고 비주얼도 약해서 큰 효과가 없을 것이라는 생각이 들었다.

앞서 말한 강 집사의 장애가 있는 아들을 돌보기 위해 장애인 활동지원사를 관리하는 복지 기관을 찾아가서 입사 지원을 했다. 그 단계를 거쳐야 일을 할 수 있었다.

장애인 활동 보조인이라는 호칭이 장애인활동지원사로 바뀌었다. '사'라는 호칭이 뭔가 있어 보인다. 면접하면서 관계를 묻기에 사실 그대로 설명을 하니 젊은 담당자는 망설임이 없었다.

"선생님을 채용할 수 없습니다."

"나는 목사고 이분들은 우리 교회 성도들인데 내가 맡아서 돌보면 조금이라도 더 편하게 해 줄 수 있지 않습니까?"

"그래서 더욱더 안 됩니다."

너무 기가 막혔다.

"선생님, 제가 목사인데요!"

담당하는 젊은 남자분이 싸움하는 어투로 말했다.

"요즘 목사를 어떻게 믿어요!"

돌아서 나오는데 숯불이 내 뒤통수에 붙어있는 것 같았다. 믿지 못하는 목사라는 직분 덕분에 결국은 그 일을 못 하게 되었다.

지금은 오래된 승용차는 폐차시키고 비록 소형이지만 신차를 타고 다닌다. 엔진 소리도 조용하고 고장 걱정은 안 해도 된다. 이것 역시 도우시는 하나님의 손길이라 생각한다.

지병이 있는지라 남들보다는 운동을 많이 하는 편이다. 그런데 어느 날부터 너무 어지러웠다. 앉았다가 일어서면 하늘이 깜깜해졌다. 고개를 숙여도 어질어질할 때도 있었다. 가까운 병원에서 약을 처방받아서 먹으면 조금은 나아지는 것 같기도 하지만 여전히 힘들었다.

어느 날 집에서 나오는데 이웃집 새댁이 나를 보고 놀라면서 말했다.

"목사님 얼굴색이 왜 그래요?"

"얼굴색이 어떤데요?"

"안색이 너무 안 좋습니다."

다시 들어가서 거울로 보니 완전한 백지장이었다.

집에서 그리 멀지 않은 대구에서 개척 목회하는 정 목사가 있었다. 나와는 다른 노회 소속이지만 헬스를 같이 하면서 약간의 친분이 생겼다. 그는 자신이 소속된 교단의 최소 단위 조직의 회계를 맡아보다가 상부 기관에서 내려온 구제비를 회장 목사와 둘이 아무도 모르게 나눠 가졌다.

회계장부에 입출금 내역을 기록하지 않으면 아무도 모르는 일이다. 완벽하게 처리된 줄 알았는데 사소한 일 때문에 들켰다고 했다.

같이 운동하던 또 다른 어느 목사에게 들은 이야기다. 그는 목사로서 해서는 안 되는 일을 하고도 너무 당당했다. 어떠한 수치심도 덮어버리는 돈의 위력이 놀라울 뿐이다. 그 정 목사가 몸에 지병이 생겨 수술하게 되었다. 한 달가량 설교할 수가 없게 됐다고 걱정해서 내가 그 한 달간 주일 오전, 오후 예배를 인도하기로 했다.

물론 사례비는 받지 않기로 했다. 열악한 교회라 대체할 목회자가 없고 다른 목사에게 부탁하면 상당한 사례비를 지불해야 한다고 걱정해서 그렇게 하기로 했다. 자신의 병을 발견하게 된 동기가 뇌 전문인 포항의 대형병원에서 장로인 원장이 어려운 목회자를 위하여 저렴한 비용으로 최첨단 초정밀 뇌혈관 검사를 해 주서서 그곳에서 검사를 받다가 그 병이 발견되었다고 했다.

평소 나의 어지러운 증상을 이야기하고 정확한 안내를 부탁했지만 정 목사는

"그 원장님은 포항에서 목회하는 목사님에 한해서 도와주시기 때문에 진 목사님은 안 됩니다."

"목사님도 포항이 아니고 대구에서 목회하시는데 목사님은 어떻게 혜택을 받았나요?"

"나는 특별한 케이스라서 가능했습니다."

정 목사의 특별한 케이스가 도대체 뭔가 알 길이 없었는데 얼마 후 다른 이웃교회 목사에게서 전화가 왔다.

청도에서 목회하시는 목사인데 자신도 어지러워 정 목사에게 물어보니 나에게 한 말과 똑같이 이야기해서 포기하고 있었다고 했다. 그러다 일단 가서 부딪쳐 보기나 해보자는 생각에 그 병원을 찾아가보니 한국에서 목회하는 어려운 개척교회 목회자

는 모두 다 가능하다고 하여 자신도 검사를 받았다고 나에게도 가보라고 했다.

정 목사는 사람으로서 해서는 안 될 일, 그것도 생명을 담보로 하는 일을 눈 하나 깜박이지 않고 했다. 자신에게 돌아오는 그 어떠한 이득도 없는 일을 무슨 재미로 하는지 꼭 알고 싶다. '심술' 일까? 만약에 그렇다면 '왜' 라는 질문에는 답을 찾을 수 없다.

한 달 동안 어지러움도 참아가며 백인교회 성도들을 그곳으로 모시고 가서 예배를 드렸다. 백인교회 두 집사는 웃으면서 이야기했다.

"우리 목사님은 교회를 들고 다니신다."

마지막 설교를 하고 나오는데 그동안의 사례비라고 봉투를 건네줘서 정 목사와 성도들 보는 앞에서 헌금함에 봉투째로 넣고 왔다. 물론 금액은 모른다.

그의 교회는 규모는 작지만 나하고는 차원이 다르다. 자신의 소유로 된 곳이다. 정 목사는 자신의 인터넷 카페에 주일 설교 동영상을 올린다. 내가 그 교회에서 설교한 예배 동영상도 모두 올렸다.

내가 마지막 설교를 하고 난 뒤 내 설교의 동영상에 댓글이 달렸다.

"성만찬의 진정한 의미를 알고는 계시나요?"

짐승도 자신을 위해서 도와주는 사람에게 그렇게 하지 않는다. 정 목사는 짐승도 하지 않는 일을 눈 하나 깜빡이지 않고 하고 있었다. 평소 자신의 설교 조회수보다 스무 배가 넘는 나의 설교 조회수가 마음에 걸린 것일까?

마태복음 5장 10절 "의를 위하여 박해를 받은 자는 복이 있나니, 천국이 그들의 것임이라." 말씀을 역으로 해석해 보았다.

"의를 박해하는 자는 벌이 있나니, 지옥이 그들의 것임이라."

"압살롬이 말 타고 도망가다가 나뭇가지에 부딪혀 목뼈가 부러져 죽었다."는 정 목사의 설교 동영상에 대해서는 최소한의 자존심을 지켜주기 위해서 더 이상 언급을 하지 않겠다.

힘들어하는 사람을 보면 연민을 느끼는 것이 사람이다. 특히 이웃에게는 더욱더 그럴 것이다. 그런데 잘 나가는 사람을 보면 질투를 느끼는 것도 사람이다. 그러나 짐승도 하지 않는 자신을 도와준 사람에게 질투라는 것을 느끼면 그것은 짐승보다 더 못한 것 아닌가?

악한 의지에는 욕심이 깃들고 지혜롭고 선한 의지에는 사랑이 깃든다는 문구가 생각난다. 도저히 이해할 수 없고 용서는 더욱 되지 않는 그도 과거에 내게 했던 하나님의 말씀 한마디에 이해가 되었다.

"나는 쟤를 모른다."

정 목사 역시 하루속히 그런 마음을 버리고 돌아섰으면 하는 바람이다. 정 목사보다 그와 단절한 나를 이상하게 보는 것이

요즘 현실이다.

　즉시 포항병원으로 가서 검사 결과 뇌혈관 한 부분이 95% 정도가 막혔고 조금만 늦었어도 혈관성 치매 아니면 뇌졸중이 왔을 것이라고 했다. 급하게 수술하지 않으면 안 된다는 진단이 나왔다.

　이틀 후 입원하고 뇌에 스텐트 시술을 받고 12일 만에 퇴원했다. 내 곁에는 죽음에 이르게 할 수 있는 목사도 있고, 살리는 길로 인도하는 장로도 있었다. 모든 것이 극진하신 하나님의 예정과 섭리다.

　내가 입원했던 2주간 우리 백인교회 착한 집사 두 사람은 힘든 담임 목사를 위해 기도하며 집에서 유튜브 실황 중계를 통해 예배를 드렸다. 예배 후 통성 기도는 끊임없이 이어졌다.

　포항 대형병원에서 뇌혈관 수술을 하고 중환자실에서 회복을 기다리던 중 아내가 슬픈 표정으로 다가왔다.

　"당신이 수술할 때 만약에 당신에게 무슨 일이 생긴다면 당신의 이 이야기를 누가 글로 써 줄까? 걱정이 되었어요."

　힘이 났다. 진정한 나의 후원자가 있다는 생각이 들고 확실한 용기가 생겼다.

16

    요즘 들어 대한민국의 교회가 이상한 곳으로 흘러가고 있다는 생각이 든다. 과거에 기독교인들은 착한 사람들이라고 인정을 받았는데 얼마 전부터 이상한 사람들로 평가되고 있더니 요즘은 나쁜 사람들로 인식이 되어 버렸다.

    우리 주님도 그런 평가를 받으실까 봐 두려워진다. 포항 대형병원 원장 장로는 참 존경스러운 사람이다. 그 정도의 높은 지위임에도 불구하고 항상 정중한 자세로 임했다. 특히 회진을 돌 때는 더욱 겸손한 자세로 친절하고 재미있게 환자들을 위로해주고 치료해 주신다. 엄격해야 할 때와 인자해야 할 때를 정확하게 구분해서서 환자를 대하시는 분이었다.

    다른 분에게 들은 이야기로는 그 원장님도 재정적으로 상당히 어려움을 겪고 계신다는데 그럼에도 불구하고 열악한 환경에서 목회하는 목사들에게 당신이 할 수 있는 최선의 방법으로 베풀었다.

    나에게는 그가 이 시대의 진정한 하나님의 일꾼으로 보였다. 아직까지는 우리 주변에는 아름답고 따뜻한 마음씨를 가진 사람이 더 많다는 것을 깨달았다.

    내가 하나님께 받은 은혜를 세상에 전해야겠다는 생각이 들었다. 그 방법은 내가 겪었던 일들을 글로 전하는 것이라는 것을 깨닫고 글로써 전해야 하겠다고 결심했다. 둔탁한 필력이지만 용감하게 시작했다.

단언컨대 나는 과거 몸무게가 90kg을 육박하는 기름덩어리 같은 육신을 가진 이기적이고 비열한 존재였다. 그래서 오래전부터 나를 잘 알고 있는 지인을 만나면 겁부터 났다. 나의 과거를 너무나 잘 알고 있기 때문이다.

지금은 그 탈을 벗으려고 몸부림치고 있다. 그 과정을 소개하고 나의 이야기를 읽는 분들과 함께 진정한 복음의 의미, 삶의 의미를 깨달을 수 있는 계기가 되었으면 하는 바람이다.

얼마 전 집안의 혼사가 있어 부산에 갔다가 결혼식장에서 작가로 등단해서 글을 쓰는 사촌 동생을 만났다. 식사 자리에서 그 동생에게 혹시나 나에게 조금이나마 도움이 될 수 있는 말 한마디라도 들을 수 있을까 기대하고 슬쩍 말을 꺼냈다.

"나 요즘 글을 쓰고 있다."

"무슨 글을 쓰는데요."

"응, 내 지난 과거를 뉘우치는 의미에서 적어 보려고."

그 동생은 내가 부산에서 떠나온 뒤로 거의 내 소식은 듣지 못했다. 과거 호프집 할 때 민폐를 끼친 동생이었다.

"형님의 과거? 많이 길겠네. 어쩌면 대하소설이 되겠어!"

"??"

대하소설감이라는 내용을 불과 한두 페이지 정도의 지면만 할애해서 살짝 미안하다. 이 글을 동생은 보지 않았으면 좋겠다는 생각이 든다. 곰곰이 생각해 보면 그 말이 맞는 것 같다. 자세히 적으면 대하소설감이다.

믿지 않는 사촌 동생의 입을 통해 하나님의 말씀이 나에게 전해지는 것 같다.

"과거 너의 영적, 육적 죄로 따지면 지옥행이다. 그러나 특별히 너에게 집행유예를 선고한 것이다."

하나님의 특별 배려라고 생각한다. 무기지옥 집행유예라는 문구를 다시 한번 되새겨 본다. 집행유예의 대가가 우리 주님의 십자가임을 알게 되기까지는 꽤 많은 시간이 걸렸다.

대하소설감인 나의 과거를 그냥 덮고 넘어가 버리려니 너무 미안하다. 특히 아내에게 미안하다. 대하소설감의 과거를 한 대목으로 적어 본다.

과거 청년 시절 늘 아버지께서 나에게 하신 말씀이다.

"탕, 사람은 친구를 잘 만나야 한다. 너도 친구를 신중하게 사귀어라."

어느 날 술 마시고 싸움질하다 잡혀 온 경찰서에서 보호자로 인도하러 오셔서 담당 경찰관에게 사건의 내막을 다 들으시고 하신 말씀이다.

"탕, 너는 앞으로 친구 사귀지 마라. 친구가 물든다."

과거 대하소설의 내용이 압축된 말씀이다. 다시 한번 하나님께 용서를 구하고 싶다.

우리 백인교회 모든 성도가 서로 받은 은혜를 공유하면 나보다 더 나은 간증이 나올 수도 있다는 생각이 들었다. 주일 오후 예배는 가끔씩 돌아가면서 자신이 받은 은혜를 서로 나누는 시간을 가진다.

감천시 믿음교회 길 목사가 생각난다. 솔직히 나도 그런 지저분한 기억을 잊어버리고 싶었는데 오랜만에 공 집사가 전화를 걸어와서 알려주었다.

길 목사는 어떠한 연유인지 몰라도 장로들의 단합으로 그만두게 됐고 다음 임지인 대전으로 가면서 그 자매를 데리고 갔다고 했다. 그리고 몇 년 후 그 자매를 서울의 어느 순진한 청년과 결혼을 시키고 결혼식의 주례는 자신이 맡았다고 했다. 주례사를 어떻게 했는지 몹시 궁금하다. 이런 경우 서로의 관계가 깨어지지 않으면 끝까지 묻힌다는 것이 나의 견해다.

얼마 전 어떤 사람이 18년간 목사의 아들을 자신의 아들인 줄 알고 키웠다는 내용의 TV 시사 프로그램이 생각났다. 이 땅에서 기독교, 교회라는 이름 아래에서만큼은 생기지 말아야 하는 일들이다.

대한예수교 장로회 소속 교회 중 수도권에 엄청나게 크고 세계적으로 유명한 교회가 있다. 얼마 전까지 나는 이렇게 생각했었다.

"아, 저 목사님은 대한민국 서울에 아주 큰 구원의 방주를 세

웠구나."

노아의 방주 수준으로 생각하고 그를 상당히 존경했다. 그런데 그것이 아닌 것 같다. 연일 뉴스거리를 제공하고 있어서 내 나름대로 기도 중에 그분의 모습을 확대해 보니 내가 방주라고 느꼈던 그 방주 안에 있는 선장실에는 대형 금고만 가득 차 있었다.

"아! 저 구원의 방주는 입장료를 지불해야 들어갈 수 있는 방주구나. 저 선장은 돈을 너무 사랑하는 선장이었구나."

이렇게 생각하고 존경하는 마음을 완전히 접었다. 아니 완전히 다른 감정으로 바뀌었다. 참으로 불쌍한 사람이다.

"하나님, 내 능력으로 오로지 내 힘으로 일으켜 세운 기업입니다. 그러니 내 마음대로 처리하는 것이 당연하지 않습니까?"라고 외치고 있는 것 같다.

요즘은 소유하고 있는 재산 문제로 구설수에 오르는 유명한 목사들이 점점 많아지고 있다. 무슨 생각에 그렇게 하시는지 알 수가 없다. 공관복음서 모든 곳에 등장하는 젊은 부자 관원이 어떻게 해야 영생을 얻을 수 있습니까? 라는 질문에 그 젊은 부자 관원에게

"네 가진 것을 다 팔아서 이웃에게 주라. 그리하면 하늘에서 보화가 네게 있으리라. 그리고 와서 나를 따르라."

말씀하신 후 근심하며 돌아가는 청년을 보시고 제자들에게 이르신 말씀 "내가 진실로 너희에게 이르노니, 부자는 천국에

들어가기 어려우니라. 다시 너희에게 말하노니, 낙타가 바늘귀로 들어가는 것이 부자가 하나님 나라에 들어가는 것보다 쉬우니라."

낙타가 바늘귀로 들어갈 수는 없는 일 아닌가? 그것을 알면서도 대를 이어가며 부자가 되기를 노력하는 이들은 하나님 나라에 들어가는 것을 포기하신 분들일까? 그것도 아니면 이들은 예수님과 성경 말씀을 믿지 않는 사람들이라는 생각밖에 들지 않는다.

대한민국에서 이들의 활약상을 보면서 처음 내가 느낀 감정은 '아! 이분들이야말로 메시아구나. 아무것도 없는 상태에서 수없이 많은 양을 배부르게 먹이는 그야말로 〈오병이어〉의 기적을 일으키는구나.' 였다. 그런데 세월이 흐른 지금은 완전히 뒤바뀌었다.

"아! 저분들은 오천 마리 양들에게서 진을 짜내서 자신의 오병이어가 아니라 오 만병 이 만어로 만들고 있구나. 그것도 모자라 더 짜내려고 끝없이 노력하고 있구나!"

최소한 나는 그렇게 살지는 않겠다고 다짐했다. 이 세상을 떠나갈 때 하나님 나라가 아니면 다른 곳은 한 곳뿐이다. 모든 희망을 버려야 되는 곳, 검은 망토를 뒤집어쓰고 끌려가듯이 가는 그곳이다.

나의 경우를 비춰 생각해 보면 그분들은 자손대대로 지옥으로 가는 에스컬레이터를 타고 내려가서 서로 만나겠구나 하는 생각이 들었다. 이분들도 시편 23편은 즐겨 외우고 있을 것이다. 5절 말씀 "주께서 내 원수의 목전에서 내게 상을 베푸시고 기름으로 내 머리에 바르셨으니 내 잔이 넘치나이다."

주님의 은혜로 잔이 넘치는 축복을 받았으나 축복이 넘치는 그 잔을 이웃의 불쌍한 사람들이 들고 있는 빈 잔 위로 옮겨놓을 생각은 전혀 하지 않는다. 그쪽으로 조금만 이동시키면 넘치는 축복을 밑에서 비어 있는 잔을 가지고 기다리는 불쌍한 영혼들이 받아 마실 수 있을 것인데….

자신의 넘치는 그 잔 밑에 초대형 수족관을 지어놓고 넘치는 축복을 모조리 받아 모으려 하는 속셈으로 보인다. 그것마저 넘치면 어떻게 할지 궁금하다.

단테의 신곡 중 여덟 번째 지옥의 일곱 번째 구렁이 생각난다. 뱀에게 물려 가루가 된 사람, 그 가루가 땅에 떨어지자 다시 본래의 형상이 될 때 "오! 제발 나에게로 와 주오, 죽음이여! 도적질과 약탈을 일삼는 자, 특히 성물을 훔친 가장 무서운 죄를 지은 자, 속세에서는 무사하지만, 이곳에서는 아니다. 하나님께 방자한 망령들이여! 하나님 좋아하시네. 에라, 하나님 이거나 먹어라."

거짓으로 뉘우치는 죄보다 큰 죄가 없다. 죽기 전에 죽음을 경험해 보는 것보다 더 완벽한 경험은 없다.

35년 전 귀신 들렸던 누나가 최근에 한 말이다.

"그때 귀신을 쫓아내 준다던 그 목사에게 맞을 때 너무 아파서 죽은 척하고 싶었다."

얼마 전 어느 TV 방송 시사 프로그램에서 집중취재해서 이와 비슷한 내용이 방송된 적이 있었다. 귀신 쫓아낸다고 두들겨 패니 그것을 맞고 기절한 사람을 일으켜 세우고는 죽은 사람을 살렸다고 말했다. 이런 소문은 많은 순진한 양들을 불러 모을 수 있는 충분한 이유가 된다. 설교 잘하는 목사에게 여러 번 속았다는 말이 다시 한번 생각났다.

2018년 성탄절에 시집간 딸이 살고 있는 곳으로 가서 그곳에서 가장 큰 교회로 성탄 예배를 드리러 갔었다. 우리 백인교회는 사정상 성탄 예배를 드리지 못했다. 그 교회는 전국적으로 꽤나 유명한 목사가 담임하고 있는 초대형 교회였다.

평소 주일예배와 별 다름없이 진행되고 있었다. 설교 전 헌금 시간에 우리 일행은 준비한 헌금을 헌금대에 넣었다. 그런데 설교 후 성탄절 헌금을 따로 드린다고 했다.

우리는 갖고 간 헌금을 다 드렸으니 그냥 조용히 기도하고 있는데 많은 부교역자가 2명 1조로 강단 앞으로 나왔다. 한 명은 큰 상자를 또 한 명은 작은 상자를 들고 앞에 나와 일렬로 서자 예배를 인도하던 담임 목사님이 말했다.

"성탄 헌금을 가지고 앞으로 나와서 작은 상자에 헌금을 넣고 큰 상자에 있는 선물을 받아 가세요."

우리들은 이미 헌금을 다 하였기에 조용히 앉아 있었다. 선물은 받지 않아도 된다고 생각했다. 그런데 성도들이 앉아 있는 구역별로 나갔다. 우리 가족이 앉아 있는 그 근처의 사람들이 우르르 나가니 우리 가족 네 명만 덩그러니 남아있었다. 아직 초신자인 사위에게 민망하여 슬며시 일어나서 밖으로 데리고 나왔다. 그러자 군데군데 앉아 있던 젊은 사람 몇 명이 따라 나왔다.

이런 헌금 방식을 예배 인도자나 참석자 모두 다 아무렇지도 않다는 표정이었다. 그만큼 익숙하다는 뜻이 아닐까? 처음 그 교회로 들어가서 헌금을 헌금 봉투에 넣을 때 그 헌금 봉투 가운데 100원짜리 동전만 한 구멍이 뻥 뚫려 있는 것부터가 서글펐다. 그곳을 나와서 영어 강사인 딸에게 사위가 물었다. 사위도 영어는 수준급이다.

"저 목사님 조금 전 설교할 때 외국어를 많이 쓰던데 어느 나라 말이지?"

"응! 영어"

딸의 대답에 사위가 혼자 중얼거린다.

"아! 그렇구나! 나는 라틴어인줄 알았네."

나는 잘 모르지만, 그 목사는 자신은 미국 최고의 명문대학을 졸업했다고 자화자찬하던 것을 생각하니 웃음이 나왔다.

천안에 사는 지인이 출석하는 어느 교회의 요람을 보니 헌금 명목이 18가지였다. 그것도 헌금자 명단이 주보에 기록되었다. 형편상 헌금을 못 드리는 성도는 어쩌란 말인가? 너무 심하다는 생각이 든다. 요즘 느낀 일이다. 헌금 때문에 교회에 출석하지 않는 성도들이 많다. 어떤 분들은 헌금할 형편이 안 돼서, 또 다른 어떤 분들은 헌금이 아까워서….

진돌탕의 목표다. 양들을 뜯어먹지 말고 양들을 먹이자. 많은 사람이 이상하게 생각할지 모르지만, 헌금이 없는 교회를 만들어보자는 것이 꿈이고 희망이다. 주일날 교회에 와서 말씀 듣고 식사하고 돌아가는 그런 교회를 만들어보고 싶다.

우리나라에서는 자신이 개척해서 교회를 성장시킨 목사와 청빙된 목사의 권한 차이는 엄청나다. 개척해서 부흥시킨 목사의 권한은 그야말로 무소불위다.

반면에 청빙된 목사는 장로들 앞에서는 그야말로 바람 앞의 등불 꼴이다. 언제든지 쫓겨 나갈 수도 있다는 말이다. 그것을 방지하기 위한 장치가 모든 권한을 위임하는 제도이다. 위임 목사 혹은 담임 목사라는 호칭으로 불린다.

자신이 개척한 목사는 과거에 정금 기도원에서 간증했던 그 목사처럼 암암리에 교회를 거금에 팔고 나갈 수 있다. 아니면 자녀들이나 아내에게 물려줄 수도 있다. 청빙된 목사는 그렇게 할 수 없다.

그런데 개척이라고 말하기도 모호하고 청빙이라 말하기도 모호한 목사들이 있다. 대구에서 성도 100명가량 모이는 교회에서 목회하는 두 목사가 있었다. 두 분 다 그런 모호한 케이스였다.

덕배교회 이 목사는 아버지 목사가 개척한 교회에서 물려받아 목회를 하고 있었고 그 이웃 비전교회 유 목사는 자신이 조그마하게 개척했는데 이웃 대형교회에서 문제가 생겨서 70명가량의 성도가 옮겨와서 교회를 신축하여 목회를 하고 있었다.

두 목사 모두 딱히 자신이 개척한 교회라고 주장할 수도 없고 그렇다고 청빙이라고 말하기도 애매한 상황이었다. 두 사람이 같은 연배라 은퇴 시기도 비슷하다. 어느 날 두 교회를 합병하자는데 마음을 모았다. 합병하면 한 사람은 담임 목사직을 유지하고 한 사람은 얼마간의 보상을 받고 교회를 떠나야 했다.

그 두 목사 중에 생활에 여유가 조금 더 있는 덕배교회 이 목사가 물러나기로 하고 요구한 보상금이 향후 20년간 월 오백만 원씩 지급해 달라는 것이다. 상상도 할 수 없는 요구 조건이었다.

물론 처음 요구 조건에서 어느 정도는 삭감될 것을 감안했을 것이다. 그런데 유 목사는 그 조건에 두말없이 승낙했다. 이제 두 사람은 각자의 교회에서 장로들을 설득해야 한다. 유 목사는 자신의 교회에서 설득하기는 쉬웠다. 덕배교회 쪽에서 지급하기로 했다면 문제가 없을 것이다. 그러나 덕배교회 성도들은 어떤가?

평소에 이 목사는 자신은 물질에서 초월했고 돈은 일만 악의 뿌리라고 입버릇처럼 설교했다고 한다. 그런 사람이 제시한 엄청난 이 조건을 장로들에게 어떻게 이해를 시키겠는가?

결국은 유 목사는 합병해서 지금까지 목회를 하고 있고 이 목사는 명예는 만신창이가 되고 정확하게 계산된 퇴직금 정도만 받고 물러났다. 그리고는 지금까지 두 사람은 철천지원수로 살고 있다. 평소 설교도 자신에게 맞게 신중히 해야 한다는 교훈이다.

17

과거 부산에서 나와 비슷하게 생활했던 후배가 한 명 있었다. 최 집사다. 그도 나처럼 마음을 새롭게 하여 과거를 정산하고 예수 믿고 신앙생활을 열심히 하고 있다. 300명가량의 성도가 출석하는 교회에서 섬기고 있는데 그 후배가 나에게 전화를 걸어왔는데 상당히 격앙된 목소리였다.

어느 주일날, 섬기는 교회 담임 목사가 설교하던 중 요즘 교회의 재정 상태가 좋지 않아 자신이 살고 있는 사택을 32평에서 27평으로 줄이고 이사를 했다고 해서 훌륭한 목사님이라 생각했는데 성가대석에 앉아 있는 장로 몇 사람의 표정이 너무 이상해지고 설교 뒤 이어지는 찬송가도 부르지 않고 그냥 앉아 있더라는 것이다.

예배가 끝나고 식당에서 식사하던 중 어느 장로가 내용을 설명해 주는데 그 목사가 살고 계시는 사택은 오래된 아파트인지라 32평이지만 가격은 2억 원 정도고, 새로 입주한 아파트는 신축 아파트라 27평이지만 3억 원이 넘는다고 했다. 그런데 저런 식으로 설교한다며 탄식하듯 이야기했다고 했다.

"형님, 도대체 왜 세상이 왜 이렇게 됐는지 모르겠습니다."

하소연하는 동생에게 나는 짧게 대답했다.

"나도 모르겠다."

벌써 4~5년 전의 일이었는데 얼마 전 후배가 전화를 걸어 알려주었다.

"형님, 우리 교회 그 목사 죽었습니다."

"아! 그분은 집행유예의 은총을 받지 못했구나!"

신곡 중 제9 지옥에서 단테가 한 말이 생각난다.

"자신을 믿는 자를 배반한 죄인들, 친지와 조국과 손님을 배반한 자들, 하나님을 배반한 자들, 밤과 낮의 구분이 없는 온통 어둡기만 하고 탄식 소리만 들리는 곳, 사이렌의 달콤한 유혹의 노랫소리는 들리지만, 그에게서 풍겨 나오는 썩은 냄새는 맡지 못한다. 좌우지간 연약한 성도는 사악한 무리에게는 '봉'인 것 같다."

부활절이 지난 어느 날 포항 대형병원에 진료차 갔다가 돌아오던 길에 점심시간이 되어 경주 안강 근처 어느 칼국수 식당에 들어갔다. 넉넉지 못한 형편 탓에 칼국수를 주문했는데 그곳에는 7~8개의 테이블이 손님으로 가득 차 있었다. 그만큼 협소한 공간의 식당이었다.

겨우 한자리 잡고 앉았는데 옆자리에 앉아 있던 세 사람이 꽤 큰 목소리로 이야기하고 있었다.

"지난주 부활절 예배 때 우리 교회 어느 집사님이 부활절 헌금을 봉투에 넣어서 헌금하고 갔는데 예배가 끝나고 봉투를 열어보니 달랑 천 원짜리 세 장이 들어 있더라."

그중 한 사람이 얘기하는데 단번에 목사라는 것을 알아차렸다. 그런데 무엇을 기대하고 이곳에서 그렇게 크게 소리치는지 도무지 알 수가 없었다. 봉투가 아깝다는 뜻일까? 사실은 큰소리친 것은 아니다. 그 사람의 목소리가 원래 그렇게 큰 것 같았다. 다른 한 목사가 맞장구쳤다.

"그것을 돌려줘 버리지 왜 받았냐?"

당장 그 자리에서 뛰쳐나가고 싶었지만, 칼국수를 주문해 놓은 터라 억지로 참고 앉아 있었다. 그 돈을 돌려주라고 말한 사람은 농담조로 그렇게 말한 것 같은데 주변의 사람들이 그것을 농담으로 이해해 줄까? 그렇지는 않을 것 같다.

그날따라 칼국수는 왜 그리 늦게 나오는지, 뒤에 이어지는 말들 때문에 내 얼굴색만 도로에 서 있는 신호등처럼 자꾸만 바뀌고 있었다.

대한민국 정부와 최고 지도자를 신랄하게 비판했다. 그 내용의 핵심은 나랏돈을 다 퍼주고 있다는 내용이었다. 특히 북한을 지원하는 것과 국민연금, 국민건강보험 쪽의 지출에 칼날을 세우고 침을 튀긴다.

"다 퍼주고 나면 이제 이 나라가 어떻게 되겠냐? 앞으로 나라가 걱정이다."

상당한 애국자같이 보였다. 그들이 식사하던 도중 그렇게 침을 튀기던 사람에게 다른 사람이 물었다.

"천 목사, 기초수급자 신청한 것 어떻게 됐노?"

그 사람은 기초생활수급자로 신청해 놓고 결과를 기다리는 중인 것 같았다. 나라에서 그들에게도 퍼줄 것 같은데….

내가 평소에 존경하는 목사가 있다. 어려운 사람을 잘 이해하고 도와주려고 애를 많이 쓰는 목사다. 욕심도 없고 성품도 온화하고 언행도 단정한 사람이다. 나와 연배가 비슷하다. 어느 날 전화를 걸어왔다.

"진 목사, 점심 식사 같이 합시다."

자신의 교회 근처에 있는 냉면집으로 오라고 하여 급하게 약속 장소로 가보니 사모님과 둘이 앉아 있었다. 그런데 이미 두 사람은 식사를 끝낸 상태였다. 나를 보고 반색을 하며 옆자리를 가리켰다.

"여기 앉아서 주문하세요."

순간 좁디좁은 내 철없는 마음이 옹졸해졌다.

"오다가 갑자기 배가 아파서 냉면을 못 먹을 것 같습니다."

분위기가 많이 어색해져서 그냥 나왔다. 집에 와서 아내에게 그 이야기를 했다.

"당신이 좀 별나서 그래요. 나 같으면 옆에 앉아서 먹고 나왔을 거예요."

내가 너무 예민했구나, 생각이 들어 반성은 했지만, 여운은 계속해서 남아있었다.

집 근처에서 목회하시는 선배 목사가 있다. 그 역시 온화한 성품이라 내가 잘 따르고 나에게 특별히 잘해준다. 어느 날 대화를 하던 중 그 이야기를 하고 심각하게 물어봤다.

"목사님은 어떻게 생각하십니까?"

망설임 없이 대답해 주셨다.

"그것은 그 목사님이 목사님을 별로 만나고 싶지 않다는 뜻이네요."

아, 그런 뜻도 담겨있었구나. 나도 좀 멍청한 부분이 있구나. 환경 탓인가? 나이 탓인가? 그런데 두어 달 정도가 지난 어느 날 그 선배 목사가 점심을 같이 먹자고 연락이 왔다. 이번에는 집에서 가까운 돼지국밥집이었다. 급하게 가보니 사모님과 함께 계시는데 사모님은 식사를 끝냈고 목사는 마지막 한 숟가락 정도 남은 상태였다.

얼마 전의 일이 생각이 나서 또다시 그런 행동을 하지말자는 생각에 돼지국밥을 시켰다. 두 사람이 다 먹고 난 뒤 국밥이 나왔는데 그날따라 그 국밥은 왜 그리 뜨거운지 급하게 먹느라고 입천장을 데어 다 헐었다.

이 일은 또 어떻게 해석해야 할까? 고민했는데 곰곰이 생각해 보니 이 상황들은 그들이 나를 무시하는 것이 아니라 그들이 지금까지 살아온 생활의 방식이라는 것을 느꼈다. 그렇지만 그때부터 지금까지 내가 먼저 그들에게 전화하는 일은 없었다. 나에게 그런 식으로 대하지 못하게 하는 방법은 나에게 그렇게 대할 수 없는 위치에 내가 서 있으면 되는 것이다.

결론은 내 탓이다.

어느 날부터 근처에 있는 외국인들만 출석하는 교회에 주일 설교를 하러 갔다. 나는 목회를 너무 자유롭게 하는 터라 자주 설교 요청이 들어온다.

동남아에서 온 성도들인데 믿음은 참 좋은 사람들이었다. 한국말을 능통하게 하는 젊은이가 통역을 했다. 예배 및 찬송의 분위기가 매우 뜨거웠다. 그곳 교회 대부분의 성도가 주일에도 근무하는 관계로 주일 오후 예배만 드렸다.

교육 기관에 오래 근무한 그 교회 사모님의 대단한 영혼 구원의 열성 때문에 불같이 뜨거워진 교회였다. 설교 내용의 통역이 제대로 전달되는지는 정확하게 알 수 없지만 한 단락이 끝나고 성도들의 반응을 보면 잘되고 있다는 것을 알 수 있었다.

어느 날, 평소와 같이 설교하고 있는데 낯선 사람 둘이 들어

왔다. 어딘가 많이 익숙한 사람이었다. 장자 교단이라고 자부하는 교단의 중경 총회장님을 너무 많이 닮았다. 그 사람이 이 시간에 여기에 올 리는 없고 어떻게 저렇게 닮을 수도 있는가? 의아해하며 설교하는데 목사와 사모님의 태도를 보니 닮은 것이 아니고 그 사람이 맞다. 그날따라 설교 내용은 내 특유의 흔히 말하는 〈까는 설교〉다. 목회자로서의 올바른 자세를 강도 높게 설명하던 중이었다. 명예롭지 않게 퇴임한 사람이라 미안하기도 하고 설교 후 "축도"는 저 사람이 하겠구나, 생각했는데 별다른 신호가 없어서 축도까지 하고 강대상에서 내려왔다. 식사 시간이 되어 내가 먼저 인사를 했다.

"목사님, 너무 부끄럽습니다."

"아닙니다. 찔림을 많이 받았습니다."

두 사모님이 오래전부터 친분이 두터웠고 얼마 뒤 선교사로 나갈 계획이라 인사차 들렀다고 했다. 중경 총회장 앞에서 그것도 호령하는 듯한 설교를 하고 거기다 축도까지 했다. 나 자신의 이력에 커다란 획을 그은 사건이었다.

이런 글들을 적으려니 솔직히 망설여지기는 했다. 그러나 더 이상 망설일 필요도 없고 더 이상 변할 수 없는 결심을 하게 된 동기는 SBS의 "그것이 알고 싶다." 였다.

2021년 1월 2일 방영된 정인이 사건을 보고 말없이 밤새 엄청난 슬픔 속에 잠겨있었다. 내 감수성이 그렇게 깊은 줄 몰랐다.

다음 날 아침에 TV 뉴스에 나오는 그 아이를 보니 또 눈물이 나왔다. 저렇게 귀여운 아이에게 도대체 무슨 잘못이 있는가? 그 아이를 입양했던 양부모의 양쪽 배경에 역시 한국 교회 목사가 깔려있어 더 가슴이 굳어져 가는 심정이었다.

너무 화가 나서 고대 바빌로니아 함무라비 법전의 탈리오의 법칙과 출애굽기 21장 24절 말씀까지도 생각이 났다.

"눈에는 눈으로, 이는 이로, 손은 손으로, 발은 발로."

내가 너무 흥분했구나, 생각하고 조금 진정하니 마태복음 10장 28-30절 말씀이 다가왔다.

"몸은 죽여도 영혼은 능히 죽이지 못하는 자들을 두려워하지 말고 오직 몸과 영혼을 능히 지옥에 멸하시는 자를 두려워하라. 참새 두 마리가 한 앗사리온에 팔리는 것이 아니냐. 그러나 너희 아버지께서 허락지 아니하시면 그 하나라도 땅에 떨어지지 아니하리라. 너희에게는 머리털까지 다 세신 바 되었나니."

내가 내린 나만의 방식이자 결론이었다.

처음 입양되었을 때 밝은 모습과 수개월 뒤 초라한 모습, 그리고 마지막에 자신을 죽일 수도 있는 양부에게로 복부에 피를 가득 담고 걸어가는 체념한 듯한 그 모습, 아무런 저항 없이 터벅터벅 걸어가는 그 모습이 칼과 몽치를 가지고 주님을 잡으러 온 대제사장과 성전의 경비대장들과 장로들 쪽으로 아무런 저항 없이 걸어가시는 우리 주님의 형상이 떠올랐다.

십자가에 매달리시려고 골고다의 언덕길을 걸어 올라가시는 우리 주님의 형상과 정인이의 발걸음이 교차되어 떠오르는 것은 무슨 이유일까?

"호산나, 호~산나 죽임당한 어린양."

정인이라는 아이는 가장 어린 순교자라고 생각이 들었다. 바리새인이 아니라 예수 믿는 신앙인, 그것도 중직을 맡고 있는 목회자의 가정 안에서 일어난 일들이다. 미안하다는 말로만 끝날 수 있는 것이 아니다.

이제는 대한민국 목회자 모두가 그 어린양의 죽음이 헛되지 않다는 것을 증명해야 한다. 대한민국 국민 모두가 더군다나 정치인들까지도 "정인아, 미안해!"라는 팻말을 들고 사과하는데 왜 목회자들은 이 시간까지 단 한 명도 나서서 사과하지 않는가? 목사 한 사람의 잘못으로 인해 대한민국 전 교회가 뭇매를 넘어 융단 폭격을 당하고 있는 것이 보이지 않는가?

나는 외쳤다. "정인아! 정말 미안해. 내 심장이 터질 것 같아. 이제부터는 TV 속 화면으로도 너를 볼 자신이 없구나. 그러나 너의 죽음이 헛되지 않다는 것을 증명해 주고 싶다. 정인아!"

마태복음 18장 12~13절 말씀이다.

"너희 생각에는 어떻겠느뇨. 만일 어떤 사람이 양 백마리가 있는데 그중 하나가 길을 잃었으면 그 아흔 아홉 마리를 산에 두고 가서 길 잃은 양을 찾지 않겠느냐. 진실로 너희에게 이르노니 만일 찾으면 길을 잃지 아니한 아흔 아홉 마리보다 이것을 더 기뻐하리라."

이제 우리는 한 마리의 양은 이렇게 잃어버리지 않았는가? 그런데 또 다른 양들을 이렇게 잃어버리도록 방치하겠는가? 이 세상에서 또 다른 정인이가 나오지 않도록 외치고 싶은 생각은 없는가?

팬데믹 상태로 어쩔 수 없이 해야 하는 비대면 예배가 그렇게 억울한가? 왜 무엇 때문에 그렇게 억울한가? 길을 잃지 아니한 아흔 아홉 마리 양이 걱정이 되는가? 그것도 아니면 도대체 무엇 때문에 그렇게 흥분하는가?

특히 공중파 방송국 카메라 앵글 안으로 들어가면 더 흥분하는 것 같아 보인다. 공중파 방송국의 뉴스 카메라 앵글에 들어갔을 때 왜 엄청난 고통에 시달리고 죽지 못해 살고 있는 수많은 소상공인을 대변하는 말들은 한마디도 하지 못하는가?

그런 절호의 기회에 대한민국 전 목회자와 성도들에게 이 팬데믹 상황을 끝내게 해달라고 한목소리로 하나님께 기도하자고 외칠 수는 없는가? 전국의 목회자와 성도가 동시에 주님께 부르짖고 기도하면 틀림없이 하나님께서 이 상황을 종료시켜 주실 것이라 나는 확실히 믿는다.

하나님의 방법대로!

18

지금 대한민국의 정상적인 교회, 대부분의 목회자가 한 영혼이라도 살리려고 저렇게 애쓰고 노력하는데 힘이 되어주지는 못할망정 몇몇 목사들이 찬물을 끼얹고 재를 뿌리고 있다.

자신의 주장만이 유일한 해결책이라고 생각하는 것이다. 시골 교회에서 어렵게 목회를 하던 중 교회의 파손된 지붕을 직접 수리하다가 다친 손가락을 형편상 제대로 치료하지 못해 치료 시기를 놓쳐 결국 포항 대형병원에 손가락을 절단하러 온 목사를 보니 눈물보다 분노가 앞섰다.

팬데믹 상태로 어쩔 수 없이 해야 하는 비대면 예배가 종교 탄압이 아니라고 나는 생각한다. 그들보다 짧은 연륜과 부족한 믿음을 가진 나로서는 전염병이 만연하는 곳에서 예배드리도록 그대로 방치하는 것이 종교 탄압이라고 생각한다.

만약에 정부가 팬데믹 상태에 예배드리는 것을 방치했다면 방치했다며 열변을 토했을 것이다. 그래야 자신이 두각을 나타낼 수 있을 것이니까.

어린양을 죽이는 영적으로 오염된 무리에게 관대하다면 그 역시 종교 탄압이라고 나 혼자 생각하기도 했다. 지금 우리의 현실을 보면 어느 한 사람의 잘못에도 집중적으로 교회가 성토당하고 있지 않는가? 많은 사람이 회개와 고백을 착각하고 있는 것이 아닐까?

이 글이 널리 퍼져 나가면 진 돌탕은 호렙산으로 도망가야 할 것이다. 엘리야처럼!

과거 강도사 시절에 사역했던 교회의 선배 목사가 생각난다. 어느 주일, 오후 예배 시간에 어느 여집사 한 사람이 타지에서 와서 지나가다가 예배 참석차 들렀다. 나의 설교를 듣고 갑자기 엉엉 울기 시작했다. 예배가 끝난 후 면담했다.
"수년 전부터 형편이 어려워져 십일조 생활을 하지 못한 나 자신이 회개가 되어 울었습니다."
선배 목사가 나무라듯이 말했다.
"집사님! 큰일 날 짓했네요. 다음 주일에 다 계산해서 이리로 가져 와요. 그렇지 않으면 진짜 큰일 날 거예요!"
한국 교회가 너무 허물어져 가는 모습 같아서 참 안타까웠다.

요즘에 목사들을 만나면 너무 정치적인 발언이 심하다. 과거에는 나도 (故)김영삼 전 대통령의 유세장을 따라다니며 "민주, 민주 김 영~삼!"을 많이 외쳤었는데 인격적으로 예수님을 만나고부터는 일절 정치에는 관심을 끊었다.
어느 날 몇몇 목사님들과 만나서 대화하던 중 너무 목사답지 않은 정치적인 소견을 욕설 섞어 발언들을 해서 물어봤다.
"목사님! 진보, 보수는 무엇이고 좌파, 우파는 무엇입니까?"
애처로운 듯이 나를 바라보며 설명했다.

"진보 좌파는 공산주의고, 보수 우파는 민주주의요."
딱히 논리적인 개념도 없는 대답이었다.
"그러면 예수님 시절에 예수님과 예수님을 따르던 제자들과 바리새인들, 그리고 로마인들은 어느 쪽이 진보고 어느 쪽이 보수라고 생각합니까?"
입맛만 쩝쩝 다시면서
"그건 잘 모르겠고 아무튼 빨갱이는 안 돼요."

나의 고등학교 시절 전학년 성적 증명서가 공부는 진짜 하기 싫었고 또 못했다는 것을 증명할 것이다. 얇은 내 생각에 한국 교회 목사들의 고등학교 성적을 보면 그의 목회 철학이 어느 수준인가 추측이 가능하리라 본다.

수준급 대학에 진학할 수 있을 정도의 고교 시절 성적임에도 불구하고 신학 대학을 택하신 사람이라면 종교적 철학과 소신이 뚜렷해서 사람을 살리려고 목회를 선택한 것이라고 생각한다. 도저히 일반 대학에 들어갈 수 없는 성적이라 어쩔 수 없이 신학을 택한 사람이라면 다른 사람을 살리기보다는 자신이 살기 위해서 그 길을 택하지 않았을까 싶다.

남을 살리기 위한 목회를 하면 자신의 삶은 하나님께서 살려주시리라 나는 굳게 믿는다. 물론 사명감이 결정을 지어주겠지만 그것은 눈에 보이지 않는 현상이니 일반 사람은 그의 진정성을 알 수 없지 않은가?

우리나라 국회의원들은 정권이 바뀌면 자신의 소신과 철학도 바뀌는 개념 없는 사람들이 많다. 나 역시 마찬가지다.

나는 프로야구를 좋아한다. 처음부터 롯데 자이언츠 팬이었다. 롯데 자이언츠 투수가 상대 타자를 포볼로 내보내면 '형편없는 투수다. 바꿔라.'고 외친다. 반대로 롯데 자이언츠 타자가 포볼로 나가면 '저 선수 선구안이 너무 좋다.'며 기뻐한다.

지금 대한민국 대다수 정치인의 생각이 이런 게 아닐까 생각한다. 일부 유명해지고 싶어 하는 종교 지도자들이 이것을 닮아가고 있는 것 같아 걱정된다. 부와 명예 앞에서는 소신과 인생철학도 바꾸고 있어서 씁쓸하다. 법률과 종교적 규범은 형식적으로만 매달아 놓고 말이다.

나는 시각 장애인들을 섬기고 있는 목회자라 가끔 깜깜한 밤중에 불을 켜지 않고 더듬어 가면서 움직여 본다. 나에게 영적인 양식을 먹으려고 찾아온 어려운 양들의 입장이 되어보기 위해서다.

때로는 집기 배치가 바뀐 걸 깜빡 잊고 움직이다가 부딪칠 때도 있다. 조금 익숙해지니 새벽에 기도할 때 불을 켜지 않고 기도의 자리까지 조심스럽게 갈 수 있다.

비록 형광등일지라도 불빛 아래서 눈을 감으면 불빛의 느낌은 있다. 그러나 깜깜한 곳에서 눈을 감으면 그야말로 암흑이다. 그 순간 기도에 집중하면 어느 순간에는 어둠 속에 눈을 감아도 TV를 켠 듯이 큰 화면이 보일 때가 가끔 있다. 그 순간 깊은 기도에 몰입하면 그날이 나에게는 주님의 확실한 응답을 받을 수 있는 날이었다.

통상적으로 새벽 4시에 일어나서 기도한다. 백인교회는 시각 장애인 성도들뿐이기 때문에 새벽 기도회는 하지 않는다. 참 편하게 목회를 하고 있다.

어느 날 새벽에 기도하는 중 그 화면에 큰 글씨가 보였다. 아가서 4장 15~16절 말씀이 흘러내리는 시냇물 속 바위에 새겨져 있었다. 기도가 끝나고 말씀을 찾아봤다.

"너는 동산의 샘이요, 생수의 우물이요, 레바논에서부터 흐르는 시내로구나. 북풍아, 일어나라. 남풍아, 오라. 나의 동산에 불어서 향기를 날리라. 나의 사랑하는 자가 그 동산에 들어가서 그 아름다운 열매 먹기를 원하노라."

아! 나에게는 너무나 분에 넘치는 말씀이었다. 나 같은 죄인에게 그런 어마어마한 말씀은 감당키 어렵다고 생각했으나 요즘의 형편을 보니 그냥 시골 변두리에서 짜증만 내고 있을 것이 아니라는 생각도 든다.

동산의 샘은 백인교회 시각 장애인 집사들에게 해당할 것이다. 가끔 간증 집회 나가서 전하는 나의 간증이 듣는 사람에게 생수의 우물 정도 되지 않을까? 라는 희망을 가져 볼 수 있는데, 레바논에서 흐르는 시내는 너무 어마어마하다.

주님이 응답해 주신 이 말씀대로 내가 레바논의 시내 역할을 할 수만 있다면 하나님께서 나에게 주어진 무기지옥의 집행유예를 사면해 주시리라는 희망을 가져 본다. 지금 이 순간이 하나님께서 나에게 주신 사명의 마지막 골든타임이라는 생각까지 든다. 이 글이 레바논에서 흐르는 시내 같은 그런 계기가 됐으면 좋겠다는 솔직한 심정이다.

   1517년 10월 31일 마틴 루터의 95개조 반박문을 걸면서 시작된 종교 개혁이 그냥 시작된 것이 아니라고 생각한다. 1320년대 초반에 단테가 신곡을 통해서 종교의 개혁을 설계했고 1351년 조반니 보카치오가 데카메론을 통해서 그것의 기초공사를 했다. 1508년도부터 미켈란젤로가 시스티나 천장화의 그림을 통해서 도화선을 깔아놓고 1517년 마틴 루터가 그 도화선에 불을 붙였다고 내 나름대로 생각해 봤다.
   나의 이 글이 새로운 대한민국 교회 개혁의 설계 도면이 됐으면 좋겠다. 히브리서 6장 5-6절이 생각난다.
   "하나님의 선한 말씀과 내세의 능력을 맛보고도 타락한 자들은 다시 새롭게 회개할 수 없나니. 이는 그들이 하나님의 아들을 다시 십자가에 못 박아 드러내놓고 욕되게 함이라."
   2012년도 희망교회에서의 간증 전날에는 주님이 달리신 십자가에 내가 또다시 대못을 박는 것이 아닌지 염려가 되었으나 이제는 이 글이 수없이 많이 박혀있는 우리 주님 십자가의 그 대못을 빼내는 계기가 됐으면 하는 바람이다.

2021년 1월 27일 아침 6시 SBS 뉴스 시간에 갑자기 터져 나온 기독교 대안 학교의 코로나19 집단 감염 소식 때문에 어떤 사람들이 그곳 교회 앞에서 달걀을 투척하는 모습이 화면에 잡혔다. 화난 시민이 던진 그 달걀이 날아가 맞춰서 터진 장면의 화면이 클로즈업됐는데 그 자리가 성구 현판이 걸려있는 바로 위였다.

〈주 예수를 믿어라. 그리하면 너와 네 집이 구원을 얻으리라.〉라는 구절이었는데 현판 제일 앞부분 주 예수라는 글자 위에 달걀이 투척되어 깨어지는 모습이 크게 확대되고 있었다. 날계란의 노른자가 깨어져서 현판 위를 타고 흘렀다. 이 시대에 다시 한번 우리 주님께서 고초를 당하시는구나! 생각하니 너무 가슴이 아팠다.

5년의 세월 동안 강 집사와 둘째 아들을 위한 우리 모두의 기도는 너무나 간절했다. 어느 날부터 그 아이는 기도의 마지막에 "아멘!"을 따라 하는 듯한 소리를 내어 우리들을 놀라게 한 적도 있었다. 아멘은, 자신은 하나님의 말씀을 믿는다는 고백의 단어이다. 그때부터 백인교회 성도들은 아이를 위해 더욱더 힘을 모아 간절하게 기도했다.

날씨가 아무리 추워도 모두가 온몸이 땀범벅이 되도록 소리 높여 통성으로 기도했다. 어느 순간에는 온몸이 사시나무 떨듯 떨릴 때도 있었고 또 어느 순간에는 구름 위에 둥둥 떠있는 기분으로 기도하는 것같은 느낌도 있었다. 눈물 콧물이 범벅이 될 정도로 우리들은 간절하게 기도했다.

한 달에 한두 번 정도 내가 그 아이의 머리에 손을 얹고 안수기도를 하는데 그날은 비록 추운 겨울일지라도 나의 온몸이 땀에 흠뻑 젖었다. 나에게 안수기도는 그만큼 힘이 들었고 온몸에 진이 빠졌다. 그 아이에 대한 우리들의 기도가 그만큼 간절했다.

2019년 5월 어느 주일, 그날도 평소와 마찬가지로 주일예배를 드리고 오후 3시경 성도들을 귀가시켰다. 그날 밤 10시쯤에 강 집사님이 울면서 전화를 걸어왔다.

"목사님 빨리 와주세요. 아이가 크게 다쳤어요."

하나님의 은혜는 우리가 예상할 수도 상상할 수도 없는 방법으로 임하신다.

그것이 바로 우리가 늘 기도하는 "하나님의 방법대로 해결해 주십시오."의 응답이다. 그러나 충분히 납득하고 감사함을 느낄 수 있도록 이해도 시켜 주셨다.

가끔 내가 이 아이를 차에 태워서 어딘가를 갈 때면 엄마, 아빠는 꼭 안전벨트를 채워줬고 또 채워달라고 부탁했다. 아이를 시설에 맡겨서 생활할 때도 반찬에 신경을 썼다. 자신들이 직접 만든 반찬을 수시로 갖다주던 모습을 생각하면 그 부모의 심정이 어땠는가를 충분히 느낄 수 있었다.

아이의 장례식 때 그 죽음 앞에 그토록 슬퍼하던 엄마가 그 주검이 불 속으로 들어갈 때 보이지 않는 두 눈만 껌벅이며 서 있는 모습을 바라보는 나의 심장에서 눈물이 흘렀다. 엄마는 아들이 천국으로 가는 환상을 보고 있는 것일까? 삼촌 둘과 숙모 두 사람이 장례식에 참석했다. 그들의 신앙 수준은 과거 내가 처음으로 아버지에게 끌려 교회 가기 전의 단계, 교회 자체를 거부하는 단계처럼 보였다. 장례식이 끝나고 삼촌 한 분이 말했다.

"이 아이는 태어나서 한 번도 나쁜 짓을 안 했으니 틀림없이 천국에 갔을 것입니다."

나는 마음속으로 외쳤다.

"아멘, 당신들도 곧 예수를 믿고 교회로 나오게 될 것이다."

요한복음 9장 1-3절 말씀이 생각난다.

"예수께서 길 가실 때에 날 때부터 맹인된 사람을 보신지라. 제자들이 물어 가로되 랍비여, 이 사람이 맹인으로 난 것이 뉘 죄로 인함이니이까? 자기니이까 그의 부모니이까? 예수께서 대답하시되 이 사람이나 그 부모의 죄로 인한 것이 아니라 그에게서 하나님의 하시는 일을 나타내고자 하심이라."

우리들은 상상조차도 할 수 없는 창조주 하나님의 섭리며 하나님의 예정이고 하나님의 은혜라고 생각한다. 창조주 하나님의 그 깊은 뜻을 우리같이 미련한 피조물들은 절대로 헤아릴 수가 없다. 이런 내용도 또 다른 누군가에게는 궤변이 될 수도 있을 것이다.

강 집사는 현재 안마사 자격증을 받고 안마사로서 열심히 근무하고 신앙생활도 열심히 하고 있다. 성 집사와 강 집사를 하나님의 말씀으로 더욱더 무장시켜서 제자의 길로 인도하는 것이 나의 목표다.

누가복음 9장 33절 "두 사람이 떠날 때 베드로가 예수께 여쭈오되, 주여! 우리가 여기 있는 것이 좋사오니 우리가 초막 셋을 짓되 하나는 주를 위하여, 하나는 모세를 위하여, 하나는 엘리야를 위하여 하사이다하되 자기의 하는 말을 자기도 알지 못하더라."

성령님께서 인도하시는 기도는 자신이 하는 말을 자신의 의지대로 하지 못한다는 뜻으로 해석했다. 베드로 역시 가슴으로 기도한 것 같다는 생각이 들었다. 내가 가슴으로 하는 기도 역시 그것과 비슷한 것이다.

현재 우리의 신앙도 머리로 믿는 신앙이라고 생각한다. 가슴으로 믿어야 한다고 나는 생각한다. 머리로 믿으면 유명 목사를 인기 연속극의 멋있는 주인공을 보려는 것처럼 모이는 것과도 같다는 생각을 해본다.

그것은 그 스토리에 흥미를 느껴서 시간에 맞춰 TV 앞에 몰려드는 것과 무엇이 다른가? 결국 마지막에는 속았다는 그런 말이 나오는 것과 같음이다. 가슴으로 믿고 내 영육 간의 행동이 변화돼야 한다. 그것이 무기지옥에서 무기천국으로 바뀔 수 있는 유일한 방법이라 생각한다.

내 아내는 지극히 단순한 마음을 가졌다. 어떨 때는 너무 단

순해 보여서 살짝 걱정이 되기까지 한다. 어떤 사람의 약간 비아냥거리는 듯한 칭찬의 말에도 고맙다며 커피를 대접하는 수준이다. 원래 그렇게 태어난 것 같기도 하고 아니면 그렇게 살기로 작정을 한 것인지는 38년간 같이 살아온 나 역시도 지금까지 헷갈린다.

결론적으로 그런 아내에게는 적이 단 한 명도 없다. 만약에 적이 있다면 그것은 틀림없이 그 상대방에게 문제가 있을 것이라고 생각한다.

코로나가 한참 유행일 때 우리 민족과 감정이 좋지 않던 이웃 나라가 스포츠 잔치를 못 하고 연기될 때 나는 어떤 면에서 시원함을 느꼈다.

해가 바뀌어서 연기된 잔치가 또 진행하기가 어려워진다는 뉴스에는 약간의 연민의 정이 느껴지는 것은 뭘까? 모든 것을 하나님의 마음으로 보는 것도 배워야겠구나, 라는 생각이 든다.

가까이 있는 아내에게 배워도 될 것 같다.

얼마 전부터 급격하게 친해진 전국적으로 조금 유명한 목사가 있다. 경북 청도와 경남 밀양의 중간쯤 지점에 전원주택을 지어놓고 기도 시설, 목욕 시설도 멋지게 꾸며놓았.

우리 집에서는 승용차로 약 40분 거리고 고속도로 통행료는 3,000원이다. 성격이 호탕한 편이라서 자주 만난다. 통상적으로 점심을 같이 먹는다.

　아내도 그곳 분위기가 마음에 드는지 같이 가는 것을 무척 좋아한다. 그런데 그 목사는 너무 호탕해서 그런지 사람을 난처하게 만드는 경우도 가끔 있다.

　아내와 같이 점심 식사하자고 불러놓고 펑크를 낸 적이 여러 번 있었다. 우리는 그것을 모른 채 그곳으로 갔다. 처음에는 무슨 급한 일이 있었겠지, 하고 이해하려고 노력했는데 두세 번 계속되니까 짜증이 났다.

　그렇지만 아내가 그곳으로 가는 것을 너무 좋아해서 내색은 하지 않았다. 점심 약속을 하고 갔지만 아내와 둘이 그곳에서 점심을 먹고 온 적이 여러 번 있었다. 둘이 순두부 먹으러 그곳까지 갈 이유는 없지 않은가?

　2021년 12월 31일 낮 10시경이었다. 아내와 경북 문경의 처남 집에 있는데 전화가 왔다.

　"목사님, 오늘같이 점심 식사합시다. 12시까지 오세요."

　"목사님, 오늘 혹시 다른 약속은 없습니까?"

　문경에서는 우리 집을 지나 30km 더 가야 했기 때문이기도 하고, 또 약속을 어길 수도 있다는 생각에 확답을 받고 싶었다.

　"예, 오늘은 아무도 안 옵니다. 빨리 오세요."

　"알겠습니다. 지금 출발합니다."

　신나게 고속도로를 달려오다가 느낌이 좋지 않아 다시 전화했다. 그때가 고속도로에서 우리 집으로 빠져나가는 I.C 근처였다.

"목사님, 지금 11시 20분인데 내비게이션에 11시 48분 도착이라고 합니다."

"예, 알았습니다. 조심해 오세요."

전화를 끊는 순간 옆에서 익숙한 목소리가 들렸다. 다시 전화했다.

"목사님, 혹시 손님 오셨어요?"

"아니요, 혼자 있습니다."

"예, 알겠습니다."

뭔가 찜찜했지만 설마 이렇게까지 했는데, 생각하며 그대로 갔다. 입구에 들어서는데 차가 한 대도 없다. 아! 역시나. 전화를 걸었다.

"목사님, 도착했는데 어디세요?"

"예, 시내에 맛있는 한우고기 사러 왔습니다. 조금만 기다려 주세요."

그날은 날씨가 매우 추웠다. 남의 집이라 난방도 켜지 못하고 30분가량 아내와 기다렸을 때 그 목사가 섬기는 교회 권사가 왔다.

"어! 목사님 시내에서 친구분과 식사하고 계시는데요, 진 목사님 식사 안 했으면 배고프실 텐데 제가 라면이라도 끓여 드릴까요?"

"아니요, 괜찮습니다. 목사님 오시면 기다리다 갔다고 전해

주십시오."

"여보! 갑시다."

아내와 같이 집으로 돌아왔다. 돌아오는 차 안에서 생각했다. 이것은 분명히 나에게 잘못이 있다. 남 탓할 이유가 없다. 이 지경까지 온 것은 분명히 나에게 문제가 있다고 생각하고 가급적 아내의 마음을 상하지 않게 하려고 더욱 오버 액션을 했다. 잠시 후 아내가 조용히 입을 열었다.

"여보! 내가 어지간하면 말하지 않으려 했는데 이제는 못 참겠어요. 솔직히 나는 처음부터 여기에 오기 싫었는데 당신이 너무 좋아해서 억지로 좋은 척하며 따라왔어요. 이제 우리 여기 오지 맙시다."

감기 걸렸는지 모르겠지만 눈물이 코에서부터 흘러나왔다.

오 헨리의 단편소설 『크리스마스 선물』이 생각났다. 나에게 눈치가 없는 문제점이 있는 것은 확실하다. 그러나 그것으로 그와는 영원한 이별이 됐다.

혹시 예수님과 나와의 관계에 어떠한 영향을 미칠까? 염려가 된다. 주님께서 나같은 죄인을 사랑하셔서 마음에 들지 않는 부분도 억지로 참고 웃어주시는데 나는 그것도 모르면서 내가 잘하고 있다고 착각하고 있는 것이 아닐까? 나는 오로지 주님을 위해서 일하고 있다는 착각을!

인근 팔공산 근처에 있는 어느 교회 목사가 화급한 일이 생겨

서울로 출타하게 되어 부탁을 받고 주일 오전, 오후 예배 인도를 했다. 급하게 요청을 받았기에 설교 준비할 시간도 없고 하여 내 간증을 토대로 두 편의 설교를 했다. 돈이 독이 되는 내용과 선한 사마리아인의 메시지를 매우 강하게 전했다.

"여러분, 돈을 좋아하면 쾌락이 보이고 돈을 멀리하면 십자가의 진리가 보입니다. 돈은 일만 악의 뿌리입니다. 돈을 사랑하지 마십시오. 그것도 우상입니다."

오전 예배 설교 시간에 이런 내용의 매우 강력한 메시지를 전했다. 그리고 광고 시간에 그 교회의 주보에 기록된 삼대 슬로건 중 두 번째가 "솔로몬의 부를 주십시오."라는 것을 보았다.

확실히 나에게는 어딘가 모르겠지만 문제점이 있었다. 눈치가 없든지 아니면 너무 일방통행이든지…. 그 문제 때문인지는 몰라도 오후 세 시 반까지 예배드리고 백인교회 두 집사와 아내, 그리고 나까지 점심도 굶은 채 집으로 돌아오면서 늦은 점심을 사 먹었다. 물론 사례비도 못 받았다. 어떤 사람이 점심 식사를 대접하겠다고 했는데 하필이면 보리밥이었다.

시각 장애인들이 꺼리는 메뉴인지라 정중하게 거절했다. 그때 그 목사는 서울에 있었는데 어떻게 이런 일이 생겼는지 매우 궁금하다. 지금까지 그 이유는 모른다. 이 계통에도 정글처럼 자신만의 영역이 있다. 나는 그와의 경계를 지키지 못한 것 같다.

창세기 11장 1~9절 말씀이 생각난다.

"온 땅이 언어가 하나요, 말이 하나여서 사람들이 교만해져서 바벨탑을 쌓았다가 하나님께서 온 지면에 흩어버리셨다."

그런데 지금 세상의 언어가 하나로 되어가고 있는 것이 아닐까? 첨단 인공지능 AI의 기능이 언어를 하나로 만들고 있다. 이제 인간들은 이제 곧 바벨탑을 쌓기 시작할 것이다. 더불어 하나님께서 다시 흩어놓으실 것이고 곧이어 멸망도 따라올 것이라고 생각한다. 어떻게 흩어놓으실까? 두렵고 떨린다.

2022년 3월 9일 아침에 일어나니 너무 기분이 우울했다. 어젯밤의 꿈 때문이다. 내가 살고 있는 아파트는 4,200세대가 모여 사는 대단지 아파트다. 1차 2,200세대, 2차 2,000세대로 이루어져 있다.

2022년도 입주민 대표자를 선출하는데 1, 2차 아파트에서 입후보자로 출마한 많은 후보가 각축을 벌인 끝에 1, 2차 각 1명씩 확정되어 두 명 중 한 명을 최종적으로 선출하기 위해 전 입주민이 투표했다.

그런데 한 명은 마약 중독자라고 소문이 났고 또 다른 한 명은 조직 폭력배라는 소문이 났다. 물론 서로 상대방 진영에서 퍼트린 음해 공작이다. 각 입후보자의 상대 진영의 참모진들은 그것이 사실인 것처럼 침을 튀며 열변을 토했다.

너무 강력하게 연설을 하니 모든 입주민이 그렇게 믿어가고 있었다. 특히 1차, 2차 아파트에 거주하는 종교 지도자들이 덩달아 합세하니 정말로 그런 것 아닐까? 라는 생각이 살짝 들기도 했다.

그들이 너무 광적으로 밀어붙이는 모습을 바라보면 사랑과 자비는 온데간데없이 사라져 버렸다. 탕자였던 내가 볼 때도 좀 심한 것처럼 느껴졌다. 그런 소문들이 유언비어, 모략이라고 생각하다가도 '왜 그런 소문이 났을까?' 생각하게 된다.

얼마 전 아파트 각 라인별 대표들을 선출할 때 앞장서서 열심히 일하는 사람들이 많이 선출됐는데 그들은 자신의 외모와 능력이 뛰어나서 선출된 것으로 착각해서 그 후부터는 외모에만 신경 쓰는 모습이 보여서 입주민들이 크게 실망한 적이 있었다.

입주민들의 행복을 지켜주고 그들에게 희망을 심어주기 위해 입주민들이 대표를 선출하는 행사인데 꼭 이렇게까지 해야 하는가? 라는 생각이 가슴에 메아리친다. 힘들고 어려운 자린데 왜?

"하나님! 하나님께서 우리에게 베풀어 주신 그 한량없는 은혜는 지구상에서 사용되고 있는 모든 단어를 사용하더라도 표현할 수 없습니다만 지금의 현실은 이렇습니다.

오! 주님, 우리들의 죄를 용서하여 주시옵소서. 원죄를 가지고 태어난 불쌍한 저희를.

이 글을 통해서 많은 사람들이 주님 품으로 돌아올 수 있게 하여주시옵소서. 저는 브엘세바의 로뎀나무 아래를 거처 하나님의 산 호렙으로 가야 할 것으로 생각하고 있습니다.
　바알에게 무릎 꿇지 않은 칠천 명을 만나러!
　존귀 영광 모든 권세 주님 홀로 받으소서.
　멸시 천대 십자가는 제가 지고 가오리다.
　이름 없이 빛도 없이 감사하며 섬기리라.
　이름 없이 빛도 없이 감사하며 섬기리라.
　아멘."

　가슴 깊은 곳에서 우러나는 기도를 해본다.